Peter Mersch

Die Familienmanagerin

Kindererziehung und Bevölkerungspolitik in Wissensgesellschaften

Bibliografische Information der Deutschen Bibliothek:

Die Deutsche Bibliothek verzeichnet diese Publikation in der

Deutschen Nationalbibliographie; detaillierte bibliographische Daten

sind im Internet über http://dnb.ddb.de abrufbar.

Inhaltlich unveränderter Nachdruck der Ausgabe aus 2006

© 2017 Peter Mersch

Herstellung und Verlag: BoD - Books on Demand, Norderstedt

Printed in Germany

ISBN: 978-3-7412-9184-5

Inhaltsverzeichnis

Inhaltsverzeichnis iii

Abbildungsverzeichnis

Danksagung

Mein Dank gilt Prof. Dr. Franz-Xaver Kaufmann für die kritische Durchsicht des Manuskripts und zahlreiche wertvolle Anregungen. Auch sind auf ihn manche Verbesserungen zurückzuführen.

Mein besonderer Dank gilt Lenore Steller, die den Text grundlegend lektorierte und wesentlich zur Fertigstellung des vorliegenden Buches beigetragen hat.

Peter Mersch

Vorwort

Noch zu Beginn der zweiten Hälfte des 20. Jahrhunderts basierte die gesellschaftliche Reproduktion in hochentwickelten Staaten im Wesentlichen auf einer klaren Arbeitsteilung zwischen den Geschlechtern: der männliche Teil der Bevölkerung ging einer Erwerbsarbeit nach und der weibliche Teil kümmerte sich um den Nachwuchs. Auch wenn es keinen unmittelbaren gesellschaftlichen Zwang zum Kinderbekommen gab, so bestand dieser doch implizit in der den Frauen praktisch vorgegebenen Mutterrolle.

All dies hat sich geändert. Nun steht auch den Frauen eine Vielzahl an alternativen Lebensmodellen zur Verfügung, wobei die Mutterrolle nurmehr eines unter anderen ist. Und diese Rolle ist in der Regel mit Nachteilen wie langjähriger persönlicher Festlegung, höheren Kosten, geringeren Einnahmen, schlechterer Altersversorgung und viel Arbeit und Verantwortung verbunden.

Die Freiwilligkeit beider Geschlechter gegenüber der Nachwuchsarbeit hat praktisch zu deren Erliegen geführt: Moderne Wissensgesellschaften sind geprägt von einer Armut an und unter Kindern, beschönigend auch demographischer Wandel genannt.

In der öffentlichen Auseinandersetzung darüber beherrschen Themen wie die Verbesserung der Vereinbarkeit von Familie und Beruf, die Familie als Arbeitgeber oder die stärkere Beteiligung der Männer an der Familienarbeit die Diskussion.

Die Idee dabei: Mütter und Väter sollten sich nicht wie bisher auf jeweils eine Rolle beschränken, sondern sowohl einer Erwerbsarbeit nachgehen als auch Familienarbeit leisten. Einen Teil der Arbeit könnten sie dabei eventuell als Arbeitgeber an weniger qualifizierte Dritte auslagern[1] [2].

Weil dieses Modell in der Regel speziell bei den Frauen zu einer unzumutbaren Doppelbelastung führte, war ein Schuldiger schnell gefunden: Die Männer würden sich bislang nicht ausreichend an der Haus- und Familienarbeit beteiligen.

Leider wurde hierdurch die Aufmerksamkeit von einem ernsten sozialen Konflikt abgelenkt, der nicht innerhalb der Familien zwischen Frauen und Männern oder etwa zwischen Armen und Reichen, sondern zwischen Kinderlosen und Familien, oder anders ausgedrückt, zwischen der heutigen und der nächsten Generation besteht.

---

[1]   Steingart, Gabor: Deutschland – Abstieg eines Superstars, 2. Auflage, 2005, Seite 279 f.

[2]   Robert Bosch Stiftung: Unternehmen Familie, 2006

Vorwort

Kinderlose erwarten indirekt, dass andere für sie Kinder aufziehen. Für diese Haltung gibt es aber Entsprechungen mit vorhandenen gesetzlichen Regelungen. So wird ein Erwerbstätiger, der ein uneheliches Kind zeugt, mit dem Aufziehen des Kindes jedoch nichts zu tun haben will, zu jahrzehntelanger Unterhaltszahlung verpflichtet.

Verschiedene Autoren haben deshalb längst gefordert, Kinderlose höher zu besteuern[3][4]. Und in der Tat scheint dies eine Grundvoraussetzung für die Überwindung der demographischen Krise zu sein.

Im vorliegenden Buch wird gezeigt, dass das demographische Problem lösbar ist, und zwar mit den Mitteln unseres Systems. Grundlage dafür ist ein Familienmanager-Konzept, welches zum ersten Mal in meinem Buch *Land ohne Kinder*[5] vorgestellt wurde und nun weiter präzisiert wird.

Dabei werden auch einige günstige daraus ableitbare Seiteneffekte diskutiert, wie:

- effiziente Bevölkerungspolitik

- Verbesserung der frühkindlichen Erziehung

- Anhebung des kindlichen Wohlstands

- Reduzierung der Transferausbeutung von Familien

- humanitäre und ethische Implikationen

Die vorgeschlagenen Maßnahmen mögen auf den ersten Blick befremdlich wirken. Allerdings ist das demographische Problem für unsere Gesellschaft viel zu gravierend, als dass kosmetische Korrekturen, die in der Regel seit mehr als 30 Jahren diskutiert werden und für eine volle Umsetzung weitere 30 Jahre benötigen würden, nun noch helfen könnten. Und unsere Gesellschaft hat auch in anderen und zum Teil ethisch noch prekäreren Fällen – etwa wenn es um „Leben nehmen" und nicht um „Leben geben" geht – stets ganz ähnlich reagiert und damit den Individualisierungsprozess weiter vorangetrieben.

So dürfte es auch diesmal wieder sein: Entweder die Individualisierung schreitet fort und schließt nun die Frauen und die ihnen angestammte Mutterrolle mit ein, mit der wahrscheinlichen Konsequenz einer verstärkten Professionalisierung von Familienarbeit, oder sie stößt nun an ihre Grenzen und bedarf des Einhalts oder gar der Korrektur[6], damit die Gesellschaft als Ganzes noch weiter funktionieren kann.

---

[3]   Bolz, Norbert: Die Helden der Familie, 2006, Seite 71

[4]   Longman, Phillip: The Empty Cradle – How Falling Birthrates Threaten World Prosperity (and what to to about it), 2004, Seite 173 ff.

[5]   Mersch, Peter: Land ohne Kinder – Wege aus der demographischen Krise, 2006

[6]   Miegel, Meinhard und Wahl, Stefanie: Das Ende des Individualismus – Die Kultur des Westens zerstört sich selbst, 3. Auflage, 2005

Ein großer Teil des Buches analysiert populäre und zum Teil auch neue bevölkerungspolitische Maßnahmen bezüglich ihres Potenzials zur Lösung des demographischen Problems moderner Gesellschaften. Dabei werden sie mit ganz unterschiedlichen Gesichtspunkten, zum Beispiel der Entwicklung der Familienformen, den Anforderungen von Wissensgesellschaften, den Ansprüchen an eine frühkindliche Erziehung oder Aspekten der Nachhaltigkeit, der Generationengerechtigkeit und zukünftiger Bevölkerungsentwicklungen konfrontiert.

Naturgemäß wiederholt sich dabei manches Argument. Dies ist aber durchaus beabsichtigt, denn Ziel war es, die einzelnen Themenkomplexe möglichst zusammenhängend zu diskutieren, um auf diese Weise die Erfordernis eines Umdenkens bei der zukünftigen Organisation der gesellschaftlichen Reproduktion deutlich zu machen.

Dass man an einem solchen Umdenken nicht vorbeikommen wird, zeigt mittlerweile auch die öffentliche Debatte zum Thema, die zunehmend ungeduldiger wird und das Fehlen sinnvoller Lösungsansätze und Handlungsalternativen beklagt. So schreibt etwa die Frankfurter Allgemeine Zeitung in ihrer Ausgabe vom 29.06.2006 anlässlich der Vorstellung der Studie „Kinderwünsche in Deutschland" der Robert-Bosch-Stiftung[7]:

Gut geforscht! Aber können wir nun, da dies alles noch einmal gesagt und gedruckt ist, zu den übrigen Kantschen Elementarfragen übergehen? Etwa: Was dürfen wir hoffen? Was sollen wir tun? (...) Oder treffen wir uns in drei Wochen im „Hilton" wieder, für die nächste Studie, die nächste Tabelle, die nächste Runde um den heißen Brei?

„Was tun?" fragt auch Ulrich Beck[8], nun aber bezogen auf die Stellung Deutschlands in einer globalisierten Welt, und gibt auch gleich eine Antwort[9]:

Im Zeitalter der Globalisierung und der Vervollkommnung der Unsicherheit sind die wichtigsten Ressourcen eines Landes die Fähigkeit und die Bereitschaft seiner Bürger, komplexe Zukunftsaufgaben zu lösen, und nicht seine Ausstattung mit Technik und Kapital, denn diese sind längst hochmobil.

Und weiter[10]:

Auf diese Vervollkommnung der Unsicherheit gibt es bislang nur drei Antworten: Bildung, Bildung, Bildung!

Und schließlich[11]:

---

[7]   FAZ.NET: Kinderwünsche,
       http://www.faz.net/s/Rub5A6DAB001EA2420BAC082C25414D2760/Doc~E12BB1928E43
       F437D95A112F10E4B3B8D~ATpl~Ecommon~Scontent.html

[8]   Beck, Ulrich: Was zur Wahl steht, 2. Auflage, 2005, Seite 67 ff.

[9]   ebenda, Seite 100

[10] ebenda, Seite 98

Bildung ist das höchste Gut, Bildung ist teuer, in Bildung muss investiert werden sowohl von den Einzelnen als auch von Staat und Wirtschaft.

Zwischen Nationalstaaten und Unternehmen entwickelt sich im Rahmen der Globalisierung eine Lieferanten-Kunden-Beziehung, bei der die Kompetenzen der Bürger die wichtigsten vermarktbaren ‚staatlichen Produkte' sind. Ist die Qualität der Produkte generell niedrig, wird sich das Land eher als Niedriglohnland positionieren müssen. Sinkt die Qualität der Produkte bei weiterhin hohem Lohnniveau, werden viele Arbeitsplätze in andere Länder abwandern und zahlreiche noch qualifizierte Bürger dazu.

High-Tech-Unternehmen, die es gewohnt sind, auf Märkten mit anderen Unternehmen um Kunden zu konkurrieren, wissen in der Regel, was zu tun ist: Sie müssen in die aktuellen und zukünftigen Produkte investieren, das heißt in Forschung und Entwicklung, oder abstrakter ausgedrückt: in ihre Produkt-Reproduktion. Tun sie dies nicht, laufen sie Gefahr, den technologischen Anschluss und damit Kunden an andere Anbieter zu verlieren.

Genau dies gilt aber auch für die entwickelten Nationalstaaten, auch für sie avanciert im Rahmen der Globalisierung und auf dem Weg hin zu Wissensgesellschaften die Reproduktion des Humanvermögens zum eigentlichen Kerngeschäft. Gesellschaftliche Reproduktion ist aber mehr als nur Bildung, sie beginnt bereits im Mutterleib, setzt sich mit der kindlichen Erziehung fort, umfasst alle weiteren Bildungsmaßnahmen und selbst Aspekte eines gesundheitsbewussten Lebensstils gehören dazu. Dabei sind alle frühkindlichen Maßnahmen von besonderer Bedeutung, denn was da bereits versäumt wurde, kann zu einem späteren Zeitpunkt kaum noch nachgeholt werden.

Die Antwort des vorliegenden Buches auf die Frage „Was sollen wir tun?" lautet deshalb: Der Staat muss die gesellschaftliche Reproduktion aufwerten. Dies gilt insbesondere für die kindliche Erziehung, die heute stattdessen immer stärker in Sozialhilfeumgebungen oder wenig entwickelte Länder abgedrängt wird.

Frankfurt, im September 2006

Peter Mersch

---

[11]   ebenda, Seite 103

1 Einführung

Auf dem Weg zur Wissensgesellschaft

Die fortgeschrittenen Industrienationen befinden sich auf dem Weg hin zu Wissensgesellschaften[12]: Nicht mehr die Ressourcen Arbeit, Kapital und Rohstoffe spielen die entscheidende Rolle, sondern die geistigen Fähigkeiten und das theoretische Wissen ihrer Menschen.

Gleichzeitig entwickeln diese Staaten ein demographisches Problem: Die Lebenserwartung steigt, während die Fertilitätsrate sinkt, und dies alles umso mehr, je höher das Bildungsniveau, der Lebensstandard und der Grad der Geschlechtergleichberechtigung sind[13].

Je erfolgreicher die Wirtschaft und je gebildeter die Frauen, desto unfruchtbarer ist die Nation. Frauen verdienen mehr und gebären weniger.

Dieser Trend lässt sich sogar innerhalb der Grenzen eines Staates beobachten: Manche Länder haben nur deshalb noch halbwegs bestandserhaltende Geburtenraten, weil sie über starke Anteile sozial schwacher und gering ausgebildeter Bevölkerungsschichten[14] oder ethnische Minderheiten mit höheren Fertilitätsraten[15] verfügen.

Die meisten Autoren – insbesondere Demographen und Ökonomen – betrachten die Entwicklung mit Sorge[16] [17] [18]. Es gibt aber auch andere Stimmen, die in der Bevölkerungsschrumpfung und dem Geburtenrückgang etwas Positives sehen. Immerhin werden ja viele Menschen auf diese Weise von zeitaufwändigen Erziehungsaufgaben befreit und können sich ganz der produktiven Arbeit oder anderen gesellschaftli-

---

[12] Wikipedia: Wissensgesellschaft, http://de.wikipedia.org/wiki/Wissensgesellschaft

[13] Bolz, Norbert: Die Helden der Familie, 2006, Seite 67

[14] Hoem, Jan M. Warum bekommen die Schweden mehr Kinder als die Deutschen? http://www.zdwa.de/zdwa/debatten/20060127_23051974_debatte.php

[15] Zum Beispiel die USA mit ihren „Hispanics". Siehe: Strange, Nicholas: Keine Angst vor Methusalem! Warum wir mit dem Altern unserer Bevölkerung gut leben können, 2006, Seite 19

[16] Kaufmann, Franz-Xaver: Schrumpfende Gesellschaft – Vom Bevölkerungsrückgang und seinen Folgen. 2005

[17] Miegel, Meinhard: Die deformierte Gesellschaft – Wie die Deutschen ihre Wirklichkeit verdrängen, 5. Auflage, 2006

[18] Birg, Herwig: Die ausgefallene Generation – Was die Demographie über unsere Zukunft sagt. 2005

chen Aufgaben widmen[19][20][21]. Auch wird reklamiert, dass in einer schrumpfenden Gesellschaft die Natur wieder vermehrt zu ihrem Recht käme[22]. Ebenso wird gefragt, ob für das Glück der Deutschen eine Zahl von 80 Millionen Einwohnern unerlässlich sei, und ob nicht gar die Schrumpfung der weißen Bevölkerung, die mehr als drei Viertel der Ressourcen des Planeten verbraucht, für die Erde eher ein Segen als ein Unglück sei[23]. Manche Autoren sehen dagegen überhaupt kein Problem[24][25][26] oder auch nur einen interessengeleiteten Verteilungskampf innerhalb der aktuellen Generation[27], während wiederum andere Autoren auf die besondere Gefahr eines fortgesetzten und massiven Bevölkerungsrückgangs hinweisen, weil dabei wachsende Umstrukturierungs- und Anpassungserfordernisse mit sinkenden Anpassungskapazitäten zusammentreffen[28].

Die Ambivalenz im Umgang mit dem Thema findet ihren Ausdruck im Begriff „demographischer Wandel".

Die erste demographische Frage (Quantität)

Allerdings ist nicht die zentrale Frage, ob ein zeitweiliges Schrumpfen nun gut oder schlecht ist, sondern wie der Schrumpfungsprozess letztendlich zum Stillstand

---

[19]   Schwentker, Björn: Aussterben abgesagt. DIE ZEIT, 47, 08. Juni 2006, http://www.zeit.de/2006/24/Demografie-1_xml

[20]   Kittlaus, Bernd: Die Single-Lüge – Eine Kritik der Argumentationsmuster im Zeitalter der Demografiepolitik, 2006

[21]   Vogelskamp, Stephan Alexander und Günter, Roland: Das süße Leben – Der neue Blick auf das Alter und die Chancen schrumpfender Städte, 2005

[22]   Joffe, Josef: Kinderschwund – na und? Deutschland ist überbevölkert. DIE ZEIT, 47, Nr. 13, 23. März 2006, Seite 55

[23]   Gerster, Petra und Nürnberger, Christian: Stark für das Leben – Wege aus dem Erziehungsnotstand, 2004, Seite 106

[24]   Müller, Albrecht: Die Reformlüge – 40 Denkfehler, Mythen und Legenden, mit denen Politik und Wirtschaft Deutschland ruinieren, 2005, Seite 103 ff.

[25]   Bosbach, Gerd: Demografische Entwicklung – kein Anlass zur Dramatik, 2004, http://www.memo.uni-bremen.de/docs/m0404.pdf

[26]   Strange, Nicholas: Keine Angst vor Methusalem! Warum wir mit dem Altern unserer Bevölkerung gut leben können, 2006

[27]   Butterwegge, Christoph und Klundt, Michael: Die Demografie als Ideologie und Mittel sozialpolitischer Demagogie? Bevölkerungsrückgang, "Vergreisung" und Generationengerechtigkeit, in: Butterwegge, Christoph und Klundt, Michael (Hrsg.): Kinderarmut und Generationengerechtigkeit – Familien- und Sozialpolitik im demografischen Wandel, 2. Auflage, 2003, Seite 74

[28]   Kaufmann, Franz-Xaver: Zukunft der Familie – Stabilität, Stabilitätsrisiken und Wandel der familialen Lebensformen sowie ihre gesellschaftlichen und politischen Bedingungen, 1990, Seite 6

gebracht werden kann. Und dafür gibt es für Wissensgesellschaften zurzeit kein Konzept. Die erste entscheidende Frage (Quantitäts-Frage) lautet also:

- *Durch welche Maßnahmen kann in freiheitlich-demokratischen Wissensgesellschaften mit hohem Bildungsniveau, hohem Lebensstandard und Gleichstellung der Geschlechter ein bestandserhaltendes Reproduktionsverhalten erzielt werden?*

Die Situation ist vergleichbar mit einem Fluss, der aus einem immer weiter abschmelzenden Gletscher gespeist wird. Je kleiner der Gletscher wird, desto weniger Schmelzwasser wird er erzeugen. Wenn der Gletscher ganz abgeschmolzen ist, wird der Fluss endgültig zum Versiegen kommen. Zurzeit gibt es kein Konzept wie das verhindert werden kann, oder anders ausgedrückt, wie es erreicht werden kann, dass der Gletscher jährlich um genau die Eismenge wieder zunimmt, die er auf der anderen Seite an Schmelzwasser verliert.

Dass die Frage nach der Bestandserhaltung wesentlich ist (jedenfalls auf lange Sicht), wird wohl kaum jemand ernsthaft bestreiten wollen. Zurzeit entwickeln sich die Bevölkerungszahlen von Gesellschaften völlig ungeplant und zwar als Ergebnis des Reproduktionsverhaltens ihrer Individuen. In der Folge wachsen Gesellschaften älteren Typs und schrumpfen solche neueren Typs. Doch wie hält man eine Gesellschaft im demographischen Gleichgewicht?[29]

Die zweite demographische Frage (Qualität)

Aber es gibt noch einen weiteren wichtigen Aspekt: Die verschiedenen Länder der Erde betreiben nicht nur untereinander Handel, sondern stehen auch in Konkurrenz zueinander. Wird in einem Land Erdöl (das heißt Energie) gefunden, kann dies – wie die arabischen Länder zeigen – zu einem ungeheuren Reichtum seiner Bevölkerung führen.

Deutschland – und dies gilt in ähnlicher Weise für alle Staaten der Europäischen Union – besitzt hingegen keine nennenswerten Rohstoffe. Stattdessen können die folgenden Qualitäten hervorgehoben werden:

- angenehmes Klima

- frei von Erdbeben

- stabile Rechtsordnung

---

[29] Diese Frage scheint sogar von anthropologischem Interesse zu sein: Wie hat es die Natur geschafft, die Menschheit bis zum Neolithikum prakisch im demographischen Gleichgewicht zu halten? Siehe zum Beispiel: Brandt, Michael: Wie alt ist die Menschheit? Demographie und Steinwerkzeuge mit überraschenden Befunden, 2006

- entwickelte marktwirtschaftliche Rahmenbedingungen[30]

- leistungsfähige sozialstaatliche Regelungen und Einrichtungen

- hochentwickelte Kultur

- freiheitlich-demokratische Wertgebung[31]

- hohe Freizeitwerte

- sehr gut ausgebaute Infrastruktur

- (noch) gut ausgebildete und motivierte Bevölkerung

wobei die beiden letzten Punkte meist Hand in Hand gehen. Würde auf Dauer die deutsche Bevölkerung schrumpfen, sich nicht mehr erneuern und auch in der Qualifikation und Motivation nachlassen, dann würde dies gleichfalls mittelfristig zu nachhaltigen Qualitätseinbußen bei der Infrastruktur (Straßen, Brücken, Telekommunikation, Energie, Bildungseinrichtungen usw.) führen.

Entscheidend sind aber letztendlich die Fähigkeiten der Bevölkerung. Wie die Folgen des 2. Weltkriegs gezeigt haben, kann sich ein Land mit gut ausgebildeter und motivierter Bevölkerung auch dann wieder relativ schnell erholen, wenn seine Infrastruktur weitestgehend zerstört ist.

Fachleute sind sich darin einig, dass die wichtigsten zukünftigen Ressourcen für Unternehmen und Gesellschaften Wissen und kognitive Fähigkeiten sind. Diese Entwicklung entspricht in auffälliger Weise der biologischen Evolution, in deren Rahmen sich letztendlich ein Lebewesen (der Mensch) durchgesetzt hat, welches anderen Spezies vor allem in seinen geistigen Fähigkeiten überlegen war.

Die unmittelbare Konsequenz daraus ist: Der wissende Mensch mit seinen geistigen Kompetenzen rückt zunehmend ins Zentrum des wirtschaftlichen Geschehens.

Zur Quantifizierung der Wissensressourcen wurden in den Wirtschaftswissenschaften die Begriffe Humankapital und Humanvermögen eingeführt.

Diese scheinbare Ökonomisierung des Menschlichen hat zu der Befürchtung eines sich verstärkenden Primats der Ökonomie geführt, unter dem alles unterbleibt, was sich erst nach langer Zeit oder gar nicht rechnet[32], zum Beispiel Investitionen in Kinder.

---

[30] Radermacher, Franz J.: Balance oder Zerstörung – Ökosoziale Marktwirtschaft als Schlüssel zu einer weltweiten nachhaltigen Entwicklung, 2002, Seite 17

[31] Einige der aufgezählten Punkte lassen sich zum sogenannten demokratischen Rechts- und Interventionsstaat (DRIS) zusammenfassen, siehe: Leibfried, Stephan und Zürn, Michael (Hrsg.): Transformation des Staates? 2006, Seite 11

[32] Gerster, Petra und Nürnberger, Christian: Der Erziehungsnotstand – Wie wir die Zukunft unserer Kinder retten, 2. Auflage, 2004, Seite 23

Allerdings hätte eine solche Vorgehensweise mit wirklicher Ökonomie nicht viel zu tun. Ein neues Medikament hat in der Pharmaindustrie heute üblicherweise eine Entwicklungszeit von 12 bis 15 Jahren. In zahlreichen anderen Branchen sieht es ganz ähnlich aus. Rechnet man die Grundlagenforschung dazu, dann führen neue Erkenntnisse manchmal erst in 25 Jahren zu neuen Produkten, wobei die Produkteinführung nicht selten nochmals mehrere Jahre andauern kann. Erst dann können endlich Gewinne eingefahren werden. Und kommt es im Rahmen von Produktzulassungsprozessen zu Problemen, dann muss gegebenenfalls eine neue Produktlinie, deren Entwicklung 20 Jahre vorher hoffnungsfroh begonnen wurde, am Ende sogar vollständig eingestellt werden.

Ökonomisch denkenden und rechnenden Unternehmen ist es also geläufig, zum Teil erhebliche Summen in Forschung und Entwicklung – das heißt in die unternehmerische Reproduktion – zu stecken, die sich – wenn überhaupt – vielleicht in 25 Jahren auszahlen werden. Trotzdem gehen sie diesen Weg, weil sie andernfalls in 25 Jahren nicht mehr konkurrenzfähig sein würden.

Unzureichende gesellschaftliche Investitionen in den eigenen Nachwuchs sind deshalb keine Folge des Primats der Ökonomie, sondern von fehlendem langfristigem ökonomischem Denken. Sie sind nicht das Werk von Ökonomen, sondern von Bürokraten.

Während führende Konzerne ihre besten Köpfe in die Forschung und Entwicklung stecken, überlässt man in unserem Staat die Entwicklung des wichtigsten „Produktes" – des Menschen – zunehmend Schichten mit geringer Bildung und niedrigem Einkommen. Während in Unternehmen zum Teil erhebliche Summen in die Erneuerung fließen, hat man in unserem Staat offenkundig gemäß demographisch-ökonomischem Paradoxon[33] die Auffassung, dass nur unter ärmlichsten Bedingungen, wie sie zum Beispiel in der Dritten Welt oder vor Ort bei Sozialhilfeempfängern vorzufinden sind, eine ausreichende Zahl an Kindern in die Welt gesetzt werden können. Besonders motivierte und kompetente Menschen – Deutschlands Dichter und Denker – werden dagegen in erster Linie in der Erwerbsarbeit, das heißt in der Produktion, benötigt.

Dies hat langfristig eine substanzielle Minderung des Humanvermögens und damit der Konkurrenzfähigkeit und Attraktivität Deutschlands zur Folge.

Vielen Fachleuten ist das längst bewusst, weshalb sie die Anstrengungen in die Ausbildung der Bevölkerung verstärken möchten[34]:

---

[33] Birg, Herwig: Strategische Optionen der Familien- und Migrationspolitik in Deutschland und Europa; in: Leipert, Christian (Hrsg.): Demographie und Wohlstand – Neuer Stellenwert für Familie in Wirtschaft und Gesellschaft, 2003, Seite 30

[34] Gaschke, S.: Die Emanzipationsfalle – Erfolgreich, einsam, kinderlos, 2005, Seite 102 f.

Wenn hauptsächlich die Schwachen Kinder bekommen, dann müssen wir eben aus diesen Kindern Atomphysiker machen, Gerichtspräsidenten, Abgeordnete, verantwortungsvolle Bürger.

Dies wird nicht gelingen. Denn einerseits ist Intelligenz zu einem erheblichen Anteil erblich[35] [36], andererseits wird sie sehr stark durch die frühkindliche Erziehung und Bindung geprägt[37]. Solche Wahrheiten auszusprechen gilt in unserer Gesellschaft aber gemeinhin als politisch unkorrekt.

Auch viele Kinder aus Familien mit ausreichendem Einkommen erhalten heute nicht die Erziehung und Zuwendung, die sie benötigen. Neben frühkindlichen chronischen Erkrankungen und Übergewicht breiten sich immer mehr Konzentrationsstörungen und Verhaltensauffälligkeiten unter Kindern aus[38]. Wenn beide Elternteile arbeiten gehen, gewinnt die Hausarbeit in der knapperen Freizeit an Bedeutung und die Erziehungsarbeit wird weiter zurückgestellt.

In modernen hochentwickelten Gesellschaften lassen sich neben dem quantitativen Rückgang (Schrumpfen) folglich auch qualitative Nachwuchsmängel beobachten, die selbst durch enorme Investitionen in schulische oder andere Bildungseinrichtungen – die aber zurzeit ebenfalls unterbleiben[39] – zu einem späteren Zeitpunkt nicht mehr behoben werden können. Dies ist besonders fatal, da ja Wissen und kognitive Fähigkeiten in solchen Gesellschaften die wichtigsten Ressourcen sind. Die zweite entscheidende Frage (Qualitäts-Frage) lautet deshalb:

- *Durch welche Maßnahmen kann erreicht werden, dass sich alle Gesellschafts-schichten inklusive den Wissensträgern an der gesellschaftlichen Reproduktion beteiligen und die aufgezogenen Kinder die ihnen zustehende Zuwendung und Bildung erhalten?*

Bisherige demographische Strategien

Um die Auswirkungen der demographischen Entwicklung zu mildern, werden in der öffentlichen Diskussion in erster Linie die folgenden Maßnahmen empfohlen:

- Fehlender eigener Nachwuchs wird durch Zuwanderer kompensiert.

---

[35]   Vom Lehn, Birgitta: Kindeswohl, ade! Gesundheitsverhütung im Wohlstandsland – PISA war auch eine physische Pleite, 2004, Seite 60

[36]   Weiss, Volkmar: Die IQ-Falle – Intelligenz, Sozialstruktur und Politik, 2000

[37]   Vom Lehn, Birgitta: Kindeswohl, ade! Gesundheitsverhütung im Wohlstandsland – PISA war auch eine physische Pleite, 2004, Seite 60 ff.

[38]   ebenda, Seite 47 ff.

[39]   Ludwig C., Mannes A. (Hrsg.): Mit der Spaßgesellschaft in den Bildungsnotstand – 17 streitbare Beiträge für einen Aufbruch aus der Bildungsmisere, 2. Auflage, 2004

- Wir werden älter und können länger arbeiten.

- Ganztägig geöffnete Bildungs- und Betreuungseinrichtungen (Krippen, Kinder-gärten, Schulen) verbessern die Vereinbarkeit von Familie und Beruf[40].

- Familien erhalten einen Lastenausgleich (bzw. gar Lasten- und Leistungsaus-gleich)[41][42].

- Volle steuerliche Abzugsfähigkeit von familienunterstützenden Leistungen für Familien[43][44].

Die beiden ersten Maßnahmen bezeichnet Norbert Bolz richtigerweise als Place-bos[45], zumal sie beide zu Lasten der Qualität gehen und damit zu einer Minderung des Humanvermögens führen. So werden wir zwar älter, dabei aber nicht notwendi-gerweise gesünder[46]:

Die Hochbetagten des heute so genannten vierten Lebensalters bescheren uns einen enormen Anstieg der Alzheimer-Demenz und erschrecken durch einen dramatischen Schwund an Selbständigkeit und Gesellschaftsfähigkeit. Der Glanz der jungen Alten strahlt auf die alten Alten also gerade nicht ab. Längeres Leben als solches führt noch zu keiner Verzauberung des Alters. Und so müssen wir damit rechnen, dass immer mehr Hochbetag-te nicht in Würde sterben.

Auch ist der Anteil der erwerbstätigen Über-50-Jährigen in den letzten Jahrzehnten kontinuierlich gesunken[47].

Die Qualifikation der nach Deutschland Zugewanderten liegt im Durchschnitt deutlich unter der der einheimischen Bevölkerung[48]. Dieser Trend dürfte sich in Zukunft eher noch verstärken, da alle hochentwickelten Staaten gleichfalls unter Nachwuchssor-gen leiden. Die Industrie sucht vor allem nach gut ausgebildeten Fachkräften mit guten sprachlichen Kenntnissen, die unter Zuwanderern seltener zu finden sind.

---

[40] Mersch, P.: Land ohne Kinder – Wege aus der demographischen Krise, 2006, Seite 86 ff.

[41] Gerlach, Irene: Familienpolitik, 2004, Seite 209 ff.

[42] Mersch, P.: Land ohne Kinder – Wege aus der demographischen Krise, 2006, Seite 94 ff.

[43] Steingart, Gabor: Deutschland – Abstieg eines Superstars, 2. Auflage, 2005, Seite 279 f.

[44] Robert Bosch Stiftung: Unternehmen Familie, 2006

[45] Bolz, Norbert: Die Helden der Familie, 2006, Seite 23

[46] ebenda, Seite 26

[47] Bundeszentrale für politische Bildung: Erwerbsbeteiligung von Frauen und Männern ab 50 Jahren,
http://www.bpb.de/wissen/ID1JU4,0,Erwerbsbeteiligung_von_Frauen_und_M%E4nnern_ab_50_Jahren.html

[48] Kaufmann, Franz-Xaver: Schrumpfende Gesellschaft – Vom Bevölkerungsrückgang und seinen Folgen, 2005, Seite 86

Folglich ist die Arbeitslosenquote unter den Zuwanderern deutlich höher als in der einheimischen Bevölkerung[49].

Maßnahmen zur Verbesserung der Vereinbarkeit von Familie und Beruf und zum Familienlastenausgleich versuchen primär die Opportunitätskosten für Kinder zu senken[50]:

Je höher das in einem Land mit einem bestimmten Lebenslauf durch Erwerbsarbeit erzielbare Pro-Kopf-Einkommen ist, desto teurer sind Kinder auf der Messlatte des erzielbaren Einkommens, wenn eine Frau wegen eines ungenügenden aushäusigen Betreuungsangebots für Kinder gezwungen ist, sich entweder für Kinder oder für Erwerbsarbeit zu entscheiden.

Empfohlen wird in erster Linie, einen Abbau der lebenslangen Kinderlosigkeit zu erreichen[51]:

Das Problem besteht darin, dass die Entscheidung für die familiale Lebensform immer seltener getroffen wird, so dass der Anteil der zeitlebens Kinderlosen bei der deutschen Bevölkerung immer noch von Jahrgang zu Jahrgang zunimmt. Es ist nicht auszuschließen, dass die lebenslange Kinderlosigkeit auf ein Niveau von rund 40 Prozent an einem Jahrgang ansteigt. Wollte man dann eine bestandserhaltende Geburtenrate von rund zwei Kindern pro Frau erreichen, müssten die übrigen 60 Prozent der Frauen des Jahrgangs pro Frau 3,5 Kinder zur Welt bringen. Selbst in den Entwicklungsländern betrug die Kinderzahl pro Frau im Zeitraum 1995-2000 nur noch 3,1. So gesehen ist es ein außerordentlich ehrgeiziges, wenn auch erstrebenswertes Ziel, zu einer bestandserhaltenden Geburtenrate von zwei Kindern pro Frau zurückzukehren. Um das Ziel zu erreichen, müsste sich die Familienpolitik vor allem auf einen Abbau der lebenslangen Kinderlosigkeit konzentrieren, denn bei der Gruppe der Frauen mit Kindern hat die Kinderzahl pro Frau schon das ideale Niveau von zwei.

Dies ist sicherlich eine treffliche Problemanalyse, allerdings sind die daraus gezogenen Konsequenzen alles andere als überzeugend. Die Single-Kultur hat sich längst etabliert und es dürfte auch in Zukunft nur mit sehr großen Anstrengungen möglich sein, gewollt Kinderlose oder beruflich sehr eingespannte Menschen zum Aufziehen eigener Kinder zu bewegen[52] [53] [54] [55]. Und der Demograph Herwig Birg liefert selbst

---

[49] Bundeszentrale für politische Bildung: Integration und Arbeitsmarkt, http://www.bpb.de/themen/544H4S,2,0,Integration_und_Arbeitsmarkt.html

[50] Birg, Herwig: Auswirkungen und Kosten der Zuwanderung nach Deutschland, 2001, http://www.herwig-birg.de/downloads/dokumente/Gutachten-Muenchen.pdf, Seite 3

[51] ebenda, Seite 5

[52] Beck-Gernsheim, Elisabeth: Die Kinderfrage – Frauen zwischen Kinderwunsch und Unabhängigkeit, 3. Auflage, 1997

[53] Kofler, Birgit: Kinderlos, na und? Kein Baby an Bord, 2006

[54] Seul, Shirley: Goodbye Baby – Glücklich ohne Kinder, 2003

die besten Argumente dafür, warum der von ihm empfohlene Fokus auf die Kinderlosen nur die zweitbeste Strategie sein kann[56]:

So ist zum Beispiel beim Frauenjahrgang 1955 für die Teilgruppe der Frauen mit drei Kindern die Wahrscheinlichkeit für die Geburt eines vierten Kindes ab dem Alter 32 höher als die Wahrscheinlichkeit für die Geburt eines ersten Kindes bei den noch kinderlosen Frauen dieses Jahrgangs und Alters, und sie ist auch höher als die Wahrscheinlichkeit für die Geburt eines zweiten Kindes bei den Frauen dieses Jahrgangs und Alters, die ein Kind hatten bzw. eines dritten Kindes bei Frauen mit zwei Kindern. Dieser empirische Befund ist aufgrund der biographischen Fertilitätstheorie zu erwarten. Denn die Theorie besagt, dass die mit einem weiteren Kind aus dem biographischen Universum ausgeschiedenen Lebenslaufoptionen (= biographische Opportunitätskosten) mit jedem zusätzlichen Kind abnehmen.

Mit anderen Worten: Es ist viel leichter (und folglich auch kostengünstiger), eine Familie mit Kindern zu einem weiteren Kind zu bewegen, als Kinderlose zu einem ersten Kind. Und mit jedem weiteren Kind sinken die biographischen und natürlich auch die Gesamt-Opportunitätskosten weiter ab und machen eine Entscheidung für ein weiteres Kind leichter und wahrscheinlicher.

Die folgerichtige Konsequenz aus der Birgschen biographischen Fertilitätstheorie kann deshalb nur die gezielte Förderung von Großfamilien sein. Stattdessen konzentriert sich die öffentliche Diskussion unter dem Motto „Vereinbarkeit von Familie und Beruf" in erster Linie auf die Interessen von berufstätigen Kinderlosen und versucht verzweifelt, aus diesen Eltern zu machen, woran sie aber häufig gar nicht interessiert sind.

Noch klarer wird das Bild, wenn Kinder nicht nur von der Kosten-, sondern auch von der Nutzenseite her betrachtet werden. Bezogen auf den Nachwuchs können drei Nutzenarten unterschieden werden[57]:

- Konsumnutzen

- Einkommensnutzen

- Sicherheitsnutzen

Unter Konsumnutzen wird in erster Linie die Erfüllung emotional-expressiver Elternschaftsmotive verstanden: Man hat etwas zu Liebhaben und lebt mit seinen Kindern in der Zukunft fort. Es ist häufig der einzige direkte Nutzen, den Kinder in unserer

---

[55]   Mikutta, Petra: Die bessere Hälfte schenk ich mir – Single aus Leidenschaft, 2000

[56]   Birg, Herwig: Strategische Optionen der Familien- und Migrationspolitik in Deutschland und Europa; in: Leipert, Christian (Hrsg.): Demographie und Wohlstand – Neuer Stellenwert für Familie in Wirtschaft und Gesellschaft, 2003, Seite 31

[57]   Klein, Thomas: Sozialstrukturanalyse – Eine Einführung, 2005, Seite 81

Gesellschaft für ihre Eltern noch haben und der gegen die erheblichen Kosten von Kindern aufgerechnet werden kann.

Allerdings haben Kinder diesbezüglich starke Konkurrenten. Und wenn ihre Kosten als zu gravierend und sie selbst als zu einschränkend eingeschätzt werden, dann wird sich manches Paar oder auch manche Einzelperson stattdessen lieber mit einem Hund oder einer Katze begnügen wollen.

Direkte Einkommens- und Sicherheitsnutzen von Kindern bestehen in unserer Gesellschaft in aller Regel nur noch für diejenigen, die wenig zu verlieren haben und zum Beispiel arbeitslos sind oder von der Sozialhilfe leben müssen. In diesem Fall nähern sich die Opportunitätskosten für weitere Kinder der Marke Null, während jedes zusätzliche Kind die Einnahmen (Kindergeld, sonstige Ansprüche) und die soziale Sicherheit erhöht. Und genau diese Tatsache trägt entscheidend dazu bei, dass Familien mit niedriger Bildung mehr Kinder in die Welt setzen als solche mit hoher Bildung.

Ich bin davon überzeugt, dass eine Entscheidung für oder gegen Kinder nicht nur – wie es in der Literatur meist üblich ist – von der Kostenseite her betrachtet werden sollte, sondern auch vom Nutzen. Erst wenn man die Nutzenseite in die Überlegungen mit einschließt, wird man in der Lage sein, erfolgreiche Konzepte zur Erzielung bestandserhaltender Fertilitätsraten in Wissensgesellschaften zu entwickeln. Auch das demographisch-ökonomische Paradoxon wird sich viel zwangloser über die Betrachtung der Nutzen- als rein über die Kostenseite erklären lassen.

Die Familienmanager-Alternative

Im vorliegenden Buch wird ein Ansatz aufgegriffen und weiterentwickelt, der zum ersten Mal in meinem Buch *Land ohne Kinder* vorgestellt wurde[58]. Dieses Modell, im Folgenden „*Familienmanager-Konzept*" genannt[59], das im Wesentlichen darin besteht, eine Vereinbarkeit von Familie und Beruf durch Professionalisierung der Familienarbeit zu erreichen, ist in der Lage, auf die beiden zentralen demographischen Fragen (Quantitäts- und Qualitäts-Frage) eine zufriedenstellende Antwort zu liefern.

Basis der Vorgehensweise ist dabei die folgende Maxime[60]:

---

[58]   Mersch, Peter: Land ohne Kinder – Wege aus der demographischen Krise, 2006

[59]   Im gesamten Buch werden die Begriffe „Familienmanager" oder „Familienmanagerin" synonym verwendet. In der Regel ist damit keine geschlechtsspezifische Festlegung gemeint. Ein Familienmanager kann also auch eine Frau sein, eine Familienmanagerin ein Mann. Allerdings dürfte es sich in der Praxis um einen Frauenberuf handeln (Frauenanteil > 70 Prozent).

[60]   Mersch, P.: Land ohne Kinder – Wege aus der demographischen Krise, 2006, Seite 115

In Deutschland ist es Ihre Aufgabe, als Paar zwei Kinder aufzuziehen, als Einzelperson ein Kind. Damit leisten Sie Ihren Beitrag zur gesellschaftlichen Reproduktion. Sie müssen das aber nicht selbst tun, sondern Sie können die Aufgabe zum Teil oder in Gänze anderen Fachleuten überlassen. Dafür müssen Sie dann aber regelmäßig einen bestimmten Betrag abführen, damit diese das auch in der entsprechenden Qualität für Sie machen können.

In kurzen Worten zusammengefasst, funktioniert das Familienmanager-Konzept wie folgt:

- Auf Basis der obigen Maxime müssen kinderlose Singles einen monatlichen Betrag für ein Kind abführen, kinderlose Paare für zwei Kinder und Paare mit einem Kind für ein Kind.

- Die Höhe des Betrags und die Dauer der Zahlung könnte sich zum Teil an der Düsseldorfer Tabelle orientieren[61]. Ein kinderloser Single entspricht in diesem Sinne einem Elternteil, welches keine Erziehungsleistungen für sein Kind erbringt und folglich dafür unterhaltspflichtig ist (in etwa also einem Unterhalt[62] zahlenden „Zahlvater"[63]). Ein Unterschied besteht in erster Linie darin, dass ein kinderloser Single nicht wirklicher Vater oder Mutter ist, sondern es anderen überlassen hat, diese Aufgabe für ihn wahrzunehmen. Dafür zahlt er dann Unterhalt. Allerdings ist die Düsseldorfer Tabelle für steuerliche Beitragsabführungen zu kompliziert. Ferner basiert sie aufgrund ihrer Bedarfsorientierung auf einem degressiven Beitragsmodell, dieses sollte für diesen Zweck in Anlehnung an den Steuersatz durch ein progressives Modell ersetzt werden (je höher das zur Verfügung stehende Einkommen, desto höher ist der Anteil am Einkommen, der bei Kinderlosigkeit abzuführen wäre). Dies würde gleichzeitig den Anreiz für eigene Kinder besonders bei Gutverdienenden erhöhen.

  Allein diese Regelung würde bereits zu mehr Gerechtigkeit zwischen Kinderlosen und Eltern mit Kindern führen, weil sie deutlich macht, dass das Aufziehen eines Kindes pro Person eine gesellschaftlich gewünschte Handlung ist und nicht etwas, was – wie beim „Zahlvater" – durch finanzielle Bestrafung möglichst verhindert werden sollte.

- Der Staat führt regelmäßig langfristige Bevölkerungsvorausberechnungen durch. Anhand deren Ergebnisse legt er jährlich den Bedarf an staatlich zu beschäftigenden Familienmanagerinnen fest.

---

[61] INET Gerichte: Düsseldorfer Tabelle,
http://www.olg-duesseldorf.nrw.de/service/ddorftab/intro.htm

[62] Wikipedia: Unterhalt, http://de.wikipedia.org/wiki/Unterhalt

[63] Wikipedia: Zahlvater, http://de.wikipedia.org/wiki/Zahlvater

- Um sich als Familienmanagerin bewerben zu können, ist eine qualifizierte Ausbildung erforderlich, die in etwa der einer an einer Fachhochschule ausgebildeten Erzieherin[64] oder einer Grundschullehrerin – erweitert um Elemente wie frühkindliche Erziehung, aber auch Hauswirtschaft und Organisation – entspricht. Eine angestellte Familienmanagerin wird sich beruflich ständig weiterbilden müssen.

- Eine Familienmanagerin wird pro aufgezogenes eigenes oder adoptiertes Kind bezahlt (Leistungsbetrag). Daneben erhält sie noch einen Grundbetrag. Eventuelle Zusatzverdienstmöglichkeiten ergeben sich durch das Anbieten von Tagesmutter-, Krippen- oder Kindergartenfunktionen (eventuell mit temporärer Übernachtungsmöglichkeit). Der Verdienst bestimmt den späteren eigenen Rentenanspruch. Eine Familienmanagerin entspricht also in etwa einer dänischen Tagesmutter[65], nur dass sie im Gegensatz zu letzterer auch und gerade für das Aufziehen ihrer eigenen Kinder bezahlt wird.

Der Leistungsbetrag wird pro Kind über einen längeren Zeitraum (zum Beispiel 20 Jahre) gezahlt. Danach besitzt die Familienmanagerin eine Übernahmegarantie in andere Berufe, zum Beispiel im öffentlichen Dienst oder bei kooperierenden Unternehmen, die damit werben dürfen. Alternativ kann sich eine Familienmanagerin entscheiden, adoptierte Kinder großzuziehen, dafür würde erneut der Leistungsbetrag ausgeschüttet. Die Adoptionsregelungen würden für diesen Beruf stark vereinfacht. Hierdurch würde – internationale Vereinbarungen vorausgesetzt – gleichzeitig ein wesentlich sozialverträglicherer Weg beschritten, „Zuwanderer" ins Land zu holen. Die adoptierten Waisenkinder würden von Anfang an in den Genuss einer europäisch-geprägten wertgebenden Erziehung kommen und sie wären von Anbeginn an Deutsche. Spätere Integrationsprobleme könnten hierdurch vermieden werden.

- Eine Familienmanagerin kann auch mit einem Familienmanager zusammenleben, wobei zum Beispiel sie sieben eigene Kinder großzieht und er acht adoptierte Kinder. In diesem Fall würde es sich um eine Großfamilie mit 15 Kindern unterschiedlicher Herkunft handeln.

Das Familienmanager-Konzept bietet zahlreiche unmittelbare Vorteile, von denen hier nur einige aufgeführt werden sollen:

- Der Ansatz erlaubt eine präzise und bestandserhaltende Bevölkerungsplanung.

---

[64] Otto, Jeannette: Aufgepasst! – Warum auch Erzieherinnen eine akademische Ausbildung brauchen. DIE ZEIT, 47, Nr. 28, 06. Juli 2006, Seite 71, http://www.zeit.de/2006/28/C-Erzieherinnen

[65] ebenda

- Kinderlose werden an der gesellschaftlichen Reproduktion beteiligt. Dies stellt einen wichtigen Beitrag zur Generationengerechtigkeit dar. Die Transferausbeutung[66] von Familien durch Kinderlose wird verringert[67]:

  Nicht die Reichen, sondern die Kinderlosen müssen stärker besteuert werden. Es ist ein fataler Webfehler unseres sozialen Systems, dass Kinderlose die gleichen Versorgungsansprüche erwerben wie Eltern, obwohl sie nichts zur Erziehung der zukünftigen Beitragszahler beitragen.

- Kinderlose werden von dem Vorwurf entlastet, auf parasitäre Weise von den Leistungen anderer zu profitieren und allein für die demographischen Probleme des Landes verantwortlich zu sein[68]:

  Man sollte Kinderlose nicht stigmatisieren, sondern besteuern.

- Es werden gezielt sozialisatorisch erfolgreiche Großfamilien gefördert. Gleichzeitig wird das Problem vieler Alternativen, durch fehlende Leistungsanforderungen und -anreize in erster Linie eine Steigerung der Geburtenraten in sozial schwachen Schichten zu bewirken, vermieden. Denn[69]:

  Und wie stets bei wohlfahrtsstaatlichen Leistungen muss man damit rechnen, dass der Versuch, den Opfern zu helfen, das Verhalten reproduziert, das solche Opfer produziert.

- Kinder wachsen wieder vermehrt in kinderreichen und damit kinderfreundlichen Umgebungen auf, ohne sie der Gefahr einer Verarmung auszusetzen.

- Die Vereinbarkeit von Familie und Beruf wird verbessert, in dem die Familienarbeit professionalisiert (zum Beruf gemacht) wird.

- Durch Professionalität wird die Qualität der frühkindlichen Erziehung auf ein neues Niveau angehoben.

- Trennungsfolgen können sozialverträglicher gestaltet werden, da aus der Familienarbeit ein eigenständiges Einkommen generiert wird.

- Es kann ein humanitärerer Ausgleich zwischen den hohen Fertilitätsraten in der Dritten Welt und den niedrigen Raten der entwickelten Staaten stattfinden, indem Kinder in Not (Waisenkinder) in einem sehr frühen Alter ins Land geholt werden und nicht erst dann, wenn die gesamte Aufziehleistung bereits extern erbracht wurde.

---

[66] Birg, Herwig: Die ausgefallene Generation – Was die Demographie über unsere Zukunft sagt, 2005, Seite 84

[67] Bolz, Norbert: Die Helden der Familie, 2006, Seite 71

[68] ebenda

[69] ebenda, Seite 35 f.

Damit kann deutlich gemacht werden, dass die entwickelten Staaten im Gegensatz zu den armen Ländern nicht zu reich und gesättigt für eigene Erziehungsleistungen sind, sondern dass sie ihren Anteil an der Nachwuchsarbeit leisten wollen.

- Das Konzept kann weitestgehend unabhängig von sonstigen (gegebenenfalls bereits implementierten) familien- und bevölkerungspolitischen Maßnahmen eines Landes umgesetzt werden.

Eine vernachlässigte Hauptaufgabe des Staates

Weder Deutschland noch die deutsche Wirtschaft sind per se kinderfeindlich. Das eigentliche Problem scheint eher die Unsicherheit darüber zu sein, was Deutschland im Rahmen der Globalisierung eigentlich ist[70].

Abstrakt könnte man ein Land mit einem Forstbetrieb vergleichen, der etwa Obstbäume anpflanzt. Diverse lokale, aber auch global operierende Lebensmittelkonzerne haben temporäre Rechte daran erworben, die Früchte von ausgewählten Bäumen exklusiv ernten zu können. Einige Unternehmen sind vorwiegend an Äpfeln interessiert, andere an unterschiedlichen Früchten, zum Teil auch an speziellen Sorten, die nur von ganz wenigen Forstbetrieben in ausreichender Menge angeboten werden.

Im übertragenen Sinne: Die Forstbetriebe sind die Gesellschaften (die Staaten), die Bäume die Menschen, die Früchte deren Kompetenzen und die Lebensmittelkonzerne die Unternehmen. Die Lebensmittelkonzerne (Unternehmen) entwickeln sich folglich zu den Kunden der Forstbetriebe (Staaten), bzw. die Forstbetriebe (Staaten) umgekehrt zu deren Lieferanten.

Das eigentliche Geschäft wird mit dem Verkauf von Obstsäften gemacht. Dies ist aber das Geschäft der Lebensmittelkonzerne (Unternehmen), welche es sich letztendlich aussuchen können, wo auf der Welt sie ihre Früchte einkaufen. Wenn ein Forstbetrieb (Staat) sehr ertragreiche und leicht zugängliche Bäume mit besonders wohlschmeckenden und saftigen Sorten zu akzeptablen Konditionen und unter leistungsfähigen marktwirtschaftlichen Rahmenbedingungen anbietet, dann wird sein Angebot möglicherweise viele Interessenten finden. Die Aufgabe des Forstbetriebes (des Staates) wäre es also, stets eine ausreichende Menge an möglichst ertragreichen Bäumen bereitzustellen (siehe dazu auch die Ausführungen in den Abschnitten *Nachhaltigkeit* auf Seite 137 und *Kindererziehung* auf Seite 103) und dafür zu sorgen, dass deren Früchte unter fairen Marktbedingungen erworben und möglichst leicht geerntet werden können (zum Beispiel durch Infrastrukturentwicklungen). Es ist

---

[70]   Wulff, Christian: Deutschland kommt voran, 2006, Seite 50

nicht seine Aufgabe, in den Markt oder das Geschäft der Lebensmittelkonzerne (Unternehmen) direkt hineinzuregieren.

Der Fokus der Lebensmittelkonzerne (Unternehmen) liegt folglich auf der Produktion, der des Forstbetriebes (Staat) auf der Reproduktion.

Da aber der Forstbetrieb letztendlich auch nur an den Früchten Geld verdient, könnte er auf die Idee kommen, die Nachhaltigkeit der Geschäftstätigkeit zu reduzieren, den Ertrag pro Baum zu steigern und die Investitionen in neue Pflanzen zu vernachlässigen. Eine Zeit lang wird das noch gut gehen und die Einnahmen sogar steigern, da gleichzeitig weniger Geld für die Aufforstung ausgegeben werden muss. Aber irgendwann werden die vorhandenen Bäume immer älter und ertragsärmer, so dass sie für die Lebensmittelkonzerne uninteressanter werden. Die global operierenden Lebensmittelkonzerne werden sich bald nach anderen Forstbetrieben umschauen. Verzweifelt wird der Forstbetrieb versuchen, den Verkauf und damit die Konjunktur wieder anzukurbeln und den Ertrag pro Baum zu steigern[71], nicht erkennend, dass die Probleme längst wesentlich aus der nicht ausreichenden Nachhaltigkeit der eigenen Geschäftstätigkeit her resultieren.

Wie das Forstbetriebsbeispiel deutlich macht, haben wir es hier mit einem scheinbaren Konflikt zwischen Produktion und Reproduktion zu tun. Norbert Bolz erläutert dies wie folgt[72]:

> *Die Faustregel lautet: je produktiver, desto weniger reproduktiv. Das gilt natürlich nicht nur individuell, sondern gesellschaftsweit. Industriegesellschaften sind sehr produktiv, aber nur schwach reproduktiv. So erleben wir im Westen seit Jahrzehnten eine reproduktive Depression. Und der Grund dafür ist denkbar einfach: Produktion ist profitabel, Reproduktion ist kostspielig. Die Welt der Reproduktion hat es mit Menschen und Verpflichtungen zu tun; die Welt der Produktion hat es mit Dingen und Dienstleistungen zu tun.*

In Wirklichkeit bestehen hier lediglich unterschiedliche Ebenen der Betrachtung: Während die Lebensmittelkonzerne (Unternehmen) Obstsäfte produzieren, produziert der Forstbetrieb (Staat) Bäume und Früchte. Mit anderen Worten: Was auf den ersten Blick wie eine zeitaufwändige und ertragslose Reproduktion aussieht, ist für den Forstbetrieb die eigentliche Produktion, sein Kerngeschäft. Die gesellschaftliche Reproduktion kann deshalb auch als Produktion von Nachwuchs umgedeutet werden.

Oder noch allgemeiner ausgedrückt: Eine zentrale Aufgabe eines Staates ist die Reproduktion des Humanvermögens, das heißt, den Nachwuchs oder die Rekrutie-

---

[71] Vorschläge, wie dies noch weiter geschehen kann, finden sich zum Beispiel in: Strange, Nicholas: Keine Angst vor Methusalem! Warum wir mit dem Altern unserer Bevölkerung gut leben können, 2006

[72] Bolz, Norbert: Die Helden der Familie, 2006, Seite 67

rungspotenziale für die verschiedenen Gesellschaftsbereiche auf Basis einer langfristigen Planung bezüglich dem zukünftigen Bedarf an Menschen und deren Qualifikationen sicherzustellen[73].

Dies hört sich vielleicht auf den ersten Blick ökonomisch kalt und menschenverachtend an[74]. Tatsächlich wäre aber eine solche Haltung humaner als die jetzige Vorgehensweise, die die zukünftige Generation vernachlässigt und aus Kindern zunehmend Sozialfälle macht.

Die wichtigsten Produkte des Unternehmens „Deutschland" sind der „Deutsche" und die deutsche Kultur. Damit sollen ganz explizit nicht Menschen einer bestimmten genetischen Ausstattung oder gar Hautfarbe verstanden werden, sondern weiche Faktoren wie Bildung, Nachdenklichkeit, Kompetenz, Genauigkeit, Gewissenhaftigkeit, Ordnungsliebe, Motivation, freiheitlich-demokratische Gesinnung u.v.a.m.

„Made in Germany" war jahrzehntelang ein Synonym für Qualität. Damit war in erster Linie Kompetenz gemeint: *„Die haben noch einmal etwas länger nachgedacht und genauer hingeschaut als andere, bevor sie ein Produkt auf den Markt gebracht und ausgeliefert haben. So etwas kann man fast unbesehen kaufen."*

Die Bedeutung der Reproduktion in Wissensgesellschaften

In der Industriegesellschaft war die Kernfamilie aus Vater, Mutter und Kindern der Ort der Reproduktion. Dabei herrschte eine klare Aufgabenteilung vor: Die Männer erbrachten die produktiven Aufgaben, während sich die Frauen mehr oder weniger ausschließlich der Reproduktion widmeten. Diese Aufgabenteilung funktionierte durch die funktionale Gleichwertigkeit beider Bereiche hervorragend. Und sie ließ keinen Zweifel daran aufkommen, dass auf die Reproduktion ein immerwährender Verlass sein würde, oder mit den Worten von Konrad Adenauer: „Kinder kriegen die Leute immer!".

Durch die fast ausschließliche Beschränkung der weiblichen Bevölkerung auf die reproduktiven Tätigkeiten wurde gleichzeitig erreicht, dass auch in den gebildeten Schichten eine ausreichende Zahl an Kindern in die Welt gesetzt wurde.

---

[73]   Mersch, P.: Land ohne Kinder – Wege aus der demographischen Krise, 2006, Seite 39 ff.

[74]   Der Begriff „Humankapital" wurde bei völliger Verkennung der in ihm steckenden hohen Wertschätzung gegenüber Menschen und deren Fähigkeiten in 2004 zum Unwort des Jahres gewählt. Die Begründung ist: „Degradiert Menschen nur noch zu ökonomisch interessanten Größen". Siehe: http://www.unwortdesjahres.org. Ein sinnvoller zukünftiger Kandidat könnte dagegen das Wort „demographischer Wandel" sein, da dieser zu einer Verharmlosung der demographischen Katastrophe beiträgt.

Allerdings hatte die Aufteilung einen gravierenden Nachteil: Sie legte die Frauen auf eine Rolle[75] fest und schloss sie gleichzeitig von eigenen Verdienstmöglichkeiten aus. Die Frau blieb ökonomisch abhängig vom Mann. Die klassische Rollenaufteilung mit dem Mann als Ernährer und der Frau als Hüterin des Hauses konnte deshalb nur im Patriarchat reibungslos funktionieren.

In Wissensgesellschaften bilden sich nun zwei gegenläufige Trends heraus:

- Die Gleichstellung der Frauen eröffnet diesen die gleichen biographischen Optionen und beruflichen Verdienstmöglichkeiten in produktiven Bereichen wie Männern. Dies macht für sie die klassische Mutterrolle unattraktiv, weil diese sie in ökonomischer Abhängigkeit verharren lässt, was wiederum zu einer Aufwertung der Produktion und Vernachlässigung der Reproduktion führt. Die direkte Folge: Die Fertilitätsraten sinken allgemein deutlich unter bestandserhaltendes Niveau, und zwar umso mehr, je weiter fortgeschritten die Gesellschaft bereits ist[76]. Gleichzeitig werden viele Kinder vernachlässigt oder wachsen unter ärmlichsten Bedingungen auf. Die daraufhin propagierten verstärkten Anstrengungen in die Verbesserung der Vereinbarkeit von Familie und Beruf sind letztendlich nur Ausdruck einer Abwertung der Familienarbeit im Vergleich zu beruflichen Tätigkeiten, da nun beide Elternteile in erster Linie berufstätig sein sollen[77].

  Jede Emanzipation hat bekanntlich ihren Preis. Der Preis für die Emanzipation der Frauen zahlen die Kinder. Deshalb werden diese zum zentralen Thema der staatlichen Sorge.

- Wissen und kognitive Fähigkeiten entwickeln sich zu den wichtigsten wirtschaftlichen Ressourcen. Der Mensch mit seinen geistigen Fähigkeiten rückt dadurch immer stärker in das Zentrum des wirtschaftlichen Geschehens. Dies führt automatisch zu einer Aufwertung der Bedeutung der gesellschaftlichen Reproduktion: Die Reproduktion wird zum eigentlichen Kerngeschäft der Gesellschaft und des Staates.

Hinzu kommt ein quantitatives Problem, welches zwangsläufig zu einer verstärkten Spezialisierung in Bezug auf die reproduktiven Tätigkeiten führen wird[78]:

---

[75] Soziale Rollen sind ein Bündel von Erwartungen, die sich in einer Gesellschaft an das Verhalten der Träger von Positionen knüpfen.

[76] Volker Remy stellt in seinem Buch „Remy, Volker: Die Imagefalle – Identitätsmarketing für Städte und Regionen im Zeichen der soziodemografischen Zeitenwende, 2006" sehr plausibel dar, wie sich in Deutschland nach den Zerstörungen des 2. Weltkriegs bestimmte gesellschaftliche Prozesse besonders zügig durchsetzen konnten. Auch deshalb sind Vergleiche der Fertilitätsraten zu anderen europäischen Staaten stets mit Vorsicht zu genießen.

[77] Bolz, Norbert: Die Helden der Familie, 2006, Seite 47

[78] Schirrmacher, Frank: Minimum – Vom Vergehen und Neuentstehen unserer Gemeinschaft, 2006, Seite 123 f.

Man darf sich nichts vormachen: Kinder zu bekommen wird in Deutschland unweigerlich zu einem Akt von Spezialisierung in der Gesellschaft. „Um die ‚Produktion' von Kindern sicherzustellen", so Franz-Xaver Kaufmann, „muss ein schrumpfender Anteil Frauen immer mehr und mehr Geburten bewerkstelligen." Diese Perspektive mag für manchen Heutigen übertrieben wirken, angesichts der Tatsache, dass es in jeder neuen Generation immer weniger Mädchen und von denen immer weniger Mütter gibt, kann man damit rechnen, dass schon die Mädchen des Geburtsjahrgangs 2000 die Triftigkeit dieser These erleben werden.

Aus den zum Teil gegenläufigen Trends

- Unattraktivität der Reproduktion aufgrund fehlender Vergütung

- Bedeutungszuwachs der Reproduktion als Folge der starken Gewichtung von Wissen und kognitiven Fähigkeiten in Wissensgesellschaften

- zunehmender Zwang zur Spezialisierung bei der Nachwuchsproduktion aufgrund des Rückgangs der Zahl gebärfähiger Frauen

ergibt sich unmittelbar die Notwendigkeit zur zunehmenden Professionalisierung der gesellschaftlichen Reproduktion, und zwar ganz explizit bezüglich der Erziehung eigener Kinder, denn nur dann werden über den zusätzlichen Nutzen ausreichende Anreize für weitere Kinder gesetzt, und nur dann dürfte die Motivation hoch genug sein, den Kindern eine optimale Erziehung zukommen zu lassen. Ein Tagesmutterkonzept dagegen ist unter den heutigen Bedingungen dafür nicht ausreichend. Das gleiche gilt für Alternativen wie Ganztagskrippen und -kindergärten.

Die entwickelten Gesellschaften haben es nicht mit einem demographischen Wandel, sondern mit einem Wandel in den Reproduktionsanforderungen zu tun. Nationen, die auf die sich daraus ergebenden Konsequenzen nicht angemessen reagieren, werden für die zukünftigen Anforderungen in Wissensgesellschaften und der Globalisierung nicht ausreichend gerüstet sein.

Letztendlich handelt es sich bei der im vorliegenden Buch vorgeschlagenen Professionalisierung von Familienarbeit („Familienmanager-Konzept") um eine ähnlich weitreichende Organisationsänderung innerhalb der gesellschaftlichen Reproduktion wie die Einführung der allgemeinen Schulpflicht zu Beginn der Industrialisierung. Aber wie damals, so machen auch diesmal die veränderten gesellschaftlichen Rahmenbedingungen entsprechende Maßnahmen erforderlich.

2 Familienformen

Kernfamilie

Im westlichen Kulturkreis wird heute unter Familie in der Regel die sogenannte Kernfamilie aus Vater, Mutter und deren Kindern verstanden.

In der Tat ist sie in modernen Gesellschaften die weiterhin häufigste Familienform, alternative Modelle wie Alleinerziehung, Wohngemeinschaften, das Zusammenleben zweier Elternteile mit nichtgemeinsamen oder gar jeweils eigenen Kindern nehmen zwar anteilsmäßig zu, bleiben aber vorläufig noch in der Minderheit.

Im Abschnitt *Familien-Atom* auf Seite 31 wird gezeigt, dass der Begriff Kernfamilie möglicherweise ungünstig gewählt ist, denn die kleinste Familieneinheit besteht offenkundig aus *einem* sorgeberechtigten Erwachsenen und den dazugehörigen Kindern.

Allerdings werden die Begriffe Familie und Kernfamilie in der Soziologie nicht einheitlich verwendet. Für Rosemarie Nave-Herz ist beispielsweise die Generationendifferenzierung (zum Beispiel: Mutter mit Kindern) kennzeichnend für den Begriff der Familie, eine kinderlose Ehe ist für sie noch keine Familie[79]. Entsprechend dieser Auffassung ist eine Kernfamilie eine Familie mit einem oder beiden Elternteilen und Kindern, jedoch ohne dritte Generation (zum Beispiel Großmutter). Diese Definition entspräche dem später verwendeten Familien-Atom-Begriff. Eine Wohngemeinschaft mit 10 jüngeren Menschen, die sich selbst als „Familie" bezeichnen, wäre in ihrem Sinne dagegen noch keine Familie, wenn darin ein Kind aufwächst, dann allerdings schon.

Ganzes Haus

Als „Ganzes Haus" wird die seit dem Mittelalter vor allem in Westeuropa entstandene Familienform der Bauern und Stadtbürger bezeichnet, in der neben der Kernfamilie noch Verwandte (zum Beispiel Großeltern, Geschwister) und Gesinde lebten. Einige Schätzungen gehen davon aus, dass im Mittelalter zeitweise 50 Prozent aller sesshaften Menschen in solchen Gemeinschaften lebten.

---

[79] Nave-Herz, Rosemarie: Familie heute – Wandel der Familienstrukturen und Folgen für die Erziehung, 2. Auflage, 2002, Seite 15

Im Ganzen Haus vereinbarte sich Familienarbeit und berufliche Tätigkeit auf besonders einfache Weise, denn häufig wurden Kinder bereits frühzeitig in ihre spätere Aufgabe eingearbeitet und waren praktisch ständig unter Aufsicht der Eltern, von Verwandten oder des Personals. Allerdings blieb dabei nicht selten eine ausreichende Bildung auf der Strecke, da dafür entweder die Kompetenzen fehlten oder sie als nicht notwendig erachtet wurde. Dies galt in besonderem Maße für Mädchen.

Abbildung 1: Ganzes Haus

Auch heute noch können in ländlichen Gegenden, aber auch in manchen Berufen ähnliche Konstellationen vorgefunden werden. Dies ist insbesondere bei freiberuflichen und selbständigen Tätigkeiten der Fall, zum Beispiel bei einem Lebensmittelgeschäft mit angeschlossenem Wohnbereich. Beide Elternteile stehen in diesem Fall über weite Strecken des Tages als Ansprechpartner für die Kinder zur Verfügung.

Einige Experten vermuten, in Wissensgesellschaften und aufgrund von Fortschritten in der Telekommunikation könnten wieder vermehrt Heimarbeitsplätze entstehen, so dass das „Ganze Haus" gleichfalls eine Renaissance erleben würde.

Ernährermodell

Die Industriegesellschaft mit ihrem hohen Kapitaleinsatz und ihrer starken Verlagerung der Produktion aus dem häuslichen Bereich machte es erforderlich, dass ein Elternteil (üblicherweise der Mann) das Haus verließ, um einer Erwerbsarbeit nachzugehen. Diese wurde mit Geld und/oder Waren vergütet, damit er seine Familie ernähren konnte.

Als Familienform setzte sich deshalb sukzessive das patriarchalische Ernährermodell durch, bei dem der Vater als Ernährer der Familie fungierte, während sich die Mutter als „Hausfrau" um Haus und Kinder kümmerte.

Zwischen beiden Geschlechtern etablierte sich erneut die bereits biologisch vorgeprägte Aufgabenaufteilung, bei der der Mann primär für die produktiven, die Frau dagegen für die reproduktiven Aufgaben verantwortlich war. Eine ähnliche Konstellation gab es bereits in der Altsteinzeit während der Menschwerdung, als die Männer zur Jagd aufbrachen und die Frauen die Kinder aufzogen und gegebenenfalls in der Umgebung Pflanzen sammelten (siehe dazu auch die Ausführungen im Abschnitt *Vereinbarkeit von Familie und Beruf* auf Seite 82).

Abbildung 2: Ernährermodell – Mann arbeitet, Frau und Kinder bleiben zu Hause

Bezogen auf das noch zu erläuternde „Gun City"-Beispiel im Abschnitt *Opportunitätskosten und Pflichten* auf Seite 71 besteht beim Ernährermodell eine Hierarchie an sozialen Funktionen (siehe dazu den Abschnitt *Funktionen der Familie* auf Seite 32): Der Mann ernährt und schützt die Frau, diese wiederum die Kinder.

Das patriarchalische Ernährermodell erwies sich in der Praxis als äußerst erfolgreich, zumal es ein ausgewogenes Gleichgewicht zwischen Produktion und Reproduktion etablierte, was es – wie im Abschnitt *Nachhaltigkeit* auf Seite 137 noch näher erläutert wird – dem Staat erlaubte, sich weitestgehend aus der gesellschaftlichen Reproduktion herauszuhalten und diese als ausschließliche Angelegenheit seiner Individuen zu definieren.

Seinen Höhepunkt erlebte diese Form des Zusammenlebens im 20. Jahrhundert, als sich die Kernfamilie mit dem männlichen Ernährer praktisch weltweit als dominante Familienform durchsetzte.

Allerdings hatte das Modell einen entscheidenden Nachteil: Die Frauen verblieben dabei in ökonomischer Abhängigkeit von ihren Männern, eine Tatsache, die mit modernen Gleichheitsgrundsätzen nicht mehr zu vereinbaren war. Auf der anderen Seite stellte es sich auch für die Männer nicht nur als vorteilhaft dar, denn deren Arbeitswelt war häufig gefährlich, schmutzig und erschöpfend, also alles andere als selbstbestimmt. Diese Anstrengungen wurden aber mit einem Einkommen belohnt, was sie gleichzeitig – als Teil des Lohns – zum Oberhaupt der Familie machte[80]. Erst das verstärkte Aufkommen von angenehmeren Jobs, bei denen in erster Linie intellektuelle Leistungen gefordert waren, ließ die klassische Rollenaufteilung als

---

[80] Dies kann man – wenn man will – offenkundig auch genau anders herum sehen. Denn Gabor Steingart führt in „Steingart, Gabor: Deutschland – Abstieg eines Superstars, 2. Auflage, 2005" auf Seite 10 zum Verhältnis von West- zu Ostdeutschland etwa aus: „Zweifellos dominiert der Westen den Osten, politisch und kulturell. Ökonomisch allerdings ist Westdeutschland zur Kolonie des Ostens geworden."

eher günstig für den männlichen Teil der Bevölkerung erscheinen. Da sich die feministischen Wortführerinnen in erster Linie in Arbeitsumgebungen mit vorwiegend intellektuellen Anforderungen bewegten, ist es nur logisch, dass die Problematik typischer Männerberufe in den Diskussionen keine Rolle spielen konnte.

Im Abschnitt *Ehe und Scheidung* auf Seite 34 wird dargelegt, dass unter den aktuellen deutschen Scheidungsgesetzen das patriarchalische Ernährermodell auch für Männer unattraktiv geworden ist.

Moderne Familienformen

In den Zeiten von zunehmendem Individualismus und Pluralismus der Lebensformen beider Geschlechter ist die klassische Kernfamilie als Standardbaustein der gesellschaftlichen Reproduktion immer stärker vom Verfall bedroht.

- Der Anteil der Paare, die ihr Zusammenleben durch eine Ehe besiegeln, ist rückläufig.

- Ca. 40 Prozent aller Ehen werden wieder geschieden.

- In zahlreichen Großstädten liegt die Scheidungsrate noch deutlich darüber.

Der überragende Teil aller Scheidungen und Partnerschaftstrennungen geht dabei von den Frauen aus.

Nach einer Scheidung ergeben sich nicht selten erhebliche finanzielle Probleme für beide Kontrahenten, so dass einige oder alle der vorherigen Familienmitglieder zu Sozialhilfeempfängern werden. Das klassische Ernährermodell hat in diesem Sinne also längst ausgedient. An die Stelle des Ehemanns als Ernährer der Familie tritt mehr und mehr der Staat.

Norbert Bolz erläutert dies wie folgt[81]:

> *Wenn eine Familie in ärmeren Milieus zusammenbricht, tritt der Wohlfahrtsstaat unmittelbar an die Stelle des Vaters, d. h., er verschiebt die finanziellen Lasten vom fehlenden Vater auf den Steuerzahler. Die Mutter-Kind-Beziehung braucht besonderen Schutz; die Sexualbeziehung der Eltern und die sie begleitenden Leidenschaften sind dafür nicht stabil genug. Früher hat der Ernst der Ehe die nötige Stabilität gewährleistet. Seit der Sinn für den Sinn der Ehe schwindet, schützt nur noch der Wohlfahrtsstaat. In Schweden ist der anonyme Steuerzahler schon ganz selbstverständlich an die Stelle des Ehemanns getreten.*

Dieser Tatbestand gilt längst für einen nennenswerten Anteil kinderreicher Familien. Ca. 60 Prozent aller Alleinerziehenden mit zwei oder mehr Kindern gelten als arm. Bei Paaren öffnet sich die Schere ab drei Kindern. In Sozialhilfeumgebungen kann es

---

[81] Bolz, Norbert: Die Helden der Familie, 2006, Seite 35 f.

sogar lohnend sein, weitere Kinder in die Welt zu setzen, da diese das Familieneinkommen erhöhen. Hierdurch kann es leicht zu massiven Qualitätseinbußen bei der frühkindlichen Erziehung kommen. Die Wahrscheinlichkeit, dass solche Kinder mit keinem oder einem niedrigen Bildungsabschluss die Schule verlassen und später arbeitslos werden ist groß. Die Folge: Das gesellschaftliche Humanvermögen wird massiv beschädigt, eine Tatsache, aus der sonderbarerweise bislang kaum Konsequenzen gezogen werden.

Aber auch in der Kernfamilie selbst haben sich durch die zunehmende Berufstätigkeit der Frauen erhebliche Strukturveränderungen ergeben. In der modernen Kernfamilie ist der Mann nun nur noch selten der alleinige Ernährer, in vielen Fällen verdient die Frau sogar mehr als ihr Ehemann bzw. tritt in die Rolle des Haupternährers. In der Folge erhöht sich der kindliche Fremdbetreuungsaufwand. Durch die stärkere Normierung der modernen Familie auf die Kleinfamilie (diese Tendenz steht im Widerspruch zur Pluralisierung der Lebensformen) und dem zunehmenden Wegfall von Geschwistern oder Nachbarschaftskindern steigt gleichzeitig der elterliche Betreuungsaufwand pro Kind[82]. In zahlreichen Familien wird immer weniger Kindern immer mehr Aufmerksamkeit zuteil. Dabei sind auch die gestiegenen Erwartungen an die Elternrolle und die heute übliche Verhandlungspädagogik von Bedeutung.

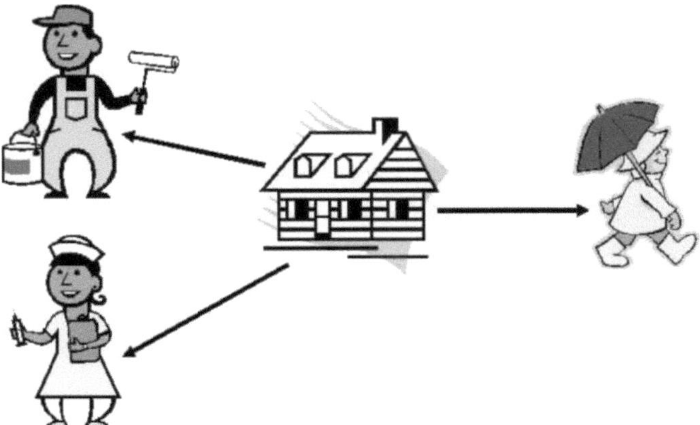

Abbildung 3: Moderne Kernfamilie – Eltern gehen arbeiten, die Kinder in die KITA

Durch den Wandel der Lebensformen und der zunehmenden Individualisierung (siehe dazu den Abschnitt *Individualisierungsthese* auf Seite 25) seit den 60er Jahren des 20. Jahrhunderts hat die moderne Kernfamilie ihre dominierende Stellung unter den Familienformen zum Teil eingebüßt und befindet sich nun in Konkurrenz mit zahlreichen alternativen Lebensformen. Das Standardmodell gilt jetzt gerade

---

[82] Nave-Herz, Rosemarie: Familie heute – Wandel der Familienstrukturen und Folgen für die Erziehung, 2. Auflage, 2002, Seite 30 ff.

noch für 44 Prozent aller Familien[83]. Man spricht daher von einer Pluralisierung der Lebensformen. Indikatoren hierfür sind – wie bereits erwähnt – die sinkende Geburtenzahl, der Rückgang der Eheschließungen und das Ansteigen der Scheidungen.

Dieser Wandel der Haushalts- und Familienstrukturen zeigt sich vor allem in der Anzahl der Alleinerziehenden und der kinderlosen Ehepaare sowie der nichtehelichen Lebensgemeinschaften.

Neben der Kernfamilie bilden sich insbesondere die folgenden Formen des Zusammen- und Alleinlebens heraus:

- Einpersonenhaushalte (vor allem Singles)

- Alleinerziehende(r) mit Kindern

  Fast jede vierte Familie mit Kindern (23 Prozent) ist mittlerweile alleinerziehend[84]. Zwischen 1975 und heute stieg der Anteil der nur mit einem Elternanteil aufwachsenden Kinder von 7,5 auf 17 Prozent[85].

- Wohngemeinschaften mit oder ohne Kinder

- Ehepaare ohne Kinder

- Unverheiratete Paare mit oder ohne Kinder

- getrenntes Zusammenleben ("living apart together")

- Gleichgeschlechtliche Lebenspartnerschaft

- Ehe mit Doppelkarriere oder Commuter-Ehe (beide Partner arbeiten unter der Woche getrennt wohnend und sehen sich oft nur am Wochenende)

- Patch-Work-Familien

  Durch die hohen Scheidungsraten entstehen immer mehr so genannte Patchwork-Familien, in denen Kinder mit verschiedenen Erziehungsberechtigten leben.

  Jedes fünfte Kind unter 18 Jahren wächst entweder nur mit einem Elternteil oder in einer nicht-ehelichen Lebensgemeinschaft auf[86].

---

[83]   Hüther, Michael: Bevölkerungsorientierte Familienpolitik – Wachstumspolitische Vorsorge, in: Zimmermann, Klaus F. (Hrsg.): Deutschland – was nun? Reformen für Wirtschaft und Gesellschaft, 2006, Seite 132

[84]   ebenda, Seite 133

[85]   Gaschke, S.: Die Erziehungskatastrophe – Kinder brauchen starke Eltern, 2003, Seite 42

[86]   Hüther, Michael: Bevölkerungsorientierte Familienpolitik – Wachstumspolitische Vorsorge, in: Zimmermann, Klaus F. (Hrsg.): Deutschland – was nun? Reformen für Wirtschaft und Gesellschaft, 2006, Seite 133

Bundesgesundheitsministerin Ulla Schmidt prägte gar den Satz:

Familie ist, wenn alle aus demselben Kühlschrank essen.

Damit kann wirklich nur noch ein lockeres Zusammenleben – eine Endform als Folge der Individualisierung – gemeint sein, was dem ursprünglichen Familienbegriff in keinster Weise mehr entspricht.

Im Alter können weitere Lebensformen dazutreten, diese haben aber nur noch am Rande etwas mit Familienformen zu tun, insbesondere soweit diese das Thema der gesellschaftlichen Reproduktion betreffen:

- Ehe / Lebensgemeinschaft – die erwachsenen Kinder leben aber separat

- Einpersonenhaushalt einer Witwe / eines Witwers

- Zwei- oder Mehrgenerationenhaushalt mit Witwe bzw. Witwer (in der Regel zieht dabei die verwitwete Person in den Haushalt eines der Kinder)

- funktionelle "Großfamilie" – eine der Altenheim-Formen

- funktionelle "kleine Familie" – eine Form der Hausgemeinschaft überwiegend nicht verwandter Älterer

Individualisierungsthese

Die Individualisierungsthese von Ulrich Beck besagt, dass sich der Einzelne in modernen Gesellschaften immer stärker aus übergeordneten Vorgaben bezüglich Geschlecht, Alter bzw. sozialer oder regionaler Herkunft löst, so dass es zu einer drastischen Zunahme der individuellen Entscheidungsspielräume und einer Reduzierung des Grads der Außensteuerung kommt: Das Individuum wird zentraler Bezugspunkt für sich selbst und die Gesellschaft[87].

Individualisierung bedeutet[88]

- in kultureller Hinsicht eine zunehmende Verselbständigung des Einzelnen gegenüber übergeordneten Sinn- und Geltungszusammenhängen, die in traditionalen Gesellschaften den Erfahrungshorizont des Einzelnen begrenzen und ihn in ein festes Gefüge der Wirklichkeitssicht und der Lebensinterpretationen einbinden,

---

[87] Junge, Matthias: Individualisierung, 2002, Seite 7

[88] Hradil, Stefan: Auf dem Wege zur "Single-Gesellschaft", in: Gerhardt U, Hradil S, Lucke D, Nauck B (Hrsg.): Familie der Zukunft – Lebensbedingungen und Lebensformen, 1995

- in sozialer Hinsicht einen Trend zur Verselbständigung des Einzelnen gegenüber den sozialen Gemeinschaften, die ihm früher traditionale Verhaltenserwartungen und Wirklichkeitsdeutungen in aller Verbindlichkeit vermittelten,

- in wirtschaftlicher Hinsicht die Herausbildung einer Gesellschaft von Handelnden, die eigenständig ihren Lebensunterhalt erzielen – durch Erwerbsarbeit am Arbeitsmarkt und/oder durch gesellschaftliche Transferleistungen.

In der Folge ergibt sich eine verstärkte Unabhängigkeit des individuellen Lebenslaufs gegenüber Instanzen, die das Eintreten bestimmter biographischer Ereignisse und Übergänge, wie zum Beispiel die Geburt des ersten Kindes, die Eheschließung, den Eintritt ins Berufsleben, in der Vergangenheit gesteuert haben[89]. Die Folge ist: Die Lebensformen pluralisieren sich, während sich der Lebenslauf flexibilisiert[90].

Das individuelle Leben gestaltet sich angesichts gestiegener Wahlmöglichkeiten etwa im Hinblick auf den Lebenslauf zu einem Projekt um.

Als geschichtlicher Prozess kann Individualisierung auch als das Ergebnis eines allgemeinen Modernisierungsprozesses im Zusammenhang mit Industrialisierung, Bürokratisierung, Verstädterung, Demokratisierung und zunehmender sozialer Mobilität verstanden werden[91].

Die erste Phase der Individualisierung, die im Wesentlichen auf Männer beschränkt blieb, bezeichnet die Zeit vom Beginn des Industrialisierungsprozesses bis Mitte des 20. Jahrhunderts[92].

Seit den 60er Jahren des 20. Jahrhunderts findet ein neuer Individualisierungsschub statt, der nun auch – unterstützt durch leistungsfähige und durch die Frau selbst kontrollierbare Empfängnisverhütungsmittel – die Frauen mit einschließt.

Auslöser war aber gemäß Ulrich Beck auch die wohlfahrtsstaatliche Nachkriegsentwicklung mit weit vorangetriebenen sozialen Sicherungssystemen, gepaart mit einem hohen materiellen Lebensstandard, der die Menschen aus ihren traditionalen Bindungen riss und sie verstärkt auf sich selbst und ihr individuelles Arbeitsmarktsrisiko verwies[93].

Durch die voranschreitenden Individualisierungs- und sozial-strukturellen Differenzierungsprozesse (zum Beispiel in Form einer sich weiter verstärkenden Arbeitsteilung und Spezialisierung) in der Gesellschaft, ergeben sich für das Individuum eine immer größere Vielfalt an Auswahl- und Entscheidungsmöglichkeiten für die eigene

---

[89]   Peuckert, Rüdiger: Familienformen im sozialen Wandel, 6. Auflage, 2005, Seite 362

[90]   Junge, Matthias: Individualisierung, 2002, Seite 71

[91]   ebenda, Seite 10

[92]   Peuckert, Rüdiger: Familienformen im sozialen Wandel, 6. Auflage, 2005, Seite 362 f.

[93]   ebenda, Seite 363 f.

Lebensgestaltung. Hinzu kommt der soziale Wertewandel, durch den traditionelle Pflicht- und Akzeptanzwerte immer mehr an Bedeutung verlieren, während Selbstentfaltungswerte und die Planung eines individuellen Lebensentwurfes immer höher eingestuft werden[94].

Allerdings sollte nicht vorschnell angenommen werden, dass moderne Individuen nun ausschließlich nach eigenen individuellen und situationsbezogenen Kriterien entscheiden und keinerlei Außensteuerung unterliegen.

So haben beispielsweise viele Frauen lediglich die klassische Mutterrolle als priorisiertes Lebensgestaltungsmodell gegen das Bild der modernen berufstätigen Frau oder der Alleskönnerin mit der perfekt funktionierenden berufstätigen Frau und Mutter in Personalunion getauscht.

Selbst der in Single-Kreisen gelegentlich feststellbare implizite Zwang zu Individualismus, Selbstverwirklichung und Differenzierung könnte als Außensteuerung interpretiert werden.

Gleichzeitig zeigt sich bei vielen Menschen eine Orientierungslosigkeit und Überforderung, die nach Gruppenzugehörigkeit und damit Komplexitätsreduzierung drängt, und sei es zum Beispiel lediglich in Form einer Kaufbeschränkung auf besonders „angesagte" Markenartikel.

Grundsätzlich macht jedoch der Wegfall übergeordneter Geltungs- und Sinnzusammenhänge bei gleichzeitiger Zunahme individueller Handlungsoptionen ein neues Entscheidungs- und Wertesystem erforderlich, welches es dem Individuum erlaubt, sich seinen Weg durch die verschiedenen Angebote und Ablenkungen zu bahnen (siehe dazu auch die Ausführungen zur soziologischen Handlungstheorie im Abschnitt *Fertilitätstheorien* auf Seite 99).

Udo di Fabio präzisiert[95]:

Die Maxime eines perfektionierten Individualismus verlangt maximale Selbstverwirklichung innerhalb eines ökonomisch geprägten Koordinatensystems, alles andere gilt als vergleichsweise dumm oder wertlos.

Individualisierung und Ökonomisierung sind letztendlich zwei Seiten derselben Medaille: Während Individualisierung die Zunahme von Selbstbestimmung, gesell-

---

[94] Diese Prozesse fanden in den Großstädten stärker und früher statt als in ländlichen Gebieten, was auch in den jeweiligen Kinderzahlen zum Ausdruck kommt. Siehe: Tremmel, Jörg: Bevölkerungspolitik im Kontext ökologischer Generationengerechtigkeit, 2005, Seite 189. Der Zusammenhang könnte auch die besonders niedrigen Fertilitätsraten Deutschlands im Vergleich zu anderen Staaten Europas oder weltweite Rekordwerte wie die Hong Kongs (0,95) erklären.

[95] Di Fabio, Udo: Die Kultur der Freiheit – Der Westen gerät in Gefahr, weil eine falsche Idee der Freiheit die Alltagsvernunft zerstört, 2005, Seite 151

schaftlicher Vielfalt und individuellen Entscheidungsspielräumen meint, steht Ökonomisierung für die dabei bevorzugte Methode der Entscheidungsfindung.

Dies trifft natürlich auch auf Ehe und Familie zu. Aus dem traditionellen Dasein für andere (Familie, Elternschaft), wurde immer stärker die Gestaltung eines selbst bestimmten Lebens. Alternativen zwischen unterschiedlichen Familienformen und insbesondere auch für oder gegen (zusätzlichen) Nachwuchs unterliegen in verstärktem Maße ökonomischen Entscheidungen, bei denen die unterschiedlichen Nutzen- und Kostenarten von Kindern bewusst oder unbewusst quantifiziert und gegeneinander aufgerechnet werden. Darauf wird im Kapitel *Kosten/Nutzen von Kindern* auf Seite 65 näher eingegangen.

Zu unterscheiden vom Individualisierungsbegriff ist der Begriff der „Deinstitutionalisierung" von Ehe- und Familie. Während ersterer den Pluralismus der Lebensformen betont und gegebenenfalls auch als Zugewinn von Möglichkeiten begrüßt, bezeichnet letzterer den quantitativen Rückgang der klassischen Familie aus Mutter, Vater und Kindern (Zwei-Eltern-Familie) unter allen Familienformen.

Im Rahmen der Individualisierungsprozesse sieht Ulrich Beck drei ineinander greifende Entwicklungen[96]:

- *Der oder die einzelne selbst wird zur lebensweltlichen Reproduktionseinheit des Sozialen. Oder anders formuliert: Die Familie als „vorletzte" Synthese generations- und geschlechtsübergreifender Lebenslagen und Lebensverläufe zerbricht, und die Individuen werden innerhalb und außerhalb der Familie zum Akteur ihrer marktvermittelten Existenzsicherung und ihrer Biographieplanung und -organisation.*

- *Die entstehenden Individuallagen sind durch und durch (arbeits)marktabhängig. Sie sind sozusagen die Perfektionierung der Marktabhängigkeit bis in alle Fasern der Existenz(sicherung) hinein, sie sind ihr spätes Ergebnis in der wohlfahrtsstaatlichen Phase.*

- *Die freigesetzten Individuen werden arbeitsmarktabhängig und deshalb bildungsabhängig, konsumabhängig, abhängig von sozialrechtlichen Regelungen und Versorgungen, von Verkehrsplanungen, Konsumangeboten, Möglichkeiten und Moden in der medizinischen, psychologischen und pädagogischen Beratung und Betreuung. Dies alles verweist auf die institutionenabhängige Kontrollstruktur von Individuallagen. Individualisierung wird zur fortgeschrittensten Form markt-, rechts-, bildungs- usw. - abhängiger Vergesellschaftung.*

Dies hat gleich mehrere unmittelbare Konsequenzen:

---

[96] Beck, Ulrich: Risikogesellschaft – Auf dem Weg in eine andere Moderne, 18. Auflage, 2006, Seite 109 f.

- Durch die individuelle Biographieplanung ist das Individuum höheren ökonomischen Risiken ausgesetzt. Historisch etablierte Auffanginstitutionen wie die Familie entfallen aber mehr und mehr. An deren Stelle tritt zunehmend der Sozialstaat, der gewichtige Lebenslaufrisiken sozialisiert. Mit anderen Worten: Individualisierung und wohlfahrtsstaatliche Entwicklung bedingen sich gegenseitig.

- Individualisierung steht auch für die weiter fortschreitende Arbeitsteilung und Spezialisierung. Das Individuum wird hierdurch zunehmend abhängig von den Leistungen anderer, insbesondere auch von denen staatlicher Institutionen.

- Es entsteht ein Konflikt zwischen Individual- und Kollektivinteressen. Einige Autoren befürchten deshalb einen verstärkten Trend zum Egoismus auf Kosten der gesellschaftlichen Solidarität. Es wird befürchtet, solche Kulturen stellten die Interessen des Einzelnen einseitig über die der Gemeinschaft[97].

Allerdings sind in der Praxis auch gegenläufige Trends zu beobachten: Sekundäre Vergemeinschaftungen ergeben sich aus Individualisierungsprozessen und schaffen neue Gemeinschaften, virtuelle Gemeinschaften, Partnerschaften auf Zeit oder freiwilliges soziales Engagement[98]. Im Internet etwa haben sich längst unzählige Selbsthilfe- und Arbeitsgruppen zu allen möglichen Themen etabliert, in denen kostenfreie Leistungen angeboten und altruistisches Verhalten demonstriert werden.

Gesellschaftlich gewünschtes Kollektivverhalten hat jedoch andere Ausprägungen als gesellschaftliche Solidarität. Solidarität bildet sich oft spontan und individuell, bei einem anzustrebenden Kollektivverhalten handelt es sich dagegen um Leistungen, welche die Summe der Individuen in einer Gesellschaft insgesamt und gegebenenfalls über einen längeren Zeitraum zu erbringen hat.

Gemäß den obigen Ausführungen bewirkt die Individualisierung nicht nur eine stärkere Abhängigkeit des Einzelnen von Leistungen Dritter und dabei insbesondere auch von (sozial)staatlichen Funktionen (Bildungseinrichtungen, innere Sicherheit, Rechtsprechung, Altersversorgung etc.), sondern setzt diese geradezu voraus. Dies hat umgekehrt zur Konsequenz, dass der Sozialstaat immer mehr Funktionen übernehmen und garantieren muss, die gemeinhin dem Kollektivverhalten zuzurechnen sind. Beispielsweise hat – wie in den Abschnitten *Nachhaltigkeit* auf Seite 137 und *Generationengerechtigkeit* auf Seite 153 dargelegt wird – eine staatlich garantierte Altersversorgung im Umlageverfahren auf lange Sicht automatisch auch die Sicherstellung annähernd bestandserhaltender Fertilitätsraten zur Folge.

---

[97] Miegel, Meinhard und Wahl, Stefanie: Das Ende des Individualismus – Die Kultur des Westens zerstört sich selbst, 3. Auflage, 2005, Seite 13

[98] Junge, Matthias: Individualisierung, 2002, Seite 94

Stefan Lange führt zu dieser Entwicklung aus[99]:

Die Unfähigkeit der bürgerlichen Gesellschaft, unter dem Dach des Verfassungsstaates des 18. und 19. Jahrhunderts insbesondere die Fragen der Verteilungsgerechtigkeit und der Kompensation mit der Erwerbsarbeit verbundener Risiken selbsttätig zu lösen, führten zu einer wachsenden Delegation regulativer Aufgaben an den Staat (...). Man kann in diesem Sinne von einer fortschreitenden Kumulation der Staatsaufgaben sprechen. (...) Diese kumulative Steigerungsdynamik impliziert ein stetiges Wachstum von an den Staat adressierten gesellschaftlichen Ansprüchen, die sich bisher in wachsenden Staatsaufgaben niedergeschlagen und – daraus resultierend – in einer wachsenden Zahl staatlicher Bürokratien, die die verschiedenen Problemlagen betreuen, institutionalisiert haben.

Wird dem Individuum also zugestanden, sich zeitlich möglichst vollständig auf eine am Arbeitsmarkt angeforderte Leistung zu konzentrieren und seinen individuellen Lebenslauf frei zu wählen, dann müssen bei sich einstellenden Defiziten alle anderen Leistungen, die üblicherweise Teil seiner zu erbringenden Kollektivleistung wären (zum Beispiel Herstellen von Sicherheit, Weitergabe von Wissen, Aufziehen von Nachwuchs, Versorgung Älterer) von Dritten und damit unter Umständen vom Sozialstaat übernommen werden. Dieser wird sich dabei häufig selbst des Arbeitsmarktes bedienen (beispielsweise um dort geeignete Lehrer für die Unterrichtung von Kindern zu rekrutieren).

Wie in den Abschnitten *Opportunitätskosten und Pflichten* auf Seite 71 und *Staatliche Steuerungsaufgaben* auf Seite 142 gezeigt wird, hat die Gesellschaft in der Vergangenheit aufkommende Konflikte zwischen Individual- und Kollektivinteressen bevorzugt auf diese Weise gelöst, ja man könnte sagen, dies ist die präferierte gesellschaftliche Methode, um Individualisierung zu ermöglichen, ohne dabei gleichzeitig Kollektivinteressen aufs Spiel zu setzen.

Durch die zunehmenden Individualisierungsprozesse bei den Frauen ist nun das Kollektivinteresse „bestandserhaltende gesellschaftliche Reproduktion" gefährdet. Im Kapitel *Familienmanager-Konzept* auf Seite 153 wird ein Verfahren vorgestellt, mit welchem der Sozialstaat auch in diesem Fall ein aus übergeordneten Gründen gewünschtes Sozialverhalten garantieren kann. Ohne zu weit vorzugreifen: Es handelt sich im Prinzip um das gleiche Verfahren, mit dem der Sozialstaat auch in ähnlich gelagerten Fällen ein gewünschtes Kollektivverhalten sichergestellt hat.

Am Beispiel der gesellschaftlichen Reproduktion kann auch unmittelbar die sich gegenseitig verstärkende Wirkung von wohlfahrtsstaatlichen Leistungen und Individualisierung deutlich gemacht werden: Bleiben die Fertilitätsraten auf dem aktuell niedrigen Niveau, dann können viele sozialstaatliche Leistungen nicht länger gewährleistet werden. Die Individuen wären dann gezwungen, Kollektivaufgaben

---

[99]   Lange, Stefan und Braun, Dietmar: Politische Steuerung zwischen System und Akteur, 2000, Seite 20

wieder verstärkt selbst zu übernehmen und insbesondere für eine bestandserhaltende gesellschaftliche Reproduktion oder eine eigene Altersversicherung zu sorgen, andernfalls würde der Staat über kurz oder lang dabei zugrunde gehen. Dies wäre dann – wie von Meinhard Miegel und Stefanie Wahl prognostiziert – das Ende des Individualismus[100]. Würde der Sozialstaat dagegen das im vorliegenden Buch vorgeschlagene Familienmanager-Konzept umsetzen, dann könnte sich auf Dauer jedes Individuum frei entscheiden, ob es selbst für Nachwuchs sorgen will oder nicht[101]. Mit anderen Worten: Der Prozess der Individualisierung könnte weiter fortschreiten.

Im Abschnitt *Vereinbarkeit von Familie und Beruf* auf Seite 82 wird gezeigt, dass die These von der Vereinbarkeit von Familie und Beruf im Widerspruch zur Individualisierungsthese steht.

Familien-Atom

Betrachtet man die verschiedenen Familienformen und ihre Zusammensetzungen, dann fällt auf, dass es eine kleinste Einheit gibt, aus der sich die anderen Formen entweder molekular zusammensetzen oder in die sie nach Auflösung zerfallen:

- *Erziehungsberechtigte(r) mit Kindern*

Diese Form soll im Folgenden Familien-Atom genannt werden. Damit soll kein neuer soziologischer Begriff vorgeschlagen, sondern es sollen lediglich die folgenden Ausführungen verdeutlicht werden.

Bildlich gesprochen, bestehen Familien-Atome aus einem Kern (= Erziehungsberechtigte(r)) mit mehreren um ihn kreisenden Elektronen (= Kinder).

Da Kinder nicht für sich sprechen können, muss es mindestens eine Person geben, die für sie entscheiden kann. Diese sollte natürlich mit ihnen zusammenleben. Deshalb sind noch kleinere Einheiten nicht sinnvoll.

Ein Spezialfall des Familien-Atoms ist der Single: eine Einzelperson ohne Kinder (= Erziehungsberechtigte(r) mit Null Kindern). Im Sinne von Michel Houellebecq handelt es sich dabei aber nicht mehr um ein vollständiges Atom, sondern nurmehr um ein Elementarteilchen[102].

---

[100] Miegel, Meinhard und Wahl, Stefanie: Das Ende des Individualismus – Die Kultur des Westens zerstört sich selbst, 3. Auflage, 2005

[101] Schwarzer, Alice: Der große Unterschied – Gegen die Spaltung von Menschen in Männer und Frauen, 2. Auflage, 2005, Seite 10

[102] Houellebecq, Michel: Elementarteilchen, 2001

Die verschiedenen Familienstrukturen ergeben sich nun aus den möglichen Verbindungen zwischen Familienatomen, aber auch durch sonstige familiale Ereignisse. Zu nennen sind insbesondere: Geburt, Adoption, Scheidung/Trennung, Verwitwung, Wiederheirat, Pflegschaftsverhältnis[103].

Eine Verbindung zwischen verschiedenen Familien-Atomen wird in der Praxis umso stabiler (bzw. umso schwerer trennbar) sein, je mehr gemeinsame Kinder existieren. Dies ist in der Chemie nicht anders.

Gemeinsame Kinder werden nach einer Scheidung/Trennung üblicherweise einem Familien-Atom zugeordnet (das heißt, das Kind lebt anschließend überwiegend dort).

Die Ausführungen mögen zwar etwas theoretisch klingen, sie sind aber im Rahmen der folgenden Erläuterungen und Spekulationen über zukünftige Familienformen erforderlich. Als Konsequenz der zunehmenden Individualisierung und Pluralisierung der Lebensformen kann angenommen werden, dass lediglich die Beziehungen zwischen einem Elternteil und seinen Kindern langfristig stabil bleiben, alle anderen Beziehungen unterliegen mehr und mehr der Gefahr, vorzeitig getrennt zu werden. Zumindest die hohen Scheidungsraten und die ein leichtes Trennen unterstützenden Scheidungsgesetze, legen das nahe. War die Ehe noch vor 200 Jahren eine gegenseitige Vereinbarung, die auf Ewigkeit geschlossen wurde und die nur der liebe Gott noch trennen konnte, ist sie unter den Bedingungen des dem Trend zur Individualisierung genügenden Zerrüttungsprinzips der deutschen Scheidungsgesetzgebung leichter aufkündbar als etwa der Mietvertrag zur dazugehörigen Ehewohnung[104][105].

Es kann deshalb angenommen werden, dass keineswegs die Kernfamilie die eigentliche Basis-Familienform ist, sondern das Familien-Atom. Alle anderen Familienformen leiten sich daraus ab.

Funktionen der Familie

Der Familie können die folgenden Funktionen zugeschrieben werden[106]:

---

[103]   Nave-Herz, Rosemarie: Familie heute – Wandel der Familienstrukturen und Folgen für die Erziehung, 2. Auflage, 2002, Seite 17

[104]   Austen, Jane: Verstand und Gefühl (Sinn und Sinnlichkeit), 2000

[105]   Mersch, P.: Land ohne Kinder – Wege aus der demographischen Krise, 2006, Seite 73 ff.

[106]   Siehe aber die formal leicht abweichende Darstellung in: Nave-Herz, Rosemarie: Ehe- und Familiensoziologie – Eine Einführung in Geschichte, theoretische Ansätze und empirische Befunde, 2004, Seite 79 ff.

Biologische Funktion

Zur biologischen Basis der menschlichen Reproduktion gehören die Gebärfähigkeit der Frau und die Zeugungsfähigkeit des Mannes. Beides hat im Prinzip noch nichts mit Familie zu tun. Allerdings sind in den westlichen Industrienationen Ehe und Familie die dominierenden Formen des Zusammenlebens, in denen der Zeugungsakt mit dem Ziel einer Familiengründung oder -erweiterung ausgeführt wird.

Ob das Aufziehen von Kindern der Institution „Familie" bedarf, ist unter Experten teilweise umstritten[107]. Allerdings scheint unter normalen Umständen und unter üblichen freiheitlich-demokratischen Rechtsumgebungen mindestens eine erwachsene Person erforderlich zu sein, die für die Kinder voll verantwortlich (sorgeberechtigt) ist. Dafür bietet sich in erster Linie die leibliche Mutter an, da das Aufziehen der Kinder optimalerweise mit dem Stillen der Säuglinge beginnt.

Eine vollständige Kernfamilie mit dem biologischen Erzeuger als Vater und der leiblichen Mutter ist sicherlich aus vielerlei Gründen wünschenswert, allerdings ist sie in modernen Wissensgesellschaften mit ihren enormen Flexibilitätsanforderungen an die Individuen zunehmend seltener anzutreffen bzw. schwerer aufrechtzuerhalten.

Im Abschnitt *Familien-Atom* auf Seite 31 wurde das Familien-Atom als die kleinste funktionierende Familieneinheit definiert. Dieses ist in der Lage ist, sich sehr flexibel mit andern Familien-Atomen zu größeren Einheiten zu verbinden. Ohne eine solche Bindung oder zumindest eine starke nachbarschaftliche oder elterliche Unterstützung stellt es allerdings ein großes Risiko und vermutlich auch eine Überforderung der einzelnen sorgeberechtigten erwachsenen Person dar, da diese praktisch nie ausfallen darf und letztendlich für alle sozialen Funktionen der Familie verantwortlich ist. Dieses Problem wäre in kinderreichen Umgebungen weniger gravierend, da sich dort immer andere Personen finden lassen, die sich zeitweilig der Kinder annehmen könnten (da die Kinder sowieso häufig zusammen spielen). Solche Umgebungen sind aber in der heutigen Zeit in Europa kaum noch vorzufinden.

Soziale Funktionen

Es lassen sich verschiedene soziale Funktionen der Familie hervorheben:

- Die erzieherische Funktion erwirkt die Sozialisation der Kinder, bildet für sie ein dichtes soziales Netzwerk und vermittelt grundsätzliche Kompetenzen und Bildungselemente. Zu den erzieherischen Funktionen können auch religiöse Funktionen gehören.

   Eine gelungene Sozialisierung setzt eine dauerhafte Zuwendung, viel Körperkontakt und liebende Pflege durch mindestens eine bestimmte Person voraus, zu der das Kleinkind eine tiefe Bindung entwickelt.

---

[107] Wikipedia: Familie, http://de.wikipedia.org/wiki/Familie

Die Familie bildet Sozialkapital[108].

- Die wirtschaftliche Funktion erbringt Schutz und Fürsorge für Säuglinge, Kleinkinder und kranke bzw. behinderte Familienangehörige. Ferner sorgt sie für Ernährung, Kleidung und Behausung. Im patriarchalischen Ernährermodell sorgte der Vater für die Ressourcen zur Bereitstellung der wirtschaftlichen Funktion. An seine Stelle sind heute häufig entweder beide Ehepartner oder alternativ der Staat (Sozialhilfe) getreten. Zusätzlich kann auch von einer Freizeit- und Erholungsfunktion der Familie in Bezug auf die Familienmitglieder gesprochen werden.

  Heute werden Familien durch die Sozialhilfe zunehmend auf "Bedarfsgemeinschaften" reduziert. Dabei steht dann die wirtschaftliche Funktion der Familie im Vordergrund und andere erzieherische Funktionen geraten in den Hintergrund.

- Die politische Funktion sorgt für die Platzierung von neugeborenen Kindern in die Gesellschaft. Insbesondere stellt sie dabei die rechtlichen Verhältnisse her (Sorgerecht, Vormundschafts-, Adoptions- und Erbrecht usw.).

In modernen Gesellschaften werden politische, religiöse, wirtschaftliche und erzieherische Funktionen der Familie zum Teil auf andere gesellschaftliche Institutionen (zum Beispiel Staat, politische Gemeinden, Versicherungsanstalten, Schulwesen, Sport) übertragen und treten im Familienalltag dann zurück. In Notzeiten kann sich dies jedoch rasch ändern[109].

Ehe und Scheidung

Wurden vor 200 Jahren Ehen häufig noch aus rationalen oder wirtschaftlichen Überlegungen heraus geschlossen, stehen heute in der Regel persönliche oder erotische Zuneigungen im Vordergrund. Eine Ehe auf Basis wahrer Liebe oder sexuellen Verlangens mag zwar einerseits begrüßenswert sein, allerdings steigern solche Motive nicht gerade deren Dauerhaftigkeit[110]. Spätestens ab dem ersten Kind können sich die gegenseitigen Ansprüche und Wünsche erheblich ändern, womit die Verbindung bereits auf dem Prüfstand steht. Viele Paare spüren dies, so dass sie die Nachwuchsfrage erst gar nicht stellen bzw. diese immer weiter in die Zukunft verschieben.

---

[108]   Mohr, Hans: Die Bedeutung des Sozialkapitals, in: Clar G, Doré J, Mohr H (Hrsg.): Humankapital und Wissen – Grundlagen einer nachhaltigen Entwicklung, 1997

[109]   Schirrmacher, Frank. Minimum – Vom Vergehen und Neuentstehen unserer Gemeinschaft. 2006

[110]   Bolz, Norbert: Die Helden der Familie, 2006, Seite 16

Auch können sich intensive Gefühle leicht ändern. In Folge der zunehmenden Individualisierung entwickeln sich Menschen mit der Zeit leicht auseinander, jedenfalls nicht notwendigerweise in die gleiche Richtung. Gleichzeitig sind sie vielen äußeren Anreizen und Ablenkungen ausgesetzt, dazu gehören auch andere Menschen, die potenzielle Sexualpartner und damit auch zeitweilige Gefährten sein könnten. Im Ergebnis hat der Lebensabschnittspartner den Partner fürs Leben längst ersetzt.

Und schließlich wirken Selbstverwirklichungswünsche und die zunehmende beiderseitige Berufstätigkeit der Stabilität von Ehen entgegen[111]:

Frauen arbeiten. Deshalb werden Kinder teurer, denn sie kosten nun wertvolle Arbeitszeit. Mit wachsenden Beschäftigungsmöglichkeiten wird es für Frauen immer teurer, nicht zu arbeiten. Anders gesagt, es wird immer schmerzlicher, Karrierechancen zugunsten der Familie zu opfern. Folglich werden weniger Kinder geboren – und damit schrumpft das gemeinsame Kapital der Eheleute. Daraus folgt nun, dass Scheidungen billiger werden, und deshalb haben wir immer mehr Scheidungen. Damit schließt sich aber der Kreis, denn Frauen müssen nun arbeiten, weil sie sich nicht mehr auf die Ressourcen der Männer verlassen können.

Da kann es nicht überraschen, dass Scheidungen längst ihr negatives Vorzeichen verloren haben. Die Scheidungsrate ist nämlich ein Maß für die ökonomische Unabhängigkeit der Frauen. Und wo Frauen mehr verdienen als ihre Männer, wächst die Scheidungsrate. Frauen, die mehr als ihr Ehemann verdienen, reichen doppelt so häufig die Scheidungen ein wie Frauen, deren Ehemänner mehr als sie verdienen.

Norbert Bolz folgert daraus[112]:

Je leichter es ist, sich scheiden zu lassen, umso geringer ist für den Partner der Anreiz, die Liebe zu nähren und zu pflegen. Wenn es einfach ist, sich scheiden zu lassen, ist man streitsüchtiger und investiert weniger Energie in die Anstrengung, miteinander auszukommen. Man gibt sich nicht mit einem "gut genug" zufrieden, sondern will die Partnerschaft optimieren – mit dem nächsten!

Möglicherweise waren klassische Ehe und Kernfamilie stärker an das Ernährermodell gebunden, als es zunächst den Eindruck hat. Mit dem Ernährermodell als Auslaufmodell geraten synchron dazu auch die formale Ehe und selbst die Kernfamilie in eine Sackgasse. Und auch in den Sozialwissenschaften war bis Mitte des 20. Jahrhunderts der Familienbegriff entsprechend eng gefasst[113]:

---

[111]   ebenda, Seite 37

[112]   ebenda, Seite 38

[113]   Nave-Herz, Rosemarie: Familie heute – Wandel der Familienstrukturen und Folgen für die Erziehung, 2. Auflage, 2002, Seite 14

Für Parsons war Kennzeichen von Familie eine bestimmte Rollenstruktur (nämlich das Zusammenleben von Vater, Mutter und Kind/ern) und eine spezifische Binnendifferenzierung, zum Beispiel die eindeutige interne und externe Aufgabentrennung zwischen den Ehepartnern, das heißt der Ehemann und Vater hatte für die ökonomische Sicherheit zu sorgen, die Ehefrau und Mutter war für den Haushalt und vor allem für die Pflege und Erziehung der Kinder verantwortlich. Weiterhin wären für die moderne Familie sehr spezifische Interaktionsbeziehungen charakteristisch: So ist nach Parsons die Mutter-Rolle mit einem „expressiven Verhalten" (einem gefühlvollen, auf die Bedürfnisse anderer orientierten) und die Vater-Rolle mit einem „instrumentellen Verhalten" verknüpft.

Norbert Bolz erwartet bei Verlust der klassischen Arbeitsteilung zwischen den Geschlechtern unter anderem eine weitere Verkürzung der Beziehungszeiten[114]:

In der klassischen Rollenverteilung zwischen Mann und Frau sorgt die sexuelle Arbeitsteilung dafür, dass der Handel für beide profitabel ist. Die Solidarität der Eheleute, dieses stärkste aller altruistischen Gefühle, entsteht demnach aus der sexuellen Arbeitsteilung. Die Frau übernimmt dabei die emotionale Führung, der Mann die instrumentale. Der eine sorgt sich um die externe, die andere um die interne Grenzerhaltung des Systems Familie. Um hier die Negativfolie der feministischen Kritik zu bemühen: Während die Frau sich um Haus und Kinder sorgt, geht der Mann auf die Jagd.

Und weiter[115]:

Doch was geschieht, wenn die Frau nun zum Jäger wird? Die Antwort, die Emil Durkheim schon Ende des 19. Jahrhunderts auf diese Frage gab, leuchtet weit ins 21. Jahrhundert voraus: Schraubt man die sexuelle Arbeitsteilung unter einen bestimmten Punkt herab, so verflüchtigt sich die Ehe und lässt nur mehr äußerst kurzlebige sexuelle Beziehungen zurück. Je weniger die sexuelle Arbeitsteilung in der modernen Gesellschaft einleuchtet, desto schwächer wird die ökonomische Reziprozität zwischen Mann und Frau – und desto schwächer werden die Gefühle, die sie aneinander binden.

Früher gab es den Wettbewerb der Männer um Frauen; jetzt gibt es den Wettbewerb mit Frauen. Und mit jedem Teilsieg in diesem Kampf gegen die sexuelle Arbeitsteilung schwächt sich die Ordnungsleistung der sexuellen Asymmetrie weiter ab. Das macht die Geschlechterrollen von Mann und Frau mehrdeutig. Zumal Männer stehen vor der unlösbaren Aufgabe, dominant aufzutreten und zugleich mit Frauen im Wettbewerb zu stehen. Rollenambiguität aber macht unglücklich – oder doch zumindest unsicher. Da erscheint dann das moderne Abenteuer Ehe leicht als unkalkulierbares Risiko.

Das Abenteuer Ehe ist aber noch aus einem anderen Grund zu einem unkalkulierbaren Risiko geworden: durch die in Deutschland gültigen Scheidungsgesetze. Dieses

---

[114]   Bolz, Norbert: Die Helden der Familie, 2006, Seite 21
[115]   ebenda, Seite 22

Thema wird ausführlich in *Land ohne Kinder* diskutiert[116]. Um es auf eine Kurzformel zu bringen: Durch die Aufhebung des Schuldprinzips kann sich ein Ehepartner vom anderen ohne jegliche weitere Begründung trennen. Dazu genügt ein einfacher Auszug aus der Wohnung. Sollte der sich trennende Partner die Ehefrau sein, die bislang als „Nurhausfrau" gearbeitet hat, dann ist sie mit dem Auszug frei von allen weiteren ehelichen Verpflichtungen. Nicht aber ihr Ehemann: dieser darf bei entsprechendem Einkommen unter Umständen lebenslänglich weiter für seine Familie aufkommen, obwohl ihn möglicherweise keinerlei Schuld trifft. Eventuell hat seine Ehefrau die Ehe beendet, weil sie sich in einen anderen Mann verliebt hat.

Das Problem besteht – vereinfacht ausgedrückt – darin, dass die eine Seite einen auf ewig geschlossenen Vertrag kündigen[117] kann, die andere Seite dann aber nicht aus dessen Verpflichtungen entlassen wird. Dies ist im deutschen Vertragsrecht einmalig[118].

Dieser Umstand hat maßgeblich dazu beigetragen, dass das patriarchalische Ernährermodell für Männer uninteressant geworden ist. Feministinnen behaupten gerne, Männer wollten ihre Frauen zu Hause in Abhängigkeit behalten und bevorzugten deshalb und speziell in Deutschland die klassische Rollenaufteilung. Dies ist unrichtig. Immer weniger Männer sind heute bereit, die unkalkulierbaren finanziellen und emotionalen Risiken einer Scheidung auf sich zu nehmen, zumal die Mehrzahl der Trennungen nicht von ihnen ausgeht.

Studien belegen folglich, dass denkbare Unterhaltsrisiken zu den gewichtigsten Gründen zählen, warum Männer keine Kinder wollen[119] [120]. Dazu beigetragen hat auch die Erfahrung von Männern, dass sie im Rahmen einer Scheidung als Vater häufig gerichtlich benachteiligt werden und ihnen bei entsprechenden Absichten der Mutter trotz regelmäßiger Unterhaltszahlung keine Durchsetzung ihrer Interessen und der Interessen des Kindes gelingt[121] [122].

---

[116] Mersch, P.: Land ohne Kinder – Wege aus der demographischen Krise, 2006, Seite 73 ff.

[117] Gemäß Rosemarie Nave-Herz ist die Absicht einer Ehescheidung nur die „Vertragskündigung" an den Ehepartner. Siehe: Nave-Herz, Rosemarie: Familie heute – Wandel der Familienstrukturen und Folgen für die Erziehung, 2. Auflage, 2002, Seite 124

[118] Allerdings sollen in Zukunft einige Unausgewogenheiten des bisherigen Unterhaltsrechts getilgt werden. Siehe: Müller, Reinhard: Leitartikel – Unterhalt, FAZ, 04.09.2006, http://www.faz.net/s/Rub7FC5BF30C45B402F96E964EF8CE790E1/Doc~E43EE0F5F9AF C419DA92DBC1D2C17590D~ATpl~Ecommon~Scontent.html

[119] Jung, Irene. Wo bleiben die Kinder? Hamburger Abendblatt, 19.02.2005, http://www.abendblatt.de/daten/2005/02/19/400565.html

[120] Dinklage, Meike: Der Zeugungsstreik – Warum die Kinderfrage Männersache ist, 2005, Seite 28

[121] Matussek, Matthias: Die vaterlose Gesellschaft – Eine Polemik gegen die Abschaffung der Familie, 2006

Allerdings sind Männer in der Kinderfrage generell zurückhaltender als Frauen, ein Kinderwunsch ist bei ihnen in aller Regel deutlich weniger ausgeprägt als beim anderen Geschlecht[123]. Dies konnte ebenfalls in Umfragen bestätigt werden.

Single-Kultur

Bei der Single-Kultur handelt es sich um eine eigenständige gesellschaftliche Erscheinung, die nichts mit gewollter oder ungewollter Kinderlosigkeit oder fehlenden Partnern zu tun hat.

Für die meisten Männer und Frauen unter 30 sind Freunde, Sport und Hobbys zumindest genauso wichtig wie Kinder. Dabei ist oft eine dichotome Einstellung „Freizeit oder Familie" festzustellen, wobei Kinder und freizeitorientierter Lebensstil als austauschbar eingeschätzt werden[124]. Der Single steht in diesem Zusammenhang für die Freizeitausrichtung.

EU-weit sind 27 Prozent aller Haushalte Single-Haushalte. Und in drei von vier Haushalten leben keine Kinder[125].

Nimmt man an, dass die Bevölkerungszahl Deutschlands mit ca. 80 Millionen Menschen bis zum Jahr 2010 konstant bleiben wird, so würde sich der Bevölkerungsanteil von Singles, der 1990 gut 6 Prozent betrug, auf fast 10 Prozent im Jahr 2010 steigern[126].

Singles bleiben nicht selten selbst dann Single, wenn sie temporär in einer Paarbeziehung leben. Denn bei dem Single-Dasein handelt es sich um ein Lebensgefühl, letztendlich um Kultur oder gar Kult[127] [128].

---

[122] Jäckel, Karin: Deutschland frisst seine Kinder – Familie heute: Ausgebeutet – ausgebrannt, 2000

[123] Francoise D'Eaubonne meint gar: „In der großen Mehrheit lieben Frauen Kinder sehr viel mehr, als Männer es tun." (D'Eaubonne, Francoise: Feminismus oder Tod, 1975, Seite 82) Dies hindert sie aber nicht daran, den Mann – und nicht nur die männliche Macht – für das globale „sinnlose Bevölkerungswachstum" verantwortlich zu machen. (ebenda, Seite 83 f.)

[124] Kasemir, Helga: Der Beitrag der Familie zur Bildung von Human- und Sozialkapital, in: Clar G, Doré J, Mohr H (Hrsg.): Humankapital und Wissen – Grundlagen einer nachhaltigen Entwicklung, 1997, Seite 230

[125] Mohr, Hans: Die Bedeutung des demographischen Wandels, in: Clar G, Doré J, Mohr H (Hrsg.): Humankapital und Wissen – Grundlagen einer nachhaltigen Entwicklung, 1997, Seite 118

[126] Kasemir, Helga: Der Beitrag der Familie zur Bildung von Human- und Sozialkapital, in: Clar G, Doré J, Mohr H (Hrsg.): Humankapital und Wissen – Grundlagen einer nachhaltigen Entwicklung, 1997, Seite 235

[127] Mikutta, Petra: Die bessere Hälfte schenk ich mir – Single aus Leidenschaft, 2000

Singles sind in der Regel berufstätig, häufig sogar ausgesprochen erfolgreich, und mit ihrer Finanzkraft stellen sie einen ökonomischen Faktor dar, der für sie explizit zugeschnittene Produkte und Dienstleistungen hervorgebracht hat.

Für Singles gibt es spezielle Partnerbörsen, Rundfunksender, Urlaubs- und Freizeitangebote, die alle dafür sorgen, dass sich Singles möglichst rund um die Uhr gut fühlen und weitestgehend unter sich bleiben können. Ein Single würde nicht dort Urlaub machen wollen, wo sehr viele Familien mit Kindern sind, und umgekehrt. Im Prinzip stellt dies bereits die Schulferienordnung sicher, denn Singles fahren gewöhnlich dann in Urlaub, wenn die Kinder in der Schule sind – zu dann reduzierten Preisen.

Bei Singles handelt es sich um kinderlose Familien-Atome („Elementarteilchen"), mit anderen Worten, um Endformen der sich im Rahmen der Individualisierung pluralisierenden Lebensformen.

Die mit der Bindungslosigkeit einhergehende persönliche Unabhängigkeit und Freiheit macht Singles für alle Berufe besonders interessant, bei denen Mobilität und zeitliche Flexibilität entscheidende Kriterien sind. Aus diesem Grund sind Singles sehr häufig in der Medienindustrie, in der Politik oder im Management Consulting anzutreffen, das heißt bei den Wortführern der Gesellschaft[129].

Kein Wunder, dass es diesen damit gelingt, sich regelrecht als Retter der Menschheit zu profilieren. So schreibt Birgit Kofler – immerhin einmal Kabinettchefin im österreichischen Gesundheitsministerium – etwa[130]:

Klar ist: Die meist kontinuierlich berufstätigen kinderlosen Frauen konsumieren im Laufe ihres aktiven Lebens deutlich weniger Sozial- und Transferleistungen aus den staatlichen Budgets. Sie zahlen überdurchschnittlich viel Steuern und Sozialabgaben und finanzieren überdurchschnittlich stark die derzeitigen Pensionsausgaben. Sie bezuschussen mit ihren Abgaben Schulen und Universitäten, Lehrlingsprogramme und andere Einrichtungen und Maßnahmen, mit denen anderer Leute Kinder zu hoffentlich produktiven Arbeitskräften heranwachsen. Und das soll kein Beitrag zum Generationenvertrag sein?

Bei solchen Äußerungen, die jegliches ökonomisches Verständnis vermissen lassen, darf es nicht überraschen, dass die demographische Krise in der Politik so lange unbeachtet bleiben konnte.

Auch in Unternehmen wird das eigentliche Geld in der Produktion verdient. Dennoch herrscht allgemein ein Konsens darüber, dass hervorragende Forschungsergebnisse

---

[128]   Kittlaus, Bernd: Die Single-Lüge – Eine Kritik der Argumentationsmuster im Zeitalter der Demografiepolitik, 2006

[129]   Unter anderem bei Beratern, die mit dem Verfassen von Studien zur Familiensituation und Kinderlosigkeit moderner Gesellschaften beauftragt werden.

[130]   Kofler, Birgit: Kinderlos, na und? Kein Baby an Bord, 2006, Seite 66

nur mit hervorragenden Forschern unter hervorragenden Forschungsbedingungen und mit hervorragender Bezahlung zu erzielen sind. Forschung sichert als reproduktive Tätigkeit die Zukunft eines Unternehmens. Hinweise auf die Finanzierung der Labors und Forschungsbibliotheken durch die einzig gewinnbringende Produktion würden unter ökonomisch denkenden Menschen generell auf wenig Verständnis stoßen.

Norbert Bolz sieht in der Zukunft in erster Linie einen Verteilungskampf innerhalb des Bereichs der Reproduktion[131]:

Hier wird auch deutlich, dass die größten Verteilungskonflikte der Zukunft nicht mehr die Sphäre der Produktion, sondern die Sphäre der Reproduktion betreffen. Uns erwartet nämlich nicht nur ein erbitterter Kulturkampf zwischen Eltern und Kinderlosen, sondern auch ein harter ökonomischer Verteilungskampf zwischen den Generationen.

Dabei wird die Kluft zwischen Eltern und Kinderlosen immer größer[132]:

Die tiefste kulturelle Kluft dieser Zukunft könnte zwischen klassischen Familien und kinderlosen Lebensstilen aufbrechen. Man spürt schon heute, dass diese Gruppen sich außer Frechheiten und Beleidigungen nichts zu sagen haben.

Die von Norbert Bolz erwähnten „Kommunikationsstörungen" bestehen insbesondere zwischen Singles und Familien, die in völlig unterschiedlichen Welten leben und meist nur sehr geringen Kontakt zueinander pflegen. Versuche, eine größere Zahl an Singles zu Eltern zu mutieren, dürften deshalb nicht gerade von Erfolg gekrönt sein. Dagegen sprechen auch andere Befunde bzw. Theorien wie die Individualisierungsthese (siehe Abschnitt *Individualisierungsthese* auf Seite 25) oder die biographische Fertilitätstheorie (siehe Abschnitt *Biographische Fertilitätstheorie* auf Seite 119).

Allein aus Gründen der Erhaltung des sozialen Friedens scheint es folglich unerlässlich zu sein, Kinderlose und speziell gutverdienende Singles durch angemessene steuerliche Beiträge stärker und erkennbar an den reproduktiven Aufgaben der Gesellschaft zu beteiligen, ohne gleichzeitig ihre persönlichen Freiheiten in der Reproduktionsfrage und in Familienangelegenheiten zu beschneiden (siehe dazu den Abschnitt *Generationengerechtigkeit* auf Seite 153).

Zukünftige Familienformen

Es dürfte schwer vorhersehbar sein, welche Familienformen sich in Zukunft herauskristallisieren bzw. dominieren werden.

---

[131]   Bolz, Norbert: Die Helden der Familie, 2006, Seite 21
[132]   ebenda, Seite 59

Allerdings ist abzusehen, dass sich der Trend zur Pluralisierung der Lebensformen fortsetzen wird.

Wie im Abschnitt *Familien-Atom* auf Seite 31 gezeigt wurde, ist eine Lebensform mit einem erziehungsberechtigten Erwachsenen und seinen Kindern die kleinste stabile Familienform. Es kann angenommen werden, dass sich weitere Lebensformen als beliebige Kombinationen dieser Basisstrukturen bilden werden.

Abbildung 4: Zwei Familien-Atome verbinden sich zu einer Patchwork-Famile

Dabei kristallisieren sich dann auch die Kernelemente solcher Familienstrukturen heraus: Einerseits dienen sie dem *Aufziehen von Kindern*, andererseits ermöglichen sie enge oder lose *Verbindungen* zu anderen Familienstrukturen (aus wirtschaftlichen, erotischen, emotionalen, familialen, intellektuellen etc. Gründen). Günter Burkhart erwartet, dass sich die genannten familialen Kernelemente „Paarbildung" und „Kinderaufzucht" in Zukunft weiter stärken werden, während sich die Festigkeit der dann erreichten Bindungen lockert[133]. Auch werden Bindungen nicht notwendigerweise einer räumlichen Nähe bzw. eines Zusammenlebens bedürfen. Mit anderen Worten: Paarbeziehungen werden noch schneller entstehen und vergehen als bisher. Ein hervorzuhebendes Attribut zukünftiger Familienformen wird vermutlich deren Instabilität sein. Dabei erweist sich lediglich die innere Bindung eines Erziehungsberechtigten zu seinen Kindern als dauerhaft stabil, was in einer Welt der Individualisierung und Flexibilisierung umso wichtiger wird, denn Kinder brauchen Sicherheit[134]:

Kinder sind konservativ. (...) Kinder wollen Beständigkeit, Verlässlichkeit, Verbindlichkeit, Sicherheit und Geborgenheit. Darum hassen sie Umzüge, möchten immer wieder am gleichen Ort Urlaub machen, wo sie sich schon auskennen, möchten die vertrauten Gesichter und Bekannten um sich haben und immer wissen, wo sie hingehören.

Die obigen Überlegungen sind auch im Rahmen einer zukünftigen Familienpolitik von Bedeutung, zeigen sie doch, dass die Messlatte für zahlreiche Maßnahmen (zum Beispiel zur Verbesserung der Vereinbarkeit von Familie und Beruf) nicht die klassische Kernfamilie mit Mutter, Vater und Kindern ist, sondern der/die Alleinerziehende mit Kindern. Und auch der im Haushalt stärker involvierte Lebensgefährte kann kein geeignetes generelles Konzept sein, da es ihn häufig gar nicht gibt.

---

[133] Burkhart, Günter: Die Entscheidung zur Elternschaft, 2000

[134] Gerster, Petra und Nürnberger, Christian: Der Erziehungsnotstand – Wie wir die Zukunft unserer Kinder retten, 2. Auflage, 2004, Seite 92

Im vorliegenden Buch soll nicht einer weiteren Deinstitutionalisierung von Ehe und klassischer Familie das Wort geredet werden. Allerdings gibt es, wie speziell im Abschnitt *Ehe und Scheidung* auf Seite 34 gezeigt wurde, deutliche Indikatoren dafür, dass die starke institutionelle Bindung von Ehe und Familie bei Aufhebung der bislang üblichen sexuellen Arbeitsteilung zwischen Männern und Frauen und der damit verbundenen Rollenzuweisung mehr und mehr ihre Sinnhaftigkeit verlieren könnte.

Neue Gesichtspunkte können durch den im vorliegenden Buch vorgeschlagenen Familienmanagerinnen-Beruf entstehen, denn eine Familienmanagerin bildet ein sich ökonomisch selbsttragendes Familien-Atom, welches durch diese Eigenschaft automatisch eine für weitere Verbindungen attraktive Einheit ergibt. Allerdings ist die Familienmanagerin-Kinder-Struktur autark und damit besonders stabil, und genau diese Anforderungen bestehen in Wissensgesellschaften im Rahmen des Trends zu Individualisierung, Enttraditionalisierung und Pluralisierung der Lebensformen. Eine Familienmanagerin kann Bindungen eingehen und Kinder in die Welt setzen, ohne dadurch in eine ökonomische Abhängigkeit zu geraten.

Die ökonomische Unabhängigkeit der Familienmanagerin stellt dabei einen entscheidenden Systemwechsel dar. Wie im Abschnitt *Moderne Familienformen* auf Seite 22 gezeigt wurde, hat das klassische Ernährermodell längst ausgedient und an die Stelle des Ehemanns als Ernährer der Familie ist zunehmend der Staat getreten. Bei solchen absehbaren Entwicklungen liegt es nahe, es dann gleich richtig zu machen, und staatlicherseits die Ernährerfunktion bei einem nennenswerten Anteil der Familien (den Familienmanagerinnen) bewusst – dann aber in Verbindung mit nachgewiesenen Qualifikationen – zu übernehmen.

Die ökonomische Unabhängigkeit der Familienmanagerinnen könnte auf lange Sicht aber auch zu einer veränderten Partnerwahl führen[135]. Es ist denkbar, dass es in erster Linie diese nicht auszuschließende Entwicklung ist, die für Unbehagen gegenüber dem Familienmanager-Konzept sorgen könnte und die bislang eine angemessene Vergütung von qualifizierter weiblicher Erziehungsarbeit bezüglich eigenen Kindern verhindert hat (siehe dazu auch die Ausführungen im Abschnitt *Vereinbarkeit von Familie und Beruf* auf Seite 82).

Rosemarie Nave-Herz führt etwa aus[136]:

Eiduson fand in ihrer empirischen Studie über ledige Mütter in den USA diese Frauen, die sie „Nest-Builders" nannte. Sie „hatten ihre Schwangerschaft bewusst geplant und den Vater des Kindes gezielt ausgesucht. Sie lebten allein und unterschieden sich von den übrigen Frauen der Stichprobe durch ihre höhere Bildung und stärkeres Karrierestreben.

---

[135]   Die folgenden Ausführungen sind naturgemäß spekulativ.

[136]   Nave-Herz, Rosemarie: Familie heute – Wandel der Familienstrukturen und Folgen für die Erziehung, 2. Auflage, 2002, Seite 102 f.

Sie zeigten in ökonomischer, sozialer und psychischer Hinsicht die höchste Zufriedenheit mit ihrer Situation". Fallbeispiele in der Erhebung von Burkart und Kohli aus dem alternativen und akademischen Berliner Milieu weisen in eine ähnliche Richtung. Sie schreiben: „Im Extremfall kann das sogar heißen: Es ist der Frau ziemlich egal, mit wem sie ein Kind bekommt, wichtiger ist, dass sie es zum biographisch richtigen Zeitpunkt bekommt. Ist sie dabei gleichzeitig mit dem Mann für's Leben zusammen: umso besser. Aber sie wartet nicht auf ihn".

Werden gesellschaftlich ganz bestimmte Familienmanager-Konstellationen (zum Beispiel die Kernfamilie) präferiert, müssten sie vermutlich durch zusätzliche (steuerliche) Maßnahmen gezielt gefördert werden.

Die ökonomische Unabhängigkeit der Familienmanagerinnen könnte aber auch die Bildung ganz neuer Familienstrukturen bewirken.

Es ist vorstellbar bis wahrscheinlich, dass sich einige Familienmanagerinnen in lockerer oder enger Weise zu größeren Formationen zusammenschließen, zum Beispiel um berufliche Synergien zu nutzen.

Es sind dann Entwicklungen bis hin zu gesellschaftlichen Veränderungen denkbar, die in anderen Bereichen der klassischen Hausarbeit längst stattgefunden haben.

Hätte man vor einigen hundert Jahren die Menschen gefragt, ob sie es sich vorstellen könnten, regelmäßig aushäusig essen zu gehen, so hätte dies wohl eine deutliche Mehrheit verneint.

Heute sind Restaurants längst fester Bestandteil eines hedonistischen Lebensstils geworden: Man trifft sich, um zu sehen und gesehen zu werden und sich zu entspannen. Und ganz nebenbei nimmt man auch noch ein paar Speisen und Getränke zu sich.

Ähnliche Entwicklungen sind als Folge des Berufs der Familienmanagerin vorstellbar:

- Zunächst erziehen Familienmanagerinnen ihre eigenen Kinder und betreuen gegebenenfalls zusätzlich weitere Kinder anderer Eltern.

- Dann schließen sich mehrere Familienmanagerinnen zu größeren Einheiten mit eigenen Kindergärten, Musik- und Malschulen zusammen.

- Sodann kommen von ihnen kontrollierte Restaurants dazu.

- Dann ein Internet-Café für beruflich gestresste Eltern, die ihre Kinder betreuen lassen, aber manchmal dort den Aufenthalt genießen, zumal sie dabei ins Gespräch mit anderen Eltern kommen.

- Später werden ein Schwimmbad und diverse andere Sporteinrichtungen dazugebaut.

- Schließlich eröffnen diverse Geschäfte und eine Pension für Feriengäste.

- Längst befinden sich diverse medizinische Dienste (inklusive Kinderarzt) auf dem Gelände.

- Die gesamte Aufbauarbeit wird mit besonders günstigen Krediten von Banken gesponsert, die damit ihr Familienbewusstsein zum Ausdruck bringen wollen.

Wenn sich die gesellschaftliche Reproduktion professionalisiert und ökonomisiert, sind vielfältige Entwicklungen denkbar, die denen der Produktion in vielen Aspekten nicht nachstehen werden.

3 Wissensgesellschaft

Wissen als Ressource

Der Begriff Wissensgesellschaft bezeichnet eine Gesellschaftsform in hochentwickelten Ländern, in der kognitive Fähigkeiten und individuelles und kollektives Wissen zur Grundlage des sozialen und ökonomischen Zusammenlebens werden[137].

Eine ganz ähnliche Intention besitzt der Begriff „Informationsgesellschaft", allerdings stehen dabei spezifische technische Aspekte wie die Informationstechnologie stärker im Vordergrund, so dass dem Begriff „Wissensgesellschaft" heute in der Regel der Vorzug gegeben wird.

Eng damit verknüpft ist auch der Begriff „Dienstleistungsgesellschaft", der ausdrückt, dass nicht mehr die Produktion von Waren, sondern das Abwickeln nichtmaterieller Dienstleistungen zum wichtigsten Teil der wirtschaftlichen Wertschöpfungskette geworden ist.

Gemeinsam ist allen diesen Begriffen und Ansätzen die zunehmende Relevanz eher nichtmaterieller Prozesse und Produkte für das Wirtschafts- und Sozialleben („Dematerialisierung"). Wissensgesellschaften sind also letztendlich intelligente Gesellschaften, in ihnen werden Wissen und kognitive Fähigkeiten zu den entscheidenden Ressourcen.

Damit findet auf gesellschaftlicher Ebene die gleiche Entwicklung statt, die in der Evolution schließlich den Menschen hervorgebracht hat: Intelligenz, Wissen, Lernfähigkeit, Kommunikation und Kooperation schlagen Kraft und Schnelligkeit.

Die in Wissensgesellschaften besonders relevanten Produktionsfaktoren können wie folgt eingeteilt werden[138]:

- *Humankapital*

  Das in ausgebildeten und lernfähigen Individuen repräsentierte Leistungspotenzial einer Bevölkerung.

- *Sozialkapital*

  Bewährte und intakte soziale Strukturen, Traditionen, elementare Normen und Sanktionen.

---

[137] Wikipedia: Wissensgesellschaft, http://de.wikipedia.org/wiki/Wissensgesellschaft

[138] Clar G, Doré J, Mohr H (Hrsg.): Humankapital und Wissen – Grundlagen einer nachhaltigen Entwicklung, 1997, Seite 7

- *Wissenskapital*

    Das nicht an Personen gebundene, ökonomisch relevante Wissen.

Es lässt sich allerdings argumentieren, dass neben den obigen Ressourcen auch das „*Reproduktionskapital*" für die Stärke und zukünftige Entwicklung einer Gesellschaft von entscheidender Bedeutung sein könnte.

- *Reproduktionskapital*

    Das in ausgebildeten und lernfähigen Individuen repräsentierte Reproduktions- und Erziehungspotenzial einer Bevölkerung.

Das Erziehungspotenzial steigt natürlich mit den für die Aufgabe des Erziehens zur Verfügung stehenden Kapazitäten. Ein Kindergarten mit 10 ganztags arbeitenden Kindergärtnerinnen und 100 Kindern repräsentiert in diesem Sinne ein größeres Reproduktionskapital als ein anderer Kindergarten mit 16 halbtags arbeitenden Kindergärtnerinnen und 200 Kindern. Aus dem gleichen Grund verfügt eine Gesellschaft mit hoher Erwerbsbeteiligung der Frauen in der Regel über ein größeres produktiv nutzbares Humanvermögen als eine Gesellschaft, in der das Ernährermodell dominiert. Dafür besitzt letztere mehr Reproduktionskapital.

Bei sinkenden Fertilitätsraten kommt es auf Dauer zwangsläufig zu substanziellen Einbußen beim gesellschaftlichen Reproduktionskapital, allein schon deshalb, weil die Anzahl der gebärfähigen Frauen sinkt. Dies wird (siehe dazu die Ausführungen im Abschnitt *Spezialisierung* auf Seite 135) aus ökonomischen Gründen eine Spezialisierung im Rahmen der Reproduktion zur Folge haben müssen, das heißt, weniger Frauen müssen durchschnittlich mehr Kinder in die Welt setzen und aufziehen bzw. aufziehen lassen. Oder anders ausgedrückt: Mehr Frauen müssen sich ganz ausschließlich auf die gesellschaftliche Reproduktion konzentrieren.

Im Kontext des vorliegenden Buches geht es in erster Linie um die erneuerbaren Ressourcen Human- und Reproduktionskapital. Auch wenn dabei nicht immer eine saubere Trennung durchhaltbar ist (es geht zum Teil um die gleichen Menschen), soll die Begrifflichkeit doch bereits den denkbaren Konflikt zwischen Produktion und Reproduktion stärker zum Ausdruck bringen. Der Unterscheidung von Human- und Reproduktionskapital liegt der Gedanke zugrunde, dass die Erneuerung der Ressource Humankapital selbst Ressourcen bindet und nicht kostenfrei zu haben ist. Die Quantitäten und Qualitäten dieser Ressourcen bestimmen ganz wesentlich die zukünftigen Quantitäten und Qualitäten des Humankapitals.

Grundsätzlich lässt sich feststellen: In der Produktion werden Ressourcen konsumiert, in der Reproduktion (sofern es sich um erneuerbare Ressourcen handelt) dann wieder aufgebaut[139]. Stärkt man die Produktion auf Kosten der Reproduktion, werden

---

[139]   Eisler, Rudolf: Wörterbuch – Reproduktion, http://www.textlog.de/5016.html

sich Ressourcen schneller verbrauchen, möglicherweise deutlich schneller, als sie von der Reproduktion wiederhergestellt werden können. Man beginnt dann von der Substanz zu leben und die Entropie des Systems, das heißt dessen Unordnung, wird unverhältnismäßig stark ansteigen[140]. Genau dies erleben wir aber zurzeit in den entwickelten westlichen Staaten: Männer und Frauen in die Produktion, kaum jemand in die Reproduktion.

Humankapital bezieht sich in diesem Sinne vorwiegend auf die in der Produktion nutzbaren menschlichen Kompetenzen, Reproduktionskapital entsprechend auf diejenigen der Reproduktion. Eine Frau würde folglich durch ein Studium der Chemie ihr Humankapital mehren, nicht aber ihr Reproduktionskapital. Eine spätere Anstellung in einem Forschungslabor der Pharmaindustrie würde gar zu einem Verlust an Reproduktionskapital führen (sie hat nun weniger Zeit für Kinder). Würde sie stattdessen Erzieherin oder Grundschullehrerin werden, mehrte sie in erster Linie ihr Reproduktionskapital.

Man könnte deshalb auch sagen: Humankapital bindet Reproduktionskapital und umgekehrt. Dies war in patriarchalischen Gesellschaften aufgrund der dort vorherrschenden klassischen Rollenaufteilung zwischen Männern und Frauen in weit geringerem Maße der Fall.

Im vorliegenden Buch wird einfachheitshalber überall dort, wo eine Unterscheidung von Human- und Reproduktionskapital nicht unmittelbar von Bedeutung ist, nur der etabliertere Begriff *Humankapital* (bzw. *Humanvermögen*) verwendet.

Staat und Humanvermögen

Die wichtigste Aufgabe eines Staates in Wissensgesellschaften ist die Sicherung, Reproduktion und Mehrung des Humanvermögens[141]. Dies gilt insbesondere dann, wenn – wie in Deutschland und ganz ähnlich in der gesamten Europäischen Union – kaum weitere natürliche Ressourcen (Rohstoffe, Erdöl usw.) zur Verfügung stehen, die bei einer Minderung des Humanvermögens für einen temporären Ausgleich sorgen könnten. Deutschland wird gelegentlich auch als das Land der Dichter und Denker bezeichnet, was bereits darauf hinweist, dass Intelligenz und Kompetenzen seiner Menschen Schlüsselfaktoren für seinen Erfolg waren.

Hinzu kommt, dass der globale Wettbewerb die Arbeit mobil gemacht hat[142] [143], jedenfalls sofern sie in der Qualität austauschbar ist und nicht an spezifische

---

[140]   Neirynck, Jacques: Der göttliche Ingenieur – Die Evolution der Technik, 6. Auflage, 2006, Seite 103

[141]   Mersch, P.: Land ohne Kinder – Wege aus der demographischen Krise, 2006, Seite 39 ff.

[142]   Steingart, Gabor: Deutschland – Abstieg eines Superstars, 2. Auflage, 2005, Seite 272

Wissenskompetenzen gebunden ist. Dies ist für ein Hochlohnland wie die Bundesrepublik Deutschland eine ganz besonders kritische Entwicklung.

Einzelpersonen und Unternehmen gehen einer wirtschaftlichen Tätigkeit nach, ein Staat sorgt dagegen dafür, dass diese dies innerhalb seiner Grenzen möglichst erfolgreich und störungsfrei tun können. Dabei spielen diverse Faktoren eine entscheidende Rolle[144]:

Die Vorstellung einer „Standortkonkurrenz" zwischen ganzen Volkswirtschaften bezieht sich nicht etwa nur auf Löhne und Abgaben, sondern auch auf den Zusammenhang zwischen politischen (zum Beispiel Rechtssicherheit, sozialer Friede), ökonomischen und soziokulturellen Standortfaktoren; zu Letzteren zählen insbesondere die Arbeitskräfte mit ihren Motivationen und Fähigkeiten, also das sogenannte Humanvermögen, aber auch die infrastrukturellen Voraussetzungen der Produktivität wie Forschung, Kommunikation und Lebensqualität.

Optimalerweise hält sich ein Staat also aus dem eigentlichen Marktgeschehen weitestgehend heraus und sorgt stattdessen für attraktive Infrastrukturen und leistungsfähige Regelwerke, auf denen sich die Märkte entwickeln können. Dies gilt ganz besonders für Wissensgesellschaften mit ihrer zentralen Bedeutung des Humanvermögens.

Allgemein wird das Handeln eines sogenannten demokratischen Rechts- und Interventionsstaates (DRIS) in vier einander ergänzende Dimensionen gegliedert[145]:

- Ressourcen: die Kontrolle über die Gewaltmittel und Steuern

- Recht: das Zuständigkeitsgefüge, die Normsetzung und das Gerichtssystem

- Legitimität: die demokratische Akzeptanz politischer Herrschaft durch die Beherrschten

- Wohlfahrt: die Intervention zur Regelung von Märkten sowie die Umverteilung zum Erreichen sozialer Sicherheit

In Sinne dieser Aufteilung fällt die gesellschaftliche Reproduktion in die Wohlfahrtsdimension.

Vergleicht man Staat und Wirtschaft mit den beiden ursprünglichen Rollen der Geschlechter, bei denen den Frauen überwiegend die reproduktiven (Kinder in die Welt setzen und aufziehen) und den Männern die produktiven Aufgaben (auf die

---

[143] Kernig, Claus D.: Und mehret euch? Deutschland und die Weltbevölkerung im 21. Jahrhundert, 2006, Seite 188 ff.

[144] Kaufmann, Franz-Xaver: Schrumpfende Gesellschaft – Vom Bevölkerungsrückgang und seinen Folgen, 2005, Seite 170

[145] Leibfried, Stephan und Zürn, Michael (Hrsg.): Transformation des Staates? 2006, Seite 11 ff.

Jagd gehen) zukamen, so hat der Staat überwiegend weibliche Funktionen und die Wirtschaft männliche[146].

Die Realität sieht aber in Deutschland ganz anders aus. Tatsächlich investiert der Staat regelmäßig erhebliche Summen in die Ankurbelung der Konjunktur oder in veraltete Industrien, die ohne staatliche Hilfe auf dem Weltmarkt nicht mehr bestehen könnten. Er greift also ganz erheblich in das Marktgeschehen ein und hofft damit, für mehr wirtschaftlichen Erfolg zu sorgen. Gleichzeitig werden Investitionen in die Zukunft, wie den Nachwuchs und seine Bildung, vernachlässigt.

So ist seit vielen Jahren eine verstärkte Auslagerung der gesellschaftlichen Reproduktion in ferne Länder zu beobachten. Deren Ergebnisse werden dann als „Zuwanderer" ins Land geholt. Gleichzeitig wird die immer schwächer werdende interne gesellschaftliche Reproduktion zunehmend den Personen überlassen, für deren Humankapital die Wirtschaft keine ausreichende Verwendung hat und die folglich auch nur mit einer geringeren Wahrscheinlichkeit zukünftig erfolgreiches Humankapital reproduzieren werden. Die Devise ist: Das wertvollste Humankapital – egal ob Frauen oder Männer – in die Produktion und damit in den Zugriff global operierender Unternehmen, das weniger wertvolle Humankapital als Reproduktionskapital in die gesellschaftliche Reproduktion. Kein Wunder, dass sich Staaten im Rahmen der Globalisierung global operierenden Unternehmen gegenüber hilflos ausgeliefert sehen.

Zusammengefasst: Die eigentliche Kernaufgabe des Staates, nämlich für die Reproduktion und Mehrung des Humanvermögens zu sorgen, wird auf Kosten direkter Eingriffe in das Wirtschaftsgeschehen zunehmend vernachlässigt. Kurz: Man macht den eigentlichen Job nicht.

Die Rolle der Frauen

Die Frankfurter Allgemeine Zeitung führt in Ihrer Ausgabe vom 12. Juli 2006 zur zukünftigen Beschäftigung von Frauen aus[147]:

Die Zukunft gehört den Frauen. Heißt es. Spätestens in ein paar Jahren, wenn der demographische Wandel die Arbeitsmärkte leer gefegt haben wird und hochqualifizierte junge Leute zur raren Spezies geworden sind, müsse auch der konservativste Personalchef gut ausgebildete Damen umgarnen, ihnen innovative Karrieremuster maßschneidern und weiblichen Bewerbern überhaupt jeden Wunsch von den Lippen ablesen.

---

[146] Insoweit könnte die Zukunft tatsächlich eher weiblich sein. Siehe: Mitscherlich, Margarete: Die Zukunft ist weiblich. 2. Auflage, 1990

[147] Wefing, Heinrich: Im Zweifel für den Mann,
http://www.faz.net/s/Rub867BF88948594D80AD8AB4E72C5626ED/Doc~E1FCC3EAC1D
934357B510CC82A0F69002~ATpl~Ecommon~Scontent.html

So oder so ähnlich kann man es täglich in der Presse lesen.

Wenn intelligente, hochqualifizierte und motivierte Frauen von der Wirtschaft umworben werden, dann wird sie dies in erster Linie mit einem Mittel tun, dem kein Mensch und erst Recht keine Frau widerstehen kann: Geld.

Und dies wird unweigerlich zur Folge haben, dass qualifizierte Frauen noch mehr der Reproduktion entzogen werden, da letztere zunächst mit verringerten Einnahmen und höheren Kosten verbunden ist.

Der Staat, dessen primäre Aufgabe die Reproduktion und Mehrung des Humanvermögens wäre, gerät dabei mangels lukrativer Angebote für eben diese Frauen gegenüber den Unternehmen noch mehr ins Hintertreffen. Denn während letztere die jungen Frauen mit Geld und einigen Vergünstigungen ködern, besteht das Angebot des Staates für die gesellschaftlich notwendige Reproduktion aus viel Arbeit, Einkommensverlusten, höheren Aufwendungen, Einschränkung der persönlichen Freiheit und reduzierten Rentenansprüchen.

Ohne Waffengleichheit, das heißt ohne echte kommerzielle Angebote, wie sie im Familienmanager-Konzept gemacht werden, wird sich das demographische Problem in der Zukunft kaum lösen lassen, im Gegenteil, es wird sich zwangsläufig verschärfen.

Dabei geht es hier nicht darum, Frauen wieder zurück an Heim und Herd zu locken, sondern ihnen (und auch Männern) im Rahmen der gesellschaftlich notwendigen Reproduktion attraktive Angebote zu machen, die ausreichend konkurrenzfähig gegenüber Angeboten aus der Wirtschaft sind. Es geht darum, nicht alle Frauen und Männer in der Produktion zu verheizen, sondern einige explizit für die Reproduktion zu gewinnen und zu reservieren. Und zwar auf ähnliche Weise, wie dies Unternehmen auch tun: Der überwiegende Anteil der Mitarbeiter ist in der Produktion tätig, ein kleinerer Teil dagegen in Forschung und Entwicklung.

Und dabei sollte auch ein anderes Prinzip beachtet werden, was erfolgreichen Unternehmen längst geläufig ist: die Reproduktion möglichst mit qualifizierten Kräften besetzen. Hochqualifizierte und kindorientierte Frauen sind die Basis des zukünftigen Humanvermögens und damit der Zukunft der Gesellschaft insgesamt. Es ist nicht angemessen, solche bedeutenden Fähigkeiten und Schätze den kurzfristigen und angeblich wichtigeren Anforderungen der Produktion zu opfern[148]. Allerdings – und ich kann mich hier nicht oft genug wiederholen – muss sich dazu die gesellschaftliche Haltung gegenüber der Reproduktion zunächst einmal völlig ändern. Hochqualifizierte Frauen werden in Wissensgesellschaften nur dann einen wesentlichen Beitrag zur gesellschaftlichen Reproduktion leisten wollen, wenn

---

[148] Ein Prinzip, was auch in der Seefahrt Gültigkeit hat: Die Zukunft ist nichts ohne Frauen und Kinder. Siehe: Kanter, Olaf: Frauen und Kinder zuerst!, http://www.mare.de/mare/hefte/beitrag-buend.php?id=760&&heftnummer=41

- die Arbeit anspruchsvoll ist,

- gesellschaftlich Anerkennung findet und

- angemessen bezahlt wird.

Alle diese Punkte setzen eine Professionalisierung der Tätigkeit voraus.

Ein völlig analoges Problem bestand vor vielen Jahren in einem anderen Bereich der gesellschaftlichen Reproduktion: der kindlichen Bildung.

Weil viele Eltern diese als zu teuer, nicht notwendig oder nur für Jungen erforderlich empfanden, unterblieb ganz häufig eine ausreichende Unterrichtung der Kinder. Nicht wenige Kinder blieben dabei sogar Analphabeten. Dies führte insgesamt zu einer erheblichen Minderung des Humanvermögens, so dass sich der Staat zu einem Eingreifen genötigt sah und die allgemeine Schulpflicht einführte[149]. Dabei wurde ganz nebenbei die kindliche Unterrichtung durch den Beruf des Lehrers professionalisiert. Weil der Staat nun die Aufgabe der kindlichen Bildung zu seiner eigenen machte, musste er gleichzeitig für hohe Standards sorgen. Dies konnte nur durch Professionalisierung der Unterrichtenden gelingen.

Auch beim Lehrerberuf konkurriert der Staat mit alternativen Angeboten aus der Wirtschaft. Er wird nur dann eine ausreichende Zahl an qualifizierten Lehrern rekrutieren können, wenn seine Angebote überzeugen können.

Wie im Abschnitt *Individual- versus Kollektivverhalten* auf Seite 125 näher erläutert wird, handelt es sich in allen diesen Fällen um einen Konflikt zwischen Individual- und Kollektivverhalten: Dem Individuum wird ein Höchstmaß an persönlichen Freiheiten zugestanden, auf der anderen Seite sind übergeordnete kollektive (gesellschaftliche) Ziele zu berücksichtigen.

In den allermeisten Fällen hat die Gesellschaft auf solche Anforderungen mit Spezialisierung und Professionalisierung reagiert und die erforderlichen Kapazitäten über Märkte rekrutiert.

Beispielsweise hatten in archaischen Gesellschaften die kräftigeren Männer die Aufgabe, die schwächeren und mit dem Aufziehen von Kindern beschäftigten Frauen zu schützen. Als sich die Gesellschaft weiterentwickelte, wollten sich viele Männer im Rahmen der Individualisierung nicht mehr mit dem Thema öffentliche Sicherheit auseinandersetzen, sondern sich lieber anderen Aufgaben widmen (siehe dazu das „Gun City"-Beispiel im Abschnitt *Opportunitätskosten und Pflichten* auf Seite 71). Folglich wurde ein Sheriff engagiert und mit der Durchführung der erforderlichen Aufgaben beauftragt. Dazu musste allerdings jeder Bürger einen kleinen Beitrag

---

[149] Ganz besonders früh in Deutschland, was dort zu einer Beschleunigung der Industrialisierung führte. Siehe: Neirynck, Jacques: Der göttliche Ingenieur – Die Evolution der Technik, 6. Auflage, 2006, Seite 275

abführen, damit Sheriff und Deputies (Polizei) bezahlt werden konnten, denn umsonst wollte dies niemand tun. Männer sind also mit der entsprechenden Vorgehensweise seit Jahrhunderten vertraut.

Nun sind die Frauen aus ihrer angestammten Rolle ausgebrochen und wollen etwa lieber Journalistin werden oder ein eigenes Kosmetikstudio eröffnen, als nur Hausfrau und Mutter sein. Die ihnen zugestandenen individuellen Freiheiten geben ihnen die Möglichkeit dazu. Sie geben ihnen sogar das Recht, sich überhaupt nicht mehr an der aus übergeordneten kollektiven Gesichtspunkten so wichtigen gesellschaftlichen Reproduktion zu beteiligen, weswegen diese nun nicht mehr funktioniert. Eine langfristige Lösung wird zwangsläufig so aussehen müssen, wie sie bislang in vergleichbaren Fällen immer ausgesehen hat: Spezialisierung und Professionalisierung der Tätigkeit. Der Staat kann sich dabei nicht seiner Verantwortung entziehen. Er darf ein Sicherheitsproblem weder als „Sicherheitswandel" noch ein demographisches Problem als „demographischen Wandel" umdefinieren, sondern muss aus übergeordnetem Interesse für eine Durchsetzung von Mindeststandards sorgen.

Kinderfreundliche Arbeitswelten

Immer lauter wird der Ruf, die Wirtschaft solle für Arbeitsbedingungen sorgen, bei denen Frauen und Männer Familie und Beruf besser miteinander vereinbaren können. Genannt werden zum Beispiel:

- Flexible Arbeitszeiten

- Teilzeitarbeit

- Heimarbeitsplätze

- Betriebskindergärten

Dies ist sicherlich wünschenswert und kann in vielen Unternehmen dazu beitragen, qualifiziertes Personal mit Familie zu gewinnen und zu halten. Auch sind hierfür in Wissensgesellschaften die Bedingungen günstiger, denn bei vielen geistigen Tätigkeiten ist eine körperliche Anwesenheit auf dem Gelände des Unternehmers nicht mehr ständig erforderlich.

Auf der anderen Seite gibt es nach wie vor zahlreiche Tätigkeiten, bei denen die Forderungen generell nicht umsetzbar sind. Oft handelt es sich dabei um typische Männerberufe. Auch bei besonders relevanten und kritischen – und damit hochbezahlten – Tätigkeiten gibt es häufig noch Einschränkungen, zum Teil sogar aus rechtlichen Gründen.

Dabei stellt sich dann auch die Frage, ob es die Aufgabe der Wirtschaft ist, für solche familienfreundlichen Bedingungen zu sorgen. Wenn Unternehmer daraus einen Vorteil gewinnen können, dann werden sie dies möglicherweise tun.

Wie in den letzten Abschnitten gezeigt wurde, ist es die Aufgabe des Staates, für Rahmenbedingungen zu sorgen, unter denen Unternehmen erfolgreich wirtschaftlich tätig werden können. Dazu gehören insbesondere gut ausgebildete, gesunde und motivierte Menschen. Dazu gehört aber auch ein dichtes Verkehrsnetz und allgemein eine gut funktionierende Infrastruktur. Ein Geschäft, welches zum Beispiel erlesene Schokoladensorten anbietet, sollte in der Lage sein, dieser Tätigkeit nachzugehen, ohne über den Bau eigener Betriebskindergärten nachdenken zu müssen.

Investitionen in den Nachwuchs

Eine Wissensgesellschaft muss in ihren Nachwuchs investieren. Die quantitative und qualitative Nachwuchssicherung, die Erhaltung bzw. gegebenenfalls Mehrung des Humanvermögens und die Wahrung der Generationengerechtigkeit gehören zu den Kernaufgaben der Gesellschaft[150].

All dies ist in Deutschland – und im Prinzip in ganz Europa – längst nicht mehr gewährleistet: Es werden nicht nur zu wenige Kinder geboren, sondern offenkundig zunehmend auch noch die „falschen"[151]:

Lange Zeit schien die Trennlinie innerhalb der Gesellschaft vor allem zwischen Familien und Kinderlosen zu verlaufen, doch die Schichtkomponente gewinnt an Bedeutung. Wenn wir den gegenwärtigen Trend der Kinderlosigkeit im akademischen Milieu fortschreiben, droht Nachwuchs tatsächlich zu einer Angelegenheit der Unterklasse zu werden – und zwar vor allem, weil die eine Seite aussteigt. Zynisch formuliert könnte das heißen: Kinder bekommen in Zukunft nur noch die Gefühlvollen und die Blöden.

Einige Autoren stehen dieser Entwicklung immer noch relativ optimistisch gegenüber und fordern folglich, dann diesen Kindern eine optimale Ausbildung zukommen zu lassen, so dass sie später einmal Führungsaufgaben übernehmen können[152].

Allerdings sind dabei kaum positive Effekte zu erwarten. Denn zahlreiche kognitive Funktionen wie etwa Intelligenz, Ideenreichtum oder Initiative sind zu einem erheblichen Teil erblich[153]:

---

[150]   Kaufmann, Franz-Xaver: Zukunft der Familie – Stabilität, Stabilitätsrisiken und Wandel der familialen Lebensformen sowie ihre gesellschaftlichen und politischen Bedingungen, 1990, Seite 4

[151]   Gaschke, S.: Die Emanzipationsfalle – Erfolgreich, einsam, kinderlos, 2005, Seite 95

[152]   ebenda, Seite 102 f.

Intelligenz ist ein Phänotyp, nämlich das Ergebnis des Zusammenwirkens von genetischen Faktoren und Umwelteinflüssen, denen ein Individuum im Laufe seiner Entwicklung ausgesetzt ist. Als Beweis für die Bedeutung erbgenetischer Faktoren für die Intelligenz betrachtete Professor Christian Eggers ... „die Tatsache, dass die Übereinstimmung bei getrennt aufwachsenden eineiigen Zwillingen wesentlich höher ist als bei zweieiigen Zwillingen, die zusammen aufwachsen". Andererseits, so Eggers, wiesen gerade die Unterschiede in den Korrelationen bei gemeinsam und getrennt aufgewachsenen ein- und zweieiigen Zwillingsgeschwistern auf das Mitwirken von Umwelteinflüssen auf den Intelligenzgrad hin. Eggers ging ... von einer zu etwa 70 bis 80 Prozent genetisch determinierten und zu 20 bis 30 Prozent umweltbedingten Varianz der Testintelligenz aus.

Dies bestätigen auch andere Studien und Autoren[154] [155].

Das ständige Leugnen genetischer Faktoren bei Intelligenz und weiteren kognitiven Attributen kann nur auf ideologischen Voreinstellungen beruhen. Denn sonst lässt sich nicht erklären, dass auf der einen Seite kaum ein Tag vergeht, an dem die Medizin nicht neuentdeckte genetische Faktoren als entscheidende Ursache bei x-beliebigen Erkrankungen (Adipositas, Diabetes, Migräne, Karies, usw.) ausgemacht haben will[156], auf der anderen Seite aber fast jeder Hinweis auf erbliche Komponenten bei der Intelligenz mit geradezu panikartigen Beschwichtigungen abgetan wird. Es ist einfach ein Fakt, dass intelligente Eltern mit höherer Wahrscheinlichkeit intelligente Kinder haben werden als weniger intelligente Eltern, und allein dieser Umstand sollte in Anblick des aktuellen Reproduktionsverhaltens der deutschen Bevölkerung zu Sorge Anlass geben.

Desweiteren werden wichtigste Voraussetzungen für die spätere geistige Entwicklung in der frühkindlichen Phase gelegt[157]:

Dass die kognitive Entwicklung eines Kindes in entscheidendem Maße auch von seiner Umwelt bestimmt wird, ist inzwischen allgemeines Erfahrungsgut. Untersuchungen an Heimkindern zeigten intellektuelle Leistungseinbußen, vor allem eine Schwäche der Detailerfassung und der Merkfähigkeit.

Es fragt sich folglich unmittelbar, was es für einen Sinn haben soll, Kinder in ärmlichsten und vor allem bildungsfernen Verhältnissen aufwachsen zu lassen, um ihnen

---

[153] Vom Lehn, Birgitta: Kindeswohl, ade! Gesundheitsverhütung im Wohlstandsland – PISA war auch eine physische Pleite, 2004, Seite 60

[154] Vogel, Friedrich: Grenzen der Entwicklung des Humankapitals aus der Sicht der Humangenetik, in: Clar G, Doré J, Mohr H (Hrsg.): Humankapital und Wissen – Grundlagen einer nachhaltigen Entwicklung, 1997, Seite 131

[155] Weiss, Volkmar: Die IQ-Falle – Intelligenz, Sozialstruktur und Politik, 2000

[156] Mersch, Peter. Migräne – Heilung ist möglich. 2006

[157] Vom Lehn, Birgitta: Kindeswohl, ade! Gesundheitsverhütung im Wohlstandsland – PISA war auch eine physische Pleite, 2004, Seite 60 f.

dann eine optimale Bildung zukommen zu lassen. Wenn eine optimale Förderung später noch einen Sinn ergibt und finanzierbar ist, dann sollte auch eine Verbesserung der gesamten familiären Situation eine ernstzunehmende Option sein, zumal ja das Aufziehen weiterer Geschwister nicht auszuschließen ist.

Allerdings zeigen Untersuchungen, dass auch eine solche Förderung zur Verbesserung der Familiensituation möglicherweise nur geringfügige Effekte erzielen wird[158]:

In den von ihnen untersuchten Haushalten trafen sie auf sehr schwierige Lebensverhältnisse: Häufig mangelte es den befragten Frauen an grundlegenden Kenntnissen über gesunde Ernährung oder Erziehung; die Unfähigkeit, mit dem wenigen Geld aus Sozialhilfe, schlecht bezahlten Jobs und Unterhaltszahlungen auszukommen, war weit verbreitet. Die befragten "Experten" vertraten allerdings vehement die Meinung, dass zweihundertfünfzig Euro mehr im Monat die Probleme dieser Haushalte auch nicht lösen würden: Die Leute machten Schulden, bestellten unbezahlbare Dinge im Versandhandel und gäben mehr aus, als sie sich leisten könnten, weil der Druck durch Werbung und Medien überwältigend sei.

Das Problem wird deshalb auch bereits von bekennenden Singles wahrgenommen, die nun befürchten, die wenigen noch geborenen Kinder könnten ihnen den Rest ihrer mühsam verdienten Einkünfte rauben[159]:

Es gibt vermehrt Debatten darüber, dass offenbar viele Menschen ohne berufliche Perspektive oder vernünftiges Einkommen Kinder auch deshalb in die Welt setzen, um zumindest an die kinderbezogenen Transferleistungen zu kommen. Mit einem gravierenden Problem, einmal die Lebensbedingungen der aufgrund solcher Überlegungen geborenen Kleinen beiseite lassend: Die Chance dieses Nachwuchses, aus der Armutsfalle und aus den familiär vorgegebenen Lebensbedingungen herauszukommen, ist denkbar gering. Und so werden in vielen Fällen statt künftiger Beitragszahler künftige schlecht ausgebildete Langzeitarbeitslose herangezogen.

Die PISA-Studien haben für Kinder aus Familien mit niedriger Bildung und niedrigem Einkommen signifikant schlechtere Resultate ergeben. Diese Kinder unterliegen einem höheren Risiko, die Schule ohne oder nur mit einem Hauptschulabschluss zu beenden und dann arbeitslos zu werden. Die Einschätzung von Birgit Kofler ist also in diesem Punkt zutreffend und so wird es auch im Kapitel *Kosten/Nutzen von Kindern* auf Seite 65 herausgearbeitet: Einkommensunabhängige Transferleistungen (finanzielle Anreize) für Familien wirken in erster Linie in sozial schwachen Schichten nachwuchsfördernd.

Birgit Kofler empfiehlt deshalb solchen Familien, zunächst einmal ganz rational abzuwägen, ob sie sich Kinder überhaupt ökonomisch leisten können[160]:

---

[158] Gaschke, S.: Die Emanzipationsfalle – Erfolgreich, einsam, kinderlos, 2005, Seite 100

[159] Kofler, Birgit: Kinderlos, na und? Kein Baby an Bord, 2006, Seite 71

[160] ebenda, Seite 72 f.

Dabei wäre es durchaus angebracht, die Entscheidung für oder gegen Kinder genau so rational und geplant anzugehen wie die Entscheidung für eine große Anschaffung (...). Wenn man überlegt, ein Haus oder eine Eigentumswohnung zu erstehen, ist rasch ein effizienter Bankberater zur Stelle, der neben anderen Dingen eine praktische Checkliste hat: Dort ist aufgelistet, was man verdient, welche Fixkosten man hat, welche monatliche Belastung der Hauskredit mit sich bringt, und mit ein paar kleinen Rechenübungen ist rasch klar, ob sich das ausgehen kann oder nicht. Würde man Ähnliches jemandem empfehlen, der oder die daran denkt, sich ein Kind zuzulegen, würde man rasch mit dem Vorwurf der Herzlosigkeit konfrontiert.

Genau eine solche ökonomische Abwägung wird aber von den meisten Familien gemacht und dabei verliert ganz häufig – außer bei Familien in Sozialhilfeumgebungen, für die sich ein zusätzliches Kind direkt lohnen kann – das Kind gegen Auto und Fernseher bzw. gegen eine mögliche Verschlechterung der eigenen wirtschaftlichen Lage.

Investitionen in den Nachwuchs sind – zusammengefasst – umso lohnender, je besser die familiären Voraussetzungen sind. Es sollte deshalb ein gesellschaftliches Ziel sein, möglichst viele Kinder in sozialisatorisch erfolgreichen Familien aufwachsen zu lassen.

Erwerbsarbeit

Stellen Sie sich einmal vor, Sie seien Schriftsteller und möchten einen Roman schreiben, der zu der Zeit Cleopatras handelt. Sie beginnen also zunächst mit der Recherche über das Leben in der damaligen Zeit. Dafür lesen Sie eine Unmenge an Literatur, suchen sich durch Hunderte Websites und schauen sich ein paar Filme an. Irgendwann sind Sie soweit und machen eine grobe Skizze der Handlung. Dann beginnen Sie mit dem Schreiben, immer wieder unterbrochen von weiterer Recherche, wonach Sie die Story noch ein paar Mal umschreiben. Endlich sind Sie fertig und können sich einen Verleger suchen. Nach einem halben Jahr gelingt Ihnen das auch, und nach einigen signifikanten Eingriffen des Lektors erscheint das Buch dann tatsächlich ein Jahr später. Für jedes verkaufte Exemplar erhalten Sie einen Euro.

Kein Mensch würde bestreiten, dass dies Arbeit war. Dies war sogar sehr viel Arbeit. Und kein Mensch würde bestreiten, dass *Schriftsteller* ein Beruf ist.

Aber so wie oben beschrieben handelt es sich dabei nicht um Erwerbsarbeit. Der Schriftsteller erhält für seine Arbeit buchstäblich nichts, alle seine Leistungen waren freiwillig. Am Ende hat er allerdings einen Text, für welchen er die Urheberrechte besitzt. Und diesen Text kann er dann verkaufen, wobei ihm ein mehr oder weniger angemessener Betrag pro verkauftes Exemplar zusteht.

Eine ähnliche Problematik besteht bei den meisten anderen künstlerischen Berufen, und selbst bei Studierenden. Auch diese „arbeiten" zunächst kostenlos, nehmen jahrelang eine Unzahl an Informationen und Zusammenhängen in sich auf, in der Hoffnung, die erworbenen Kompetenzen später kommerzialisieren und die ihnen zum Teil aufgebürdeten Kosten des Studiums zurückzahlen zu können.

Genau so verhält es sich mit der Arbeit der Hausfrau, welcher wesentliche Merkmale einer Erwerbsarbeit fehlen[161]:

Im Ernst wird auch heute niemand bestreiten, dass Hausfrauen und Mütter Arbeiten verrichten. Aber der Arbeit der Hausfrau fehlt die vertragsmäßige Freiwilligkeit; sie ist keine Arbeitskraft auf dem Arbeitsmarkt – und deshalb wird sie nicht anerkannt. Anerkennung und Würde sind in der modernen Gesellschaft nämlich rigoros über Geld vermittelt. Hausfrauen, Kinder und Alte gelten nichts, weil ihre Zeit nicht in Geld verrechnet wird. Unbezahlte Arbeit zählt nicht als "richtige" Arbeit. Und deshalb verwandelt sich unter Bedingungen von Geldwirtschaft die Hausfrau in eine Frau, die "nur Hausfrau" ist. Die Tagesmutter, die die Kinder anderer Mütter versorgt, arbeitet. Die Mutter, die ihre eigenen Kinder versorgt, geht ihrem Privatvergnügen nach. Das führt zu einer interessanten Paradoxie: Statt Mutter zu sein, arbeiten Frauen erwerbsmäßig, um sich "mütterliche" Dienstleistungen kaufen zu können – und ihre Arbeit besteht oft selbst in "mütterlichen" Dienstleistungen.

Eine Hausfrau kann deshalb kein Gehalt für ihre Tätigkeit erwarten. Dies gilt analog für die Familienarbeit berufstätiger Eltern.

Auch kann der Staat einer 13-jährigen Mutter kein Gehalt zahlen, ansonsten müsste er sich vorwerfen lassen, Kinderarbeit zu fördern. Eine finanzielle Unterstützung zur Abwendung von Not mag angemessen sein, ein Gehalt als Anerkennung der täglich geleisteten Arbeit dagegen nicht.

Wie man aus dem obigen Schriftstellerbeispiel entnehmen kann, bezieht ein Autor seine wesentlichen Einnahmen aus dem Erfolg seines Buches. Grundlage dafür ist das sogenannte Urheberrecht.

Ein solches Urheberrecht von Eltern gegenüber Kindern besteht nicht[162]. Theoretisch könnte auch hier der Gesetzgeber ähnliche Wege gehen und etwa die Altersversorgung von Eltern zusätzlich an den späteren beruflichen Erfolg der Kinder (der sich zum Beispiel an der Höhe seiner Steuerzahlungen oder Rentenbeiträge ermessen ließe) koppeln. Damit würden eigene Kinder wieder einen Bezug zur eigenen Altersversorgung erhalten. Dies dürfte in der Praxis aber auf Schwierigkeiten stoßen,

---

[161] Bolz, Norbert: Die Helden der Familie, 2006, Seite 29 f.

[162] Ebert, Thomas: Beutet der Sozialstaat die Familien aus? Darstellung und Kritik einer politisch einflussreichen Ideologie, in: Butterwegge, Christoph und Klundt, Michael (Hrsg.): Kinderarmut und Generationengerechtigkeit – Familien- und Sozialpolitik im demografischen Wandel, 2. Auflage, 2003, Seite 102

weil dann Kinder möglicherweise in ihrer Lebensplanung sehr stark beeinflusst würden. Beispielsweise könnten Kinder von ihren Eltern sachte dazu gedrängt werden, sich ganz auf einen ordentlichen Beruf in Deutschland zu konzentrieren und sich nicht durch Familiengründungen oder ausländische Berufsofferten ablenken zu lassen. Auch könnten wieder Mädchen – wegen der Gefahr einer späteren Schwangerschaft und den damit verbundenen Einbußen in der Altersversorgung – als weniger wünschenswerter Nachwuchs eingestuft werden.

Für die Klärung, ob und unter welchen Bedingungen Familienarbeit bezahlt werden kann, muss zunächst einmal präzisiert werden, was im Kontext des vorliegenden Buches unter Familienarbeit zu verstehen ist.

Marianne Dierks definiert gemäß Diezinger et al.[163]:

Reproduktionsarbeit ist die Gesamtheit der Arbeitsleistungen, die in der Familie und im Privathaushalt aufgewendet werden, um die langfristige physische und psychische Reproduktion der Menschen zu gewährleisten.

Sodann listet sie 6 Unterbereiche auf[164]:

- Materielle Hausarbeit

- Generative Arbeit

  Dazu gehören Familienplanung, Schwangerschaft und Geburt.

- Erziehungsarbeit

- Unterstützungsarbeit

  Zum Beispiel Hausaufgabenhilfe für die Kinder, aber auch Unterstützung für die berufliche Tätigkeit des Ehepartners.

- Beziehungsarbeit

- Pflegearbeit

  Pflege für kranke oder alte Familienmitglieder.

Beschränkt man sich auf Tätigkeiten gegenüber Kindern, dann können die Punkte Erziehungsarbeit, Unterstützungsarbeit, Beziehungsarbeit und Pflegearbeit alle unter dem Oberbegriff Erziehungsarbeit zusammengefasst werden. Familienarbeit im Sinne des vorliegenden Buches setzt sich aus der auf diese Weise weitgefassten Erziehungsarbeit und Teilen der materiellen Hausarbeit (zum Beispiel Kochen, Vor- und Nachbereiten der Mahlzeiten, Haushaltsorganisation etc.) zusammen, beinhaltet

---

[163] Dierks, Marianne: Karriere! – Kinder, Küche? Zur Reproduktionsarbeit in Familien mit qualifizierten berufsorientierten Müttern, 2005, Seite 68

[164] ebenda, Seite 69 ff.

jedoch nicht die generative Arbeit. Diese wird bewusst ausgeschlossen, da eine Bezahlung solcher Tätigkeiten in unserer Gesellschaft aktuell an ethische Barrieren stoßen würde.

Nicht notwendigerweise dazu zählen auch Hausarbeiten, die sehr leicht an Dritte ausgelagert werden können (zum Beispiel Putzen, Bügeln, Nähen).

Familienarbeit ist unter den aktuellen gesellschaftlichen Rahmenbedingungen gegenüber normaler Erwerbsarbeit völlig entwertet und es sind auch kaum Tendenzen für eine Aufwertung bzw. einen Abbau von Diskriminierungen zu erkennen[165].

Insbesondere können die folgenden Diskriminierungsmechanismen ausgemacht werden[166]:

- völliges Fehlen einer monetären Gegenleistung

- langfristige finanzielle Benachteiligungen durch die Sozialversicherungsträger

- vielfältige Benachteiligungen auf dem Arbeitsmarkt beim Wiedereinstieg in die Erwerbsarbeit, bei Aufnahme einer Teilzeittätigkeit, aber auch bei den Möglichkeiten des beruflichen Aufstiegs und bei Beförderungen

- mangelnde gesellschaftliche Anerkennung, geringes soziales Prestige sowie Selbstentwertung

- Abdrängen ins gesellschaftspolitische Abseits und Einschließen in die Privatsphäre bzw. Unsichtbarmachung und Unsichtbarkeit der Arbeit („Arbeit im Verborgenen")

- Disqualifizierung als Nichtarbeit

- mangelnde Möglichkeiten einer Qualifizierung

Damit Familienarbeit Erwerbsarbeit (das heißt professionell wird) und somit bezahlt werden kann, muss sie zunächst einmal mit berufstypischen Merkmalen ausgestattet werden, und dazu gehören insbesondere[167]:

- Qualifizierung

- Vertragsmäßige Freiwilligkeit der Tätigkeit

Dies wird nicht von allen Autoren so gesehen. Beispielsweise führt Udo di Fabio aus[168]:

---

[165]   ebenda, Seite 60 f.

[166]   ebenda, Seite 54

[167]   Mersch, P.: Land ohne Kinder – Wege aus der demographischen Krise, 2006, Seite 105 ff.

[168]   Di Fabio, Udo: Die Kultur der Freiheit – Der Westen gerät in Gefahr, weil eine falsche Idee der Freiheit die Alltagsvernunft zerstört, 2005, Seite 150

Die Arbeit im Haus und für das Kind ist zwar nicht an den Einkommenskreislauf der Wirtschaft angeschlossen, aber eine entscheidende gesellschaftliche Grundlage für alle monetarisierten und formalisierten Wirtschaftsbeziehungen. Eine politische Reaktion auf diese Einsicht war die Forderung nach einem förmlichen Arbeitseinkommen für die Haus- und Kinderbetreuungsarbeit. Dies wurde ideologisch bekämpft, weil es vor allem für Frauen den Haushalt attraktiv zu machen drohte (...): Das neue Leitbild der modernen berufstätigen Frau sollte nicht durch gegenläufige Anreize gefährdet werden.

In der Tat wurde ein förmliches Hausfraueneinkommen ganz besonders von Feministinnen abgelehnt[169]:

Hausfrauenlohn würde Hausarbeit verstärkt als Frauenarbeit institutionalisieren, Frauen ans Haus binden und die Diskussion um die Teilung der Hausarbeit zwischen Frau und Mann ersticken.

Und weiter[170]:

Die Hausfrauenlohnforderung basiert auf einer Missachtung der emanzipatorischen Elemente in JEDER[171] Frauenberufstätigkeit.

Bezogen auf die demographische Situation können noch weitere gewichtige Gründe gegen ein Hausfraueneinkommen aufgeführt werden. Insbesondere muss auf den denkbaren überproportionalen Anstieg der Fertilitätsraten in sozial schwachen Schichten hingewiesen werden, und ein solcher wäre – wie der letzte Abschnitt gezeigt hat – unbedingt zu vermeiden.

Eine Bezahlung von Familienarbeit ist deshalb an deren Professionalisierung und Qualifizierung gebunden.

Allerdings wird der Anspruch einer Professionalisierung heute von vielen Eltern bereits indirekt wahrgenommen, die zunehmend den Eindruck gewinnen, Elternarbeit gleiche immer mehr einem Beruf[172]. Rosemarie Nave-Herz vermutet[173], dass die Auflösung traditioneller Sinnzusammenhänge im Rahmen des Individualisierungsprozesses die Unsicherheit und die Ambivalenz in der Elternrolle gesteigert, aber gleichzeitig auch den Leistungsdruck durch selbstgewählte Leistungsanforderungen erhöht hat.

---

[169] Schwarzer, Alice: Der kleine Unterschied und seine großen Folgen – Frauen über sich – Beginn einer Befreiung, 2002, Seite 278

[170] ebenda, Seite 279

[171] Die Anmerkung von Alice Schwarzer trifft natürlich auch auf den in diesem Buch vorgestellten Familienmanagerinnen-Beruf zu, da es sich dabei um eine echte Frauenberufstätigkeit handelt, welche folglich emanzipatorische Elemente besitzt.

[172] Burkhart, Günter: Kultur des Zweifels, ZEIT online, 08. Juni 2006, http://www.zeit.de/online/2006/25/demografie-burkart

[173] Nave-Herz, Rosemarie: Familie heute – Wandel der Familienstrukturen und Folgen für die Erziehung, 2. Auflage, 2002, Seite 66

Die Qualifikationsansprüche an die Elternschaft steigen also, dies wird von diesen auch bereits so empfunden, trotzdem entspricht die Familienarbeit formal einer ungelernten Tätigkeit.

Besonders komplex wird die Situation, wenn Familienarbeit zeitweise komplett an ausgebildete Tagesmütter ausgelagert wird. Dann gehen die Eltern arbeiten, um sich mit ihrem Verdienst professionelle Familienarbeit leisten zu können. Die Arbeit der Eltern besteht aber gegebenenfalls zum Teil ebenfalls aus professioneller Erziehungsarbeit. Auch hätten sie möglicherweise die gleichen Qualifikationen aufzuweisen, wie professionelle Tagesmütter.

Gesamtgesellschaftlich sind die hinter solchen Familienarbeitsauslagerungen stehenden Regelungen eindeutig suboptimal oder sogar fertilitätshemmend:

- Tagesmütter können umso mehr verdienen und Rentenansprüche erlangen, je weniger eigene Kinder sie haben. Dies kann einen Kinderwunsch bei ihnen reduzieren.

- Aus eigenen Kindern kann genauso wenig Profit geschlagen werden, wie aus fremden[174]. Es gibt folglich kaum ernsthafte Gründe dafür, warum professionelle Familienarbeit mit fremden Kindern bezahlt wird, mit eigenen aber nicht.

- Der aus ökonomischen Gründen forcierte „Frauentausch" ist für die betroffenen Kinder (aber auch für die Eltern) eher suboptimal. Ein Kind wird von seiner eigenen, gleich qualifizierten Mutter in der Regel mehr Aufmerksamkeit und Liebe erhalten als von einer Tagesmutter.

Zukünftiger Humankapitalbedarf

Gelegentlich wird der Einwand vorgebracht, es lohne sich nicht mehr Kinder in die Welt zu setzen, denn es wären ja schon jetzt sehr viele Menschen arbeitslos und für zusätzliche Kinder gäbe es in Zukunft keinen Bedarf mehr. Außerdem sei die Erde bereits überbevölkert.

Dieser Einwand ist jedoch alles andere als stichhaltig. Gerade in Wissensgesellschaften wird es stets einen enormen Bedarf an hochqualifizierten Fachkräften geben. Entscheidend ist deshalb die Qualifizierung eines möglichst großen Teils des Nachwuchses.

Hinzu kommt, dass die Menschheit vor enormen Herausforderungen wie

- zunehmende Umweltverschmutzung

---

[174] Schimany, Peter: Die Alterung der Gesellschaft – Ursachen und Folgen des demographischen Umbruchs, 2004, Seite 224

- Raubbau an der Natur

- Ressourcenverknappung

- globaler Klimawandel

- globale Überbevölkerung

- wachsende soziale Ungerechtigkeit

- kulturelle Spannungen

- internationaler Terrorismus

- globale Epidemien

steht, deren Bewältigung der Mitwirkung vieler kluger Köpfe bedarf. Statt eine Vorreiterrolle in der Planierung von Infrastrukturen bei schrumpfenden Bevölkerungszahlen einzunehmen, könnte sich eine zukünftige wissensbasierte Gesellschaft verstärkt solchen Problemen zuwenden.

Ferner werden in Deutschland – gemessen an der Gesamtbevölkerung – zurzeit nur etwa drei Viertel des Anteils von Forschern und Entwicklern beschäftigt, wie in den USA[175]. Auch die unternehmerische Reproduktion besitzt also offenkundig noch Optimierungspotenzial.

Schließlich bietet auch die Globalisierung und die ihr zugrunde liegende und alle nationalen Grenzen überspringende Vernetzung von Arbeits- und Forschungsprozessen gerade für hochqualifizierte Kräfte neue Optionen[176].

Bei vielen zukünftigen Problemstellungen ist eine frühzeitige Einbindung der nachwachsenden Generation denkbar. Einige Autoren kritisieren, in Deutschland würden Kinder zu spät eingeschult und anschließend zu lange ausgebildet[177]. Dies mag durchaus so sein. In jedem Fall können Jugendliche bereits während ihrer Ausbildungszeit frühzeitig an gesellschaftlich relevante Themen und Problemstellungen herangeführt werden, zumal sie aufgrund ihrer Unvoreingenommenheit üblicherweise weniger in fest eingefahrenen Bahnen denken.

Andere Autoren behaupten, fehlender Nachwuchs könne durch Zuwanderer ersetzt werden. Ulrich Beck verweist gar auf die internationale Zusammensetzung des

---

[175] Strange, Nicholas: Keine Angst vor Methusalem! Warum wir mit dem Altern unserer Bevölkerung gut leben können, 2006, Seite 59

[176] Kernig, Claus D.: Und mehret euch? Deutschland und die Weltbevölkerung im 21. Jahrhundert, 2006, Seite 188 ff.

[177] Strange, Nicholas: Keine Angst vor Methusalem! Warum wir mit dem Altern unserer Bevölkerung gut leben können, 2006, Seite 67 ff.

Fußballvereins Bayern München, die maßgeblich zu dessen Erfolg beitrage. Dieses Erfolgsprinzip lasse sich auch auf Nationalstaaten übertragen[178]:

Migration ist nicht das Problem, sondern eine Chance, um das in sich eingekapselte und immer älter werdende Deutschland aus seiner Misere zu befreien.

Auf den Fußballvergleich wurde bereits eingehend in *Land ohne Kinder* eingegangen[179]. Unter anderem können die folgenden Einwände gegen das Konzept vorgebracht werden:

- Zuwanderer steuern durchschnittlich pro Kopf weniger zum Humanvermögen bei, als im Land aufgezogene Menschen. Beim Fußball ist es aber eher genau umgekehrt: die fähigsten Spieler kommen aus vergleichsweise ärmlichen Gegenden in Lateinamerika.

- Zuwanderer sollten auf Dauer die deutsche Sprache beherrschen und die deutsche bzw. europäische Kultur und Gesetzgebung kennen. Dieser Integrationsprozess ist häufig beiderseitig so aufwendig, dass er unterbleibt. Beim Profifußball sind die Integrationsaufwendungen dagegen vergleichsweise vernachlässigbar.

- Zuwanderer wurden in ihrem Heimatland aufgezogen und haben in der Regel dort auch eine Ausbildung genossen. Diese Vorleistungen werden vom Einwanderungsland ohne weitere Erstattungen abgeschöpft. Man könnte diese Praxis als eine moderne Form des Kolonialismus bezeichnen. Im Profifußball erfolgt dagegen in der Regel ein Wechsel nur nach Zahlung einer beträchtlichen Ablösesumme.

- Qualifizierte Zuwanderer können die wirtschaftliche Entwicklung ihres Heimatlandes hemmen. Nach Europa wechselnde lateinamerikanische Fußballspieler werden dagegen die eigene Nationalmannschaft eher stärken.

- Auch Deutsche haben ein Recht auf Migration. Sinnvollerweise wird deshalb ein ausgeglichenes Verhältnis zwischen Zu- und Abwanderungen angestrebt. Auch einige der besten deutschen Fußballspieler verdienen ihr Geld im Ausland.

- Eine Kernkompetenz von Fußballvereinen ist die Suche nach „passenden" neuen Spielern (die „Spieler-Reproduktion")[180]:

  Beckenbauer muss – sagen wir es ruhig: wie eine „Heuschrecke" – die ganze Welt bereisen, „abgrasen", um Bayern-München zu Bayern-München zu machen.

---

[178]   Beck, Ulrich: Was zur Wahl steht, 2. Auflage, 2005, Seite 113
[179]   Mersch, P.: Land ohne Kinder – Wege aus der demographischen Krise, 2006, Seite 176 ff.
[180]   Beck, Ulrich: Was zur Wahl steht, 2. Auflage, 2005, Seite 109

Eine wesentliche Kernkompetenz im Profifußball steckt also – ganz ähnlich wie in High-Tech-Unternehmen auch – in der Reproduktion. Ein Ersatz der gesellschaftlichen Reproduktion durch Zuwanderung hat damit aber auch rein gar nichts zu tun. Lediglich die Hautfarben werden mit der Zeit in beiden Fällen immer bunter. Nur erhebliche Investitionen in die gesellschaftliche Reproduktion sind langfristig dazu in der Lage, *„Deutschland zu Deutschland zu machen"*.

- Fußballvereine wie Bayern-München haben lokale Wurzeln, folglich wechselt der Spieler zum Verein. Im Rahmen der Globalisierung wandern aber zunehmend die Arbeitsplätze zu den Arbeitnehmern und nicht umgekehrt[181]. Die Arbeitsergebnisse werden dann anschließend per Internet oder in großen Containerschiffen zu den Abnehmern transportiert.

---

[181]　ebenda, Seite 51

4 Kosten/Nutzen von Kindern

Der Nutzen von Kindern

Gemäß Thomas Klein lassen sich drei verschiedene Nutzenarten für Kinder unterscheiden[182]:

- Konsumnutzen

- Einkommensnutzen

- Sicherheitsnutzen

Diese Darstellung folgt der ökonomischen Theorie der Fertilität von Harvey Leibenstein und Gary S. Becker[183].

Rosemarie Nave-Herz unterscheidet dagegen die Nutzenarten[184]:

- materieller Nutzen

- psychologischer Nutzen

- sozial-normativer Nutzen

Dieser value-of-children-Ansatz entspringt im Gegensatz zur ökonomischen Theorie eher sozialpsychologischen Forschungsarbeiten[185].

Unter sozial-normativem Nutzen ist dabei das Erhoffen eines Statusgewinnes durch das Kinderhaben oder bei Männern der Wunsch nach Vererbung des Familiennamens gemeint.

Rosemarie Nave-Herz führt weiter aus[186]:

Je niedriger nun der technische Industrialisierungsgrad eines Landes ist, umso eher werden materielle und sozial-normative Werte mit Kindern verknüpft. (...) Umgekehrt gilt ebenso: Je höher der technische Industrialisierungsgrad eines Landes ist, desto stärker

---

[182] Klein, Thomas: Sozialstrukturanalyse – Eine Einführung, 2005, Seite 81

[183] Hill, Paul B. und Kopp, Johannes: Familiensoziologie – Grundlagen und theoretische Perspektiven, 3. überarb. Auflage, 2004, Seite 198 ff.

[184] Nave-Herz, Rosemarie: Familie heute – Wandel der Familienstrukturen und Folgen für die Erziehung, 2. Auflage, 2002, Seite 32

[185] Hill, Paul B. und Kopp, Johannes: Familiensoziologie – Grundlagen und theoretische Perspektiven, 3. überarb. Auflage, 2004, Seite 206 ff.

[186] Nave-Herz, Rosemarie: Familie heute – Wandel der Familienstrukturen und Folgen für die Erziehung, 2. Auflage, 2002, Seite 32

werden mit Kindern allein immaterielle Werte verbunden, wie die Befriedigung emotionaler Bedürfnisse, zum Beispiel die von Kleinkindern ausgehende expressive Stimulation; die Freude, sie aufwachsen zu sehen; das Zärtlichsein mit ihnen wird geschätzt u.a.m., und dazu reichen weniger Kinder aus.

Folgt man dieser Beschreibung, dann gehören psychologische und sozial-normative Nutzenarten in der Aufteilung von Thomas Klein zum Konsumnutzen, während sich umgekehrt materielle Nutzen in Einkommens- und Sicherheitsnutzen gliedern.

Gemäß Rosemarie Nave-Herz ist in Gesellschaften unseres Typs beim Konsumnutzen von Kindern im Wesentlichen nur noch der psychologische Nutzen von Relevanz, während Einkommens- und Sicherheitsnutzen in der Regel keine Bedeutung mehr spielen. Die folgenden Ausführungen, die sich an das ökonomische Modell anlehnen, werden das bestätigen.

Konsumnutzen

Als Konsumnutzen von Kindern wird in erster Linie die Erfüllung emotional-expressiver Elternschaftsmotive verstanden: Man hat Kinder, weil man ihnen Liebe geben kann, durch sie Liebe erfährt und sich durch sie in die Zukunft fortpflanzen kann[187]:

Die Werte von Kindern (...) sind keine utilitaristischen Gebrauchswerte, sondern überwiegend soziale Werte.

Dabei trägt das Abhängigkeitsverhältnis zwischen den Betroffenen zur Stabilität und Intensität der Beziehung bei: Weder können Eltern ein Kind verlassen, da sie Verantwortung tragen, noch können Kinder dies umgekehrt tun, da sie von ihren Eltern abhängig sind.

Gleichzeitig wird durch diese asymmetrische Machtstruktur ein altruistisches Verhalten eingeübt[188]: Geben ohne Nehmen, etwas, was sich bei entsprechender Erziehung auch unmittelbar auf die Beziehung zwischen den Geschwistern übertragen wird.

Allerdings ist der Konsumnutzen von Kindern nicht stark genug, um große Familien zu begründen[189]. Ist kein weiterer Nutzen von Kindern vorhanden und werden

---

[187]   Mayer, Tilman: Die demographische Krise – Eine integrative Theorie der Bevölkerungsentwicklung, 1999, Seite 228

[188]   Schirrmacher, Frank: Minimum – Vom Vergehen und Neuentstehen unserer Gemeinschaft, 2006, Seite 57

[189]   Einige Autoren behaupten gar, Kinder würden in einer Ehe eher zu einer Verminderung des Glücks führen, siehe: Gilbert, Daniel: Ins Glück stolpern – Über die Unvorhersehbarkeit dessen, was wir uns am meisten wünschen, 2006

gleichzeitig die Kosten von Kindern als spürbar empfunden, dann wird der Konsumnutzen auf sich allein gestellt zu eher kleinen Familien führen.

Peter Schimany erläutert dies wie folgt[190]:

Emotional-expressive Elternschaftsmotive, die den Kinderwunsch stimulieren, sind gleichzeitig aber jene Werte, die eine Beschränkung auf wenige Kinder erlauben: Persönliche Glückserfüllungen einer Mutterschaft und/oder Familiengründung lassen sich auch mit einem oder zwei Kindern befriedigen. Befragungsergebnisse in den Mitgliedstaaten der Europäischen Union zeigen, dass Familien nach „ausgewogenem Glück" streben. Als ideal wird demzufolge eine Kinderzahl angesehen, die mit der Realisierung anderer Güter und Interessen beider Lebenspartner vereinbar ist. Nahezu alle von den Befragten anvisierten Ziele scheinen – wenn überhaupt – noch mit zwei, nicht aber mit drei Kindern erreichbar zu sein. Die Geburt eines dritten Kindes würde für Frauen vielfach den Verzicht auf ihre Erwerbstätigkeit bedeuten und die finanzielle Belastung der Familie übermäßig erhöhen.

Und Tilman Mayer ergänzt[191]:

Die Nachwuchsbeschränkung konzentriert den Ausbildungsaufwand, lässt Flexibilität zu bei der Wohnungsversorgung und Arbeitsplatzwahl, ermöglicht berufliche Aktivitäten der Mutter, reduziert den Lebensstandard nicht so gravierend und dauerhaft wie bei Familien mit mehr als zwei Kindern.

In den meisten modernen Gesellschaften haben Kinder in erster Linie einen Konsumnutzen, Ausnahmen bestehen vor allem in sozial schwachen Schichten. Einige Autoren sehen dies als Vorteil an, weil damit sichergestellt sei, dass Kinder in der Regel „aus Liebe" geboren werden. Auf der anderen Seite bewirkt der ausschließliche Konsumnutzen von Kindern eine Nachwuchsbeschränkung selbst bei den Eltern, die sich „aus Liebe" noch weitere Kinder wünschen würden. Das Potenzial „Kinderliebe" wird also in unserer Gesellschaft nicht ausgeschöpft, selbst dort nicht, wo es im Überfluss vorhanden wäre. Dies führt gesamtgesellschaftlich zwangsläufig zu eher niedrigen Fertilitätsraten.

Einkommensnutzen

Einen direkten Einkommensnutzen aus Kindern kann man in unserer Gesellschaft im Wesentlichen nur in den folgenden Konstellationen ziehen:

- Professionelle Arbeit mit Kindern anderer Eltern (Tagesmutter, Erzieher/in, Kindergärtner/in, Lehrer/in)

---

[190] Schimany, Peter: Die Alterung der Gesellschaft – Ursachen und Folgen des demographischen Umbruchs, 2004, Seite 224

[191] Mayer, Tilman: Die demographische Krise – Eine integrative Theorie der Bevölkerungsentwicklung, 1999, Seite 230

- Die Familie lebt ganz oder teilweise von der Sozialhilfe.

Die professionelle Arbeit mit Kindern anderer Eltern wird aber wirtschaftlich umso lohnender sein, je weniger eigene Kinder die Anbieterin der Dienstleistung selbst hat. Eine Tagesmutter, die zum Beispiel zwei eigene kleine Kinder hat und noch fünf weitere Kinder anderer Eltern betreut, könnte mehr Geld bei den gleichen Kosten verdienen, wenn sie stattdessen keine eigenen Kinder hätte und sieben fremde Kinder betreuen würde.

Professionelle Arbeit mit Kindern kann zwar sehr wichtig sein, um anderen Eltern bei der besseren Vereinbarkeit von Familie und Beruf und gegebenenfalls sogar Freizeit zu helfen, ist aber bei den anbietenden Personen eher geburtenhemmend. Die positive Wirkung von besseren Betreuungsangeboten auf die Gesamtfertilität einer Gesellschaft ist dagegen nicht erwiesen. Studien legen eher nahe, dass es einen solchen Zusammenhang nicht gibt[192].

Ein direkter Einkommensnutzen, der sich gleichzeitig positiv auf die Fertilität auswirkt, besteht dagegen bei Sozialhilfeempfängern. In diesem Fall erhöht jedes Kind, insbesondere bei wirtschaftlicher Haushaltsführung, das Einkommen der Familie. Die wirtschaftliche Haushaltsführung steht aber nicht selten gleichzeitig für ein geringes Bildungsangebot und eine nährstoffarme Ernährung der Kinder. Kinder solcher Familien werden mit deutlich höherer Wahrscheinlichkeit die Schule mit keinem oder einem minderen Abschluss beenden und frühzeitig an einer chronischen Erkrankung wie Diabetes oder Fettsucht leiden. Auch liegen möglicherweise ungünstigere genetische Voraussetzungen bezüglich der Intelligenzentwicklung vor.

Mit anderen Worten: Zusätzliche Kinder können die Einkommenssituation von Sozialhilfeempfängern verbessern und folglich lohnend sein. Dies kann dann zu einer Erhöhung der Gesamtfertilität der Gesellschaft führen, speziell dann, wenn immer mehr Kinder unter Sozialhilfebedingungen aufwachsen, ein Trend, der in Deutschland ohnehin schon seit längerem erkennbar ist.

Allerdings wird das Humanvermögen auf diese Weise nicht ansteigen, sondern eher sogar noch sinken. Dies dürfte für Wissensgesellschaften kaum akzeptabel sein.

Sicherheitsnutzen

Für den Sicherheitsnutzen aus Kindern gelten im Prinzip die gleichen Überlegungen wie beim Einkommensnutzen:

Einen direkten Sicherheitsnutzen aus Kindern kann man in unserer Gesellschaft im Wesentlichen nur in den folgenden Konstellationen ziehen:

---

[192] CESifo: Auswirkungen familienpolitischer Instrumente auf Fertilität: Internationaler Vergleich für ausgewählte Länder, http://www.cesifo-group.de/link/_proj/proj-sam-fam-pol-instru.htm

- Professionelle Arbeit mit Kindern anderer Eltern (Tagesmutter, Erzieher/in, Kindergärtner/in, Lehrer/in)

- Die Familie lebt ganz oder teilweise von der Sozialhilfe.

Eine professionelle Arbeit mit Kindern anderer Eltern wird umso höhere Rentenansprüche erwirtschaften, je weniger eigene Kinder die Anbieterin der Dienstleistung selbst hat. Der aus der Arbeit mit fremden Kindern erzielbare Sicherheitsnutzen ist folglich bei der anbietenden Person eher geburtenhemmend.

Ein direkter Sicherheitsnutzen, der sich gleichzeitig positiv auf die Fertilität auswirkt, besteht dagegen bei Sozialhilfeempfängern. Denn jedes zusätzliche Kind könnte später einmal beruflich erfolgreich sein und dann über die familiären Bande die Altersversorgung der Eltern verbessern.

Was sich für Familienmanagerinnen ändert

Eine Familienmanagerin ist eine professionelle Erzieherin, die für das Aufziehen eigener Kinder bezahlt wird, und zwar entsprechend der Zahl ihrer Kinder. Für eine Familienmanagerin besteht ein Beschäftigungsverhältnis. Daneben kann sie für fremde Kinder Tagesmutterdienste anbieten. Im Wesentlichen entspricht sie also etwa einer Tagesmutter nach dänischem Modell[193], nur dass sie in erster Linie für die Betreuung eigener Kinder (die auch adoptiert sein können) bezahlt wird.

Aus dieser Funktion ergibt sich für jedes weitere eigene und fremde Kind unmittelbar:

- Erhöhung des Konsumnutzens.

- Erhöhung des Einkommensnutzens (mehr Kinder = mehr Einkommen).

- Erhöhung des Sicherheitsnutzens (mehr Kinder = höhere Rentenansprüche).

Geburtenhemmende Faktoren wie höhere Opportunitätskosten und sonstige Kosten oder biographische Einschränkungen (siehe dazu den Abschnitt *Biographische Fertilitätstheorie* auf Seite 119) sind dagegen praktisch bedeutungslos.

Untersuchungen zeigen[194], dass im Zuge der sicheren Planbarkeit von Kindern (bis hin zu erlaubten Korrekturmaßnahmen bei Planungsfehlern) Kinder heute nicht mehr als Schicksal erfahren werden, sondern in der Regel erst dann in die Welt gesetzt werden, wenn sowohl die erforderlichen ökonomischen, psychischen als auch zeitlichen Ressourcen zur Verfügung stehen, oder anders ausgedrückt, man sich

---

[193]   Otto, Jeannette: Aufgepasst! – Warum auch Erzieherinnen eine akademische Ausbildung brauchen. DIE ZEIT, 47, Nr. 28, 06. Juli 2006, Seite 71, http://www.zeit.de/2006/28/C-Erzieherinnen

[194]   Nave-Herz, Rosemarie: Familie heute – Wandel der Familienstrukturen und Folgen für die Erziehung, 2. Auflage, 2002, Seite 20 f.

Kinder auch wirklich leisten kann. Dies wird in der Soziologie mit dem Begriff der „verantworteten Elternschaft" umschrieben[195].

Für Familienmanagerinnen bestehen nicht nur die geburtenhemmenden ungünstigen Kosten/Nutzen-Relationen von Kindern nicht, für sie dürfte es auch kaum Einschränkungen bei der „verantworteten Elternschaft" geben.

Für Familienmanagerinnen können deshalb hohe Geburtenraten prognostiziert werden. Über die Anzahl der ausgeschriebenen Stellen und gegebenenfalls über vereinbarte Leistungsobergrenzen oder pro Kind variierende Leistungszahlungen ist darüber hinaus die Gesamtfertität der Familienmanagerinnen sogar indirekt steuerbar.

Opportunitätskosten

Unter Opportunitätskosten[196] versteht man in den Wirtschaftswissenschaften Kosten, die durch die Nichtwahrnehmung von Möglichkeiten (Opportunitäten) zur Nutzung von Ressourcen entstehen. Opportunitätskosten sind der Nutzenentgang, der bei mehreren Alternativen durch die Entscheidung für eine und gegen die anderen Möglichkeiten entsteht.

Opportunitätskosten können in der Praxis zu scheinbar grotesken Entscheidungen führen. Nehmen wir einmal an, Sie sind ein/e Rechtsexperte/in und beraten verschiedene Unternehmen. Pro Stunde Beratung fakturieren Sie 250 Euro. Da Sie auf Ihrem Spezialgebiet eine gesuchte Fachkraft sind, können Sie sich vor Aufträgen nicht retten. Normalerweise arbeiten Sie pro Woche 80 Stunden, die sie alle gegenüber ihren Auftraggebern abrechnen können.

Bei einer durchschnittlichen Arbeitsleistung von 320 Stunden pro Monat könnten Sie also 80.000 Euro pro Monat fakturieren. Nehmen wir einmal an, dass Ihnen nach Abzug Ihrer Kosten und der Steuern 40.000 Euro Nettoverdienst pro Monat verbleiben.

Nun wollen Sie einmal mit ihrem/r Lebensgefährten/in entspannen und Urlaub machen. Sie haben zwei Angebote zur Auswahl:

- Eine einwöchige Luxuskreuzfahrt zum Preis von 20.000 EUR für zwei Personen.

- Ein zweiwöchiger Aufenthalt in einem Luxusressort auf den Seychellen zum Preis von 12.000 EUR für zwei Personen.

---

[195]　Kaufmann, Franz-Xaver: Zukunft der Familie – Stabilität, Stabilitätsrisiken und Wandel der familialen Lebensformen sowie ihre gesellschaftlichen und politischen Bedingungen, 1990, Seite 39

[196]　Wikipedia: Opportunitätskosten, http://de.wikipedia.org/wiki/Opportunit%C3%A4tskosten

Welches Angebot ist günstiger?

Wenn Geld eine Rolle spielt, dann offenkundig der Urlaub auf den Seychellen. Doch bei Ihnen gibt es etwas anderes, was viel wichtiger ist: Zeit.

Wenn Sie eine Woche Kreuzfahrt wählen, dann können Sie im Urlaubsmonat nur 240 Stunden abrechnen. Statt 40.000 Euro werden Sie deshalb nur 30.000 Euro verdienen, abzüglich der Kosten für die Kreuzfahrt verbleiben Ihnen also 10.000 EUR Nettoeinnahmen.

Wenn Sie sich für die Seychellen entscheiden, dann arbeiten Sie im Urlaubsmonat nur noch 160 Stunden und verdienen folglich nur 20.000 Euro. Abzüglich der Kosten für den Urlaub verbleiben Ihnen also 8.000 Euro Nettoeinnahmen.

Unter Berücksichtigung der Opportunitätskosten, nämlich den Ihnen während des Urlaubs entgangenen Einnahmen, ist die eigentlich viel teurere und auch kürzere Kreuzfahrt letztendlich preiswerter als der zweiwöchige Urlaub auf den Seychellen[197].

Das führt zu der grotesken Situation, dass Urlaub mit zunehmendem Verdienst immer teurer wird, bis man ihn sich schließlich kaum noch leisten kann[198]:

Je wichtiger die Arbeit, desto weniger kann sie Teilzeitarbeit sein. Deshalb kann man gerade bei den Erfolgreichen keinerlei Neigung zu langem Urlaub, Arbeitszeitverkürzung oder Familienauszeit erkennen. Peter M. Senge hat in diesem Zusammenhang auf einen sich selbst verstärkenden Rückkopplungs-Kreislauf hingewiesen: Je mehr Zeit man in die Arbeit investiert, um so größer ist der Erfolg; je größer der Erfolg, um so mehr Möglichkeiten eröffnen sich, die wiederum den Wunsch wecken, mehr Zeit für die Arbeit zu haben.

Wir halten also fest: Je größer der berufliche Erfolg, desto gewichtiger werden die Opportunitätskosten durch ausgefallene Arbeitszeiten sein und desto schwerer wird eine zeitintensive Familienarbeit wiegen.

Opportunitätskosten und Pflichten

Ein Mensch hat nicht nur Rechte und Freiheiten, sondern auch Pflichten. Verschärfend könnte man sogar sagen[199]:

Rechte ergeben sich nur in Wechselwirkung mit der Anerkennung von Pflichten.

---

[197] Allerdings müssen dagegen auch die Kosten der Enttäuschung Ihres/r Lebensgefährten/in über den erneut viel zu kurzen Urlaub aufgerechnet werden.

[198] Bolz, Norbert: Die Helden der Familie, 2006, Seite 64 f.

[199] Radermacher, Franz J.: Balance oder Zerstörung – Ökosoziale Marktwirtschaft als Schlüssel zu einer weltweiten nachhaltigen Entwicklung, 2002, Seite 49

Welche Pflichten dies sind, wird in allen Gesellschaften stets neu definiert. Pflichten haben letztendlich etwas mit gewünschtem kollektiven Verhalten zu tun: Jeder Mensch hat das Recht auf individuelle Freiheiten. Daneben gibt es gewünschte kollektive Verhaltensregeln, welche nicht im Einklang mit den Wünschen des Einzelnen stehen müssen.

Für einen eigenen Nachwuchs zu sorgen gehört in unserer Gesellschaft nicht zu den allgemeinen Pflichten; tatsächlich ist die Leistung freiwillig. Es wird im Folgenden gezeigt, dass allein schon hierdurch manches Missverständnis entsteht.

Susanne Gaschke führt in diesem Zusammenhang aus[200]:

Kinderentscheidungen sind und bleiben Privatsache!

Sodann zieht sie Parallelen zwischen Kinderlosen und Umweltsündern und kommt zu dem Schluss[201]:

Subjektiv verhält sich ein Kinderloser natürlich immer noch deutlich anders als ein Umweltsünder: Er tut ja nichts.

Ein Umweltsünder ist demnach jemand, der eine Pflichtverletzung begeht, weil er beispielsweise eine leere Flasche nicht ordnungsgemäß entsorgt. Dazu muss er allerdings zunächst einmal etwas tun, nämlich die Flasche erwerben und leeren. Ein Kinderloser tut dagegen buchstäblich nichts.

Allerdings erwirbt er durch Einzahlungen in die Rentenversicherung „Rechte", nämlich einen späteren Rentenanspruch. Dieser muss gemäß dem deutschen Rentenumlagesystem von der nachfolgenden Generation, zu der er selbst nichts beiträgt, gemäß „Generationenvertrag" erwirtschaftet werden[202]:

Einerseits beeinflusst die Entfaltung des Wohlfahrtsstaats die sozialen Bedingungen der Bevölkerungsentwicklung in vielfältiger Weise; andererseits entsteht durch die Schaffung der wohlfahrtsstaatlichen Institutionen eine spezifische Form der Abhängigkeit einer Gesellschaft von ihrer demographischen Entwicklung.

Eingangs dieses Abschnitts wurde auf die Wechselwirkung von Rechten mit der Anerkennung von Pflichten hingewiesen. Konrad Adenauer hatte mit seinem Spruch „Kinder kriegen die Leute immer!" noch geglaubt, auf die explizite Formulierung einer kollektiven Pflicht zur Nachwuchsarbeit verzichten zu können, da Menschen gemäß seinen Vorstellungen ganz von alleine und aus Eigeninteresse solche Pflichten erfüllen würden. Wie wir heute wissen: dies war ein Irrtum.

---

[200] Gaschke, S.: Die Emanzipationsfalle – Erfolgreich, einsam, kinderlos, 2005, Seite 151

[201] ebenda, Seite 154

[202] Kaufmann, Franz-Xaver: Sozialpolitik und Sozialstaat: Soziologische Analysen, 2. erw. Auflage, 2005, Seite 146

Es spricht deshalb sehr vieles dafür, die Nachwuchsarbeit insgesamt als eine kollektive Pflicht zu verstehen, von der man sich jedoch individuell – zum Beispiel durch Ausgleichszahlungen – befreien kann. Im Prinzip würde es sich dabei um eine Übertragung von Pflichten an Dritte gegen Bezahlung handeln, etwas, was in unserer Gesellschaft Gang und Gäbe ist.

Im Abschnitt *Individualisierungsthese* auf Seite 25 wurden die zunehmenden Individualisierungsprozesse auf Seiten der Frauen als eine wesentliche Ursache für die rückläufigen Fertilitätsraten in entwickelten Gesellschaften herausgearbeitet. Gleichzeitig wurde angemerkt, die zunehmende Individualisierung habe auf Seiten der Männer schon einige hundert Jahre vorher eingesetzt. Es fragt sich unmittelbar, ob dabei vielleicht Erfahrungen im Umgang mit „männlichen" kollektiven Pflichten gesammelt werden konnten, die im Rahmen des demographischen Wandels moderner Gesellschaften nun nutzbar sind.

Dies ist in der Tat der Fall, und zwar sogar bezüglich einer Aufgabe, die ethisch kein bisschen weniger komplex sein dürfte.

Betrachten wir dazu einmal das folgende Beispiel:

Die kleine friedliche Stadt „Gun City" wird seit einiger Zeit von einer üblen Bande terrorisiert, den Dalton Brothers. Doch die Bürger reagieren nicht, denn sie haben zuviel Angst, sich mit den um sich schießenden Banditen anzulegen. Außerdem haben sie anderes zu tun, speziell die Männer wollen nicht länger die ihnen aus historischen Gründen gesellschaftlich zugeordnete Aufgabe des Schutzes wahrnehmen, sondern lieber eine Bank oder eine Zeitung führen, ein Geschäft oder einen Saloon betreiben oder Politiker, Arzt, Apotheker oder Pfarrer werden. Sie sind der Individualisierung verfallen.

Natürlich hat dies bald gravierende wirtschaftliche Auswirkungen, denn immer mehr Geschäftsleute verlassen die Stadt und neue lassen sich nicht nieder, da ihnen die Stadt nicht sicher genug ist.

Doch der Bürgermeister sieht weiterhin keinen unmittelbaren Handlungsbedarf und rät dazu, das Problem auszusitzen: *„Das wird sich alles von selbst regeln. Denn: Prügeln und Kämpfen tun die Männer immer!"* Und der Pfarrer ergänzt: *„Niemand kann in unserer Gesellschaft zur Gewaltanwendung gezwungen werden. Gewaltanwendung ist und bleibt Privatsache!"*

Schließlich bekommen die Männer aber Ärger mit ihren Frauen: *„Es ist unsere Aufgabe, Kinder in die Welt zu setzen und großzuziehen, dafür ist es eure Pflicht, für unsere Sicherheit zu sorgen. Das tut ihr aber nicht. Ihr seid keine wirklichen Männer mehr, ihr Waschlappen benehmt euch wie Memmen!"*

Spätestens jetzt ist die Lage ernst und unmittelbares Handeln angesagt.

Zunächst wird die Vereinbarkeit von Beruf und Schutzleistung verbessert: Jeder männliche Bürger erhält kostenfrei eine Pistole und etwas Munition. Doch ohne ausreichendes Training sind die Bürger den professionell und meist in Überzahl auftretenden Daltons hoffnungslos unterlegen.

Hinzugezogene Experten raten nun, den Menschen mehr Anreize zu geben, sich um die Sicherheit zu bemühen. Also wird jedem Bürger ein Dollar gezahlt, wenn er an mindestens drei Tagen in der Woche in seiner Straße auf Streife geht. Dies führt nach kurzer Zeit dazu, dass in den Straßen der Armen – wo für die Daltons ohnehin nichts zu holen wäre – permanent auf Streife gehende Menschen vagabundieren, während die reichen Geschäftsstraßen weiterhin ungeschützt sind. Analysen zeigen: Die Opportunitätskosten sind Schuld daran. Wer mit seinem Geschäft pro Tag 1.000 Dollar einnimmt, der kann es sich nicht leisten, drei Tage in der Woche für insgesamt einen Dollar auf Streife zu gehen. Und die, die es trotzdem tun, müssen bald erkennen, dass andere Geschäftsleute die Fehlzeiten des Konkurrenten zur eigenen Umsatzsteigerung nutzen.

Susanne Gaschke dazu[203]:

> *Der amerikanische Volkswirt Mancur Olson hat sich in seinem 1965 erschienenen Buch „Die Logik des kollektiven Handelns" mit den Schwierigkeiten von großen Gruppen auseinander gesetzt, ihre Interessen zu formulieren und durchzusetzen: Immer würden ihre Bemühungen von Trittbrettfahrern ausgenutzt, die selbst nicht bereit seien, sich zu engagieren, aber durchaus darauf setzten, von den Früchten anderer Leute Anstrengung – zum Beispiel bei Tarifverhandlungen zu profitieren.*

In der Folge wird die Bezahlung für das auf Streife-Gehen erhöht. Doch egal wie hoch auch immer die Vergütung schließlich gewählt wird, für die Geschäftsleute ist sie nicht hoch genug.

Opportunitätskosten und finanzielle Anreize

Was läuft in Gun City schief?

Wir haben es in dem beschriebenen Fall mit einer typischen Situation zu tun, wo Opportunitätskosten zu scheinbar grotesken Entwicklungen führen:

- Beruflich engagierte und erfolgreiche Menschen werden das auf Streife-Gehen als berufliche Ausfallzeit werten. Die berufliche Ausfallzeit kann dabei einerseits als direkter Verdienstausfall oder als unangenehme berufliche Unterbrechung empfunden werden. Beispielsweise könnte ein Forscher, der kurz vor einem wissenschaftlichen Durchbruch steht, die Opportunitätskosten für andere Tätig-

---

[203] Gaschke, S.: Die Emanzipationsfalle – Erfolgreich, einsam, kinderlos, 2005, Seite 154

keiten extrem hoch ansetzen, da er befürchtet, andere Wissenschaftler könnten ihm bei der Entdeckung sonst noch zuvorkommen.

- Menschen aus sozial schwachen Schichten, die gegebenenfalls sogar arbeitslos sind, werden die Opportunitätskosten in der Regel sehr niedrig ansetzen.

Über finanzielle Anreize wird man folglich nur diejenigen Menschen erreichen, die die Opportunitätskosten für die gewünschte Tätigkeit niedriger als den in Aussicht gestellten Gewinn setzen. Im Prinzip kann man staatliche Anreize auf beliebige Höhen bringen, es werden sich immer eine ganze Reihe Menschen finden, für die das noch nicht reicht.

Dies hat gleich zwei gravierende Nachteile, auf die später noch zurückzukommen sein wird:

- Um einen sehr hohen Anteil aller Bürger einer Gesellschaft zu erreichen, müssen entweder Maßnahmen ergriffen werden, die die Opportunitätskosten für viele Menschen deutlich erniedrigen oder alternativ sehr hohe finanzielle Anreize geboten werden. Beides kann aus ökonomischer Sicht sehr ineffizient sein und wird in der Regel zu hohen Ausgaben führen.

- Es entsteht keine wirkliche Planbarkeit von kollektivem Verhalten[204]. Möchte man den Menschen selbst möglichst viele individuelle Freiheiten zugestehen, trotzdem aber sicherstellen, dass sich ein bestimmtes Kollektivverhalten einstellt, dann ist das mit indirekten Maßnahmen kaum zu erreichen. In unserem Gun-City-Exempel ist zum Beispiel denkbar, dass sich in einem Jahr sehr viele Menschen an der gesellschaftlichen Schutzaufgabe beteiligen, in einem anderen Jahr (zum Beispiel weil sich schon lange kein Dalton mehr hat blicken lassen oder weil sehr viel Arbeit auf den Feldern angefallen ist) dagegen sehr wenige. Staatliche Anreize garantieren weder, dass eine gesellschaftliche Aufgabe gemacht wird noch in welchem Ausmaß.

Im Prinzip drängen hohe Opportunitätskosten eine Vorgehensweise auf, die in der Geschäftswelt als „Outsourcing" bekannt ist: Je höher die Opportunitätskosten sind, desto eher wird man daran interessiert sein, die Aufgabe an andere Personen auszulagern und für den Service zu zahlen. An die Stelle von Individualverpflichtungen tritt dann der Markt.

In unserem Beispiel durch zwei nahe liegende Methoden:

- 1.000 Dollar Belohnung für die Ergreifung der Daltons: Tot oder lebendig.

- Beschäftigung eines Sheriffs mit mehreren Deputies, eventuell eines Henkers.

---

[204] Und eine solche Planbarkeit ist – wie später gezeigt wird – in der Nachwuchsfrage aus Gründen der Generationengerechtigkeit erforderlich.

Im Abschnitt *Individualisierungsthese* auf Seite 25 wurde auf die Parallelität von wohlfahrtsstaatlicher Entwicklung und Individualisierung hingewiesen. Auch im beschriebenen Fall zeigt sich: Die stärkere Konzentration des männlichen Teils der Bevölkerung auf spezifische Aufgaben und die sich hierdurch entwickelnde Pluralisierung der männlichen Lebensformen bewirkt gleichzeitig eine Vernachlässigung von typisch männlichen Kollektivaufgaben. An die Stelle des Individuums tritt dann der Wohlfahrtsstaat.

Die Opportunitätskosten eigener Kinder

Doch zurück zum eigentlichen Thema: dem Aufziehen eigener Kinder.

Susanne Gaschke führt dazu und in Bezug auf die Logik des kollektiven Handelns aus[205]:

Die Frage der Fortpflanzung stellt einen interessanten Sonderfall zu Olsons Problemaufriss dar: Objektiv sind die absichtsvoll Kinderlosen natürlich Trittbrettfahrer einer Gesellschaft, deren Mehrheit immer noch versucht, den Bestand zu sichern und Kinder in die Welt setzt, die später auch für den Wohlstand und die Renten der Kinderlosen aufkommen müssen. Wer denkt, er zahle doch Beiträge in die Rentenversicherung ein und habe damit für sein eigenes Alter vorgesorgt, irrt. Der Generationenvertrag hat zwei Paragrafen: Der erste verpflichtet erwerbsfähige Menschen dazu, über ihre Beiträge für diejenigen zu sorgen, die heute alt sind. Der zweite verpflichtet sie, Kinder großzuziehen, die das Gleiche eines Tages für sie tun werden.

Menschen streben bei wichtigen Entscheidungen ein optimales Verhältnis von Nutzen und Kosten an. Wie die letzten Abschnitte gezeigt haben, ist dies für Familien nicht anders: Familien streben nach „ausgewogenem Glück"[206].

Wer beispielsweise seinen Lebenssinn eher in der beruflichen Verwirklichung sieht oder gar maximalen Reichtum anstrebt, der wird den Nutzen von Kindern, der – wie wir gesehen haben – sich heute in aller Regel auf den Konsumnutzen beschränkt, möglicherweise im Vergleich zu anderen erreichbaren Zielen eher als gering ansetzen.

Wer dagegen sein Lebensziel in erster Linie in Ehe und Familie sucht, wird die Opportunitätskosten für eine biographische Festlegung im Rahmen der Familiengründung eher niedrig ansetzen, den Konsumnutzen von Kindern dagegen als hoch.

Dies erklärt auch, warum es in patriarchalischen Gesellschaften häufiger zu Familiengründungen kommt, denn dort ist das Lebensziel der Frauen mit Ehe und Familie

---

[205] Gaschke, S.: Die Emanzipationsfalle – Erfolgreich, einsam, kinderlos, 2005, Seite 154

[206] Schimany, Peter: Die Alterung der Gesellschaft – Ursachen und Folgen des demographischen Umbruchs, 2004, Seite 224

praktisch vorgegeben. Erst in Gesellschaften mit weitestgehender biographischer Gleichstellung der Geschlechter und gleichem Bildungszugang aller Mitglieder, kann es zur völlig freien Abwägung zwischen verschiedenen alternativen Lebensoptionen kommen.

Hinzu kommt, dass in Gesellschaften mit generell niedriger Fertilität, Familie immer mehr an Wert und Bedeutung verliert. Auch das Aufwachsen in Kleinfamilien, gegebenenfalls begleitet von einer frühen Scheidung der Eltern, wird einem späteren Familienwunsch im Allgemeinen eher entgegenwirken.

Betrachtet man die Sache also nüchterner und von einem Standpunkt ohne bereits erfolgter biographischer Festlegung aus, dann fallen für Kinder insbesondere die folgenden Opportunitätskosten an:

- Langfristige biographische Festlegung

  eine Entscheidung für eine Familie ist endgültig und kann in den nächsten 20 bis 25 Jahren nicht rückgängig gemacht werden.

- Mögliche bis wahrscheinliche Einkommensverluste

  Einkommensverluste entstehen beispielsweise durch Verzicht auf die Berufstätigkeit bei einem Elternteil, durch Reduzierung von Arbeitszeiten bei einem oder beiden Elternteilen, durch Verzicht auf lukrative Berufsoptionen.

  Dieser nicht selten ausschlaggebende Kostenblock fällt in Sozialhilfeumgebungen nicht an, da bei länger anhaltender Nichtbeschäftigung keine Berufstätigkeit zur Disposition steht.

- Mögliche bis wahrscheinliche Rentenverluste (Sicherheitsverluste)

  Rentenverluste entstehen aus den gleichen Gründen wie die bereits erwähnten Einkommensverluste, da der Rentenanspruch in der Regel an das im Erwerbsleben erzielte Einkommen geknüpft ist.

  Dieser Kostenblock fällt in Sozialhilfeumgebungen ebenfalls nicht an.

- Hohe Zeitaufwände

  Hohe Zeitaufwände bei der Kinderbetreuung führen zum Beispiel zu Einschränkungen bei der Freizeitgestaltung.

  Dieser Kostenblock ist in Sozialhilfeumgebungen bzw. bei länger anhaltender Nichtbeschäftigung nur bedingt relevant.

Den aufgeführten signifikanten Opportunitätskosten kann heute nur noch ein sehr eingeschränkter Nutzen von Kindern gegenübergestellt werden, nämlich:

- Konsumnutzen (Erfüllung emotional-expressiver Elternschaftsmotive)

Wie im Abschnitt *Konsumnutzen* auf Seite 66 herausgearbeitet wurde, ist dieser Nutzen in Abwägung mit steigenden Kosten eher dazu angetan, kleinere Familiengrößen zu präferieren.

Es gibt also insbesondere bei normalen bis guten Einkommensverhältnissen keinen direkten Nutzen von Kindern mehr, der mit weiteren Kindern stärker als die gleichzeitig zunehmenden Kosten wächst. Darauf wird auch noch einmal im Abschnitt *Sonstige Kosten von Kindern* auf Seite 81 näher eingegangen.

Udo di Fabio fasst die Situation wie folgt zusammen[207]:

Gesellschaften hatten regelmäßig bislang Vorkehrungen dafür getroffen, dass es auch wirtschaftlich günstig, oftmals sogar existenziell notwendig war, Kinder zu haben. Heute jedoch haben sich die soziokulturellen, aber auch die ökonomischen Anreize nahezu umgekehrt: Es lohnt sich hiernach nicht, Kinder zu bekommen – weder steigt das gesellschaftliche Ansehen noch die wirtschaftliche Zukunftssicherheit.

Und Franz-Xaver Kaufmann ergänzt[208]:

Das Verbot der Kinderarbeit und die Einführung bzw. Verlängerung der allgemeinen Schulpflicht einerseits, die Entlastung der Kinder vom Unterhalt ihrer Eltern andererseits haben zu einem offenkundigen Umkippen der ökonomischen Kosten-Nutzen-Balance des Nachwuchses geführt. Die staatlichen Kinderbeihilfen erreichen in keinem Lande eine Größenordnung, die als Ausgleich der ökonomischen Nachteile genügen würde.

Wie in den letzten Abschnitten mit dem Beispiel „Gun City" deutlich gemacht wurde, gibt es gesellschaftlich kein probates und verlässliches Mittel, durch Ausschüttung von finanziellen Anreizen ein gesellschaftlich erwünschtes Verhalten durchzusetzen. Immer wird es Personen geben, bei denen die Opportunitätskosten die angebotenen finanziellen Mittel deutlich übersteigen, so dass diese sich weiterhin gegen die Ausführung der gewünschten Aufgabe entscheiden werden.

Zwar ist es möglich, auf diese Weise eine gesellschaftlich angestrebte Gesamtfertilität (zum Beispiel 2,1 pro Frau) zu erreichen, allerdings nur dadurch, dass beruflich wenig erfolgreiche Menschen überdurchschnittlich viele Kinder in die Welt setzen und aufziehen werden (denn bei ihnen sind die Opportunitätskosten niedriger als die ihnen dann zustehenden staatlichen Anreize), während beruflich erfolgreiche Menschen dies unterdurchschnittlich tun werden (denn bei ihnen sind die Opportunitätskosten weiterhin zu hoch).

Dies führt im Mittel dazu, dass erfolgreiche (und in Wissensgesellschaften überdurchschnittlich gebildete und intelligente) Menschen deutlich weniger häufig

---

[207] Di Fabio, Udo: Die Kultur der Freiheit – Der Westen gerät in Gefahr, weil eine falsche Idee der Freiheit die Alltagsvernunft zerstört, 2005, Seite 146

[208] Kaufmann, Franz-Xaver: Sozialpolitik und Sozialstaat: Soziologische Analysen, 2. erw. Auflage, 2005, Seite 150

Nachwuchs bekommen werden, als beruflich weniger erfolgreiche (und damit in der Regel weniger gebildete) Menschen. Anders ausgedrückt: Es werden sich diejenigen die meisten Kinder leisten, die sich eigentlich Kinder am wenigsten leisten könnten.

Gemäß den bisherigen Ausführungen ist dies auch nicht weiter verwunderlich. Denn beruflich erfolgreiche Menschen besitzen ein hohes Humankapital, welches das Interesse der Wirtschaft (Produktion) weckt. Dabei verlieren sie an Reproduktionskapital (siehe die Ausführungen im Abschnitt *Wissen als Ressource* auf Seite 45). Für beruflich wenig erfolgreiche Menschen kann es stattdessen die beste Strategie sein, vorrangig ihr Reproduktionskapital zu nutzen, da an ihrem Humankapital ein geringeres Interesse besteht.

Möglicherweise erklärt sich damit auch das demographisch-ökonomische Paradoxon[209]: So wie Humankapital Reprodukionskapital bindet, setzt umgekehrt eine unzureichende Verwendung von Humankapital Reproduktionskapital frei.

Dies ist sicherlich ein sehr kritisches Thema. Aber nüchtern betrachtet wird durch diese Entwicklung die natürliche Selektion der Natur auf den Kopf gestellt. Man könnte das Prinzip auch als „Survival of the Unfittest" bezeichnen. Leider kann man in unserer Gesellschaft kaum Themen dieser Art diskutieren, weil man dann blitzschnell Gefahr läuft, als Rassist abgestempelt zu werden.

Tatsache ist aber:

- An einer solchen Entwicklung können weder die Gesellschaft als Ganzes noch ihre Mitglieder interessiert sein. Denn letztendlich wird dadurch das Gesamtsystem geschwächt.

- Eine solche Entwicklung findet seit vielen Jahren in Deutschland statt.

Will man genau umgekehrte Effekte erzielen, nämlich eher die Erfolgreichen dazu bringen, eigene Kinder aufzuziehen, dann muss man umgekehrt (be)steuern, zum Beispiel durch:

- Besteuerung von Kinderlosen bzw. kinderarmen Ehepaaren gemäß deren wirtschaftlicher Leistungsfähigkeit.

Erst dann sehen in erster Linie einkommensstarke Bevölkerungsgruppen einen Anreiz in (zusätzlichen) Kindern, während Personen ohne oder mit geringen Einkommen diesen nicht haben. Es wird also ein Kinderwunsch vor allem bei denen gefördert, die sich Kinder ökonomisch besonders gut leisten könnten.

Gleichzeitig hat die Maßnahme eine ganze Reihe weiterer Vorteile, unter anderem:

---

[209] Birg, Herwig: Strategische Optionen der Familien- und Migrationspolitik in Deutschland und Europa; in: Leipert, Christian (Hrsg.): Demographie und Wohlstand – Neuer Stellenwert für Familie in Wirtschaft und Gesellschaft, 2003, Seite 30

- Der Staat erzielt zusätzliche Einnahmen, die verschiedene pronatalistische Maßnahmen ermöglichen. Beispielsweise könnten damit sowohl Kinder aus sozial schwachen Schichten besser gefördert, als auch Familien mit nachgewiesener Ausbildung (Familienmanagerinnen) finanziert werden. Der Staat ist also nicht von vornherein auf einen bestimmten Typ der Familienförderung festgelegt.

- Es findet ein besserer Ausgleich zwischen Familien mit Kindern und Kinderlosen statt. Denn Kinderlose werden nun zur Kasse gebeten, um ihren Beitrag zur gesellschaftlichen Reproduktion zu leisten. Dies stellt auch die Bedeutung der Reproduktion stärker in den Vordergrund.

Eine andere Möglichkeit besteht darin, die Opportunitätskosten für zusätzliche Kinder durch zeitliche Einsparungen bei der Erziehungsarbeit zu senken. Dazu gehören generell Maßnahmen zur besseren Vereinbarkeit von Familie und Beruf (siehe dazu die detailliertere Diskussion im Abschnitt *Vereinbarkeit von Familie und Beruf* auf Seite 82), wie:

- Ganztagsbetreuungen

- Betriebskindergärten

- Technische Geräte wie Kühlschrank, Spülmaschine, Waschmaschine usw.

- Lebensmittel-Fertigprodukte

- Restaurants und Pizza-Service

- Auslagerung von Hausarbeit an andere (Familie als Unternehmer)

Generell sind einige dieser Maßnahmen begrüßenswert, andere dürften eher nachteilig sein, wie zum Beispiel die Zunahme von Krankheiten wie Adipositas oder Diabetes bei Kindern zeigt. Allerdings ist nicht erwiesen, dass die Maßnahmen geeignet sind, die Fertilitätsraten einer Gesellschaft anzuheben[210].

Zusammengefasst kann festgestellt werden, dass bislang alle in Deutschland angewendeten pronatalistischen Maßnahmen nicht geeignet sind, die Fertilitätsraten signifikant anzuheben, mit Ausnahme in sozial schwachen Schichten. Gleichfalls ist keine der Maßnahmen – mit Ausnahme in sozial schwachen Schichten – in der Lage, die Bildung von größeren Familienstärken zu fördern. Stattdessen begünstigen sie eine Beschränkung von Familien auf ein bis zwei Kinder.

Dies mag auch seinen Grund darin haben, dass die Erwerbsorientierung der meisten der bislang angewendeten pronatalistischen Maßnahmen auf einem tief in der Industriegesellschaft verwurzelten Denken beruht.

---

[210] CESifo: Auswirkungen familienpolitischer Instrumente auf Fertilität: Internationaler Vergleich für ausgewählte Länder, http://www.cesifo-group.de/link/_proj/proj-sam-fam-pol-instru.htm

Norbert Bolz weist über die in diesem Abschnitt bereits aufgeführten Opportunitätskosten auf die hohen Opportunitätskosten einer Eheschließung hin[211]:

Ehen waren ja nicht primär produktive, sondern reproduktive Einheiten. (...) Heiraten "bis dass der Tod euch scheidet", ist die Entscheidung mit den höchsten Opportunitätskosten. Es kann deshalb nicht überraschen, dass immer mehr Leute immer später heiraten; und wenn sie dann heiraten, immer häufiger auf Kinder verzichten.

Schließt man die möglichen bis wahrscheinlichen Folgekosten einer Ehescheidung mit ins Kalkül, dann kann man dieses Argument nur unterstreichen[212].

Monotonie, hohe Kosten und Streit in der Ehe haben eine hohe Sichtbarkeit. Das schreckt viele davon ab, sich auf dieses moderne Abenteuer einzulassen. Und in der Tat hat die Ehe von allen Lebensformen das größte Konfliktpotenzial. All jene Untersuchungen zeigen, dass Einkommen einen sehr geringen, die Ehe dagegen den größten Einfluss auf die Lebenszufriedenheit hat. Trotzdem hängt die Politik der Frauenemanzipation fast völlig an Erwerbstätigkeit, und die Folgen des Zerfalls der Familie werden bagatellisiert.

Hier wäre anzumerken, dass insbesondere die gesamtgesellschaftlichen Folgen bagatellisiert werden. Man könnte geradezu den Eindruck gewinnen, dass vielen feministisch orientierten Politikerinnen diesbezüglich jegliches Problembewusstsein fehlt: Es wird vermutlich auch dann noch das Hohelied der Vereinbarkeit von Familie und Beruf und anderer Dogmen gesungen, wenn der Staat längst im Chaos versunken ist.

Sonstige Kosten von Kindern

Bei einer Entscheidung für oder gegen Kinder sind neben den Opportunitätskosten noch weitere erhebliche direkte Kosten (Aufwände) zu berücksichtigen, die mit dem Familieneinkommen abzudecken sind.

- Größere und kindgerechte Wohnung

  Unter Umständen ist dafür ein Umzug in eine Vorstadt erforderlich, der mit zusätzlichen Verkehrsmitteln (zum Beispiel einem Zweitwagen für die Ehefrau) erkauft werden muss. Auch verlängert und verteuert sich dadurch der Weg zur Arbeit.

- Größeres, der Familiengröße entsprechendes Auto

- Zusätzliche Kleidung, Nahrung, Energie, Schulbedarf

- Literatur, Konsumartikel und technische Geräte für die Kinder

---

[211] Bolz, Norbert: Die Helden der Familie, 2006, Seite 18
[212] ebenda, Seite 19

- Urlaubsreisen mitten in der Hochsaison und für mehr Personen

- Zusätzliche Verkehrskosten (Bahn, Bus)

Besteht für die Kinder nur ein Konsumnutzen (weder Einkommens- noch Sicherheitsnutzen), dann können allein schon die zusätzlichen direkten Kosten pro Kind dazu führen, die Familiengröße trotz ausgesprochener Familienorientierung auf ein bis zwei Kinder zu beschränken.

Vereinbarkeit von Familie und Beruf

Bei der These von der Vereinbarkeit von Familie und Beruf handelt es sich quasi um ein Mantra des Feminismus[213], wie das folgende Zitat zeigt[214]:

Die wirtschaftlichen Folgen der demographischen Entwicklung sind allerdings gravierend. Um sie zumindest zu mildern, müssen größte Anstrengungen unternommen werden, um die Geburtenrate wieder nach oben zu treiben, und das gelingt nicht durch das Gewüte auf die emanzipierten Frauen, sondern allein durch die Etablierung qualitativ hochwertiger Kinderbetreuungseinrichtungen, die finanzielle Entlastung von Familien und durch Rücksichtnahme der Wirtschaft auf berufstätige Mütter und Väter.

Und um die emanzipierten Frauen von den Folgen eines zu häufigen Aufsagens des Mantras freizusprechen, wird präzisiert[215]:

Man kann das beklagen, man kann den Frauen aber nicht die Verantwortung für das Aussterben der Deutschen anlasten. Diese Verantwortung liegt bei Politikern, die sich dreißig Jahre geweigert haben, die Forderung vieler Frauen nach Vereinbarkeit von Familie und Beruf zur Kenntnis zu nehmen.

Dies überrascht[216]. Denn auf Bundesebene ist zunächst einmal das Bundesministerium für Familie, Senioren, Frauen und Jugend[217] [218] für das Thema verantwortlich, und das ist seit über 30 Jahren – mit einer kurzen dreijährigen Unterbrechung durch

---

[213]   Schwarzer, Alice: Der kleine Unterschied und seine großen Folgen – Frauen über sich – Beginn einer Befreiung, 2002, Seite 10

[214]   Gerster, Petra und Nürnberger, Christian: Stark für das Leben – Wege aus dem Erziehungsnotstand, 2004, Seite 106

[215]   ebenda, Seite 102

[216]   Herman, Eva: Die Emanzipation – ein Irrtum? Mai 2006, http://www.cicero.de/97.php?ress_id=7&item=1111

[217]   Wikipedia: Bundesministerium für Familie, Senioren, Frauen und Jugend, http://de.wikipedia.org/wiki/Familienministerium

[218]   Statt „Ministerium für Frauen und so'n Gedöhns" müsste es korrekterweise heißen: „Bundesministerium für alle außer Männern". Tatsächlich besteht heute weniger ein Ungleichgewicht zwischen Frauen und Männern als zwischen Familien und Kinderlosen.

Heiner Geißler – fest in weiblicher Hand. Mit anderen Worten: Die feministischen Frauen waren nicht nur jahrzehntelang die Wortführer beim Thema, sie hatten darüber hinaus auch über weite Strecken die politische Verantwortung. In diesen beiden Funktionen haben sie dabei einseitig auf die Karte „*Vereinbarkeit von Familie und Beruf*" gesetzt und – aus ideologischen Gründen – die Stellung der nichtberufstätigen Mütter – und damit das Reproduktionskapital – geschwächt. Dies hat maßgeblich zur Verschärfung der demographischen Krise beigetragen.

Birgitta vom Lehn führt dazu aus[219]:

Von „Bezugsperson" und „Mutter" ist die Rede. Letzteres Wort fällt bei vermeintlich fortschrittlichen Erziehungswissenschaftlern gern flach. Die Bezugsperson kann und soll durch andere Figuren ersetzt werden, vorzugsweise Kinderpfleger, Pädagogen, Tagesmütter und was es sonst noch an mutterersatzartigem Personal gibt. Die Mutterrolle bleibt auf Schwangerschaft und Geburt reduziert, hernach ist sie praktisch sehr schnell durch jeden und jedes ersetzbar. Krippe, Kindergarten, Hort, am liebsten ganztags. Die Familienpolitiker plappern ihnen gern nach und propagieren den Mutterersatz von staatlicher Seite, um die monotone Formel von der angeblich „neuen Familienwirklichkeit", der besseren Vereinbarkeit von Beruf und Familie (in dieser Reihenfolge!) auch allgemein verfügbar zu machen.

Und Norbert Bolz ergänzt[220]:

So tanzen Wirtschaftspolitik und Frauenemanzipation gemeinsam um das goldene Kalb "Ganztagsbetreuung" – und man darf nicht fragen, wie sich das auf die Kinder auswirkt. Frauen, die stattdessen ihre Kinder lieber selbst erziehen möchten, "verweigern" sich dem Arbeitsmarkt und sabotieren die Volkswirtschaft, die auf die Leistungskraft der Frauen "nicht verzichten kann". Deshalb ist es tabu, nach der Verträglichkeit von Kinder- und Karrierewunsch zu fragen. Wie dem Puritanismus ist dem Feminismus die Arbeit heilig. Und nichts trifft die Signatur der Gegenwart genauer als Paul Lafargues Formel von der Religion der Arbeit. In ihrem Kultzentrum steht heute die unverheiratete, berufstätige Frau. Sie verkörpert die Identität von Emanzipation und Erwerbsarbeit.

Hinter der Vereinbarkeitsthese verbirgt sich aber auch eine verklausulierte Neuformulierung des Adenauerschen Postulats und zwar in der Form:

- *Kinder wollen die Menschen immer.*

Auch in dieser leicht veränderten Formulierung ist das Postulat alles andere als naheliegend oder gar bewiesen. Eine Untersuchung der Robert-Bosch-Stiftung und des Bundesinstituts für Bevölkerungsforschung (BiB) belegt, dass sich Frauen in

---

[219] Vom Lehn, Birgitta: Kindeswohl, ade! Gesundheitsverhütung im Wohlstandsland – PISA war auch eine physische Pleite, 2004, Seite 66

[220] Bolz, Norbert: Die Helden der Familie, 2006, Seite 63 f.

Deutschland durchschnittlich nur noch 1,75 Kinder wünschen, Männer sogar nur 1,59[221], was weltweit ein Minusrekord darstellen dürfte.

Diese Zahlen sind auch deshalb so besorgniserregend, weil empirische Erhebungen zeigen, dass Eltern vor der Geburt, vor allem des ersten Kindes, die subjektiv empfundene Belastung geringer einschätzen als sie nachher tatsächlich ist, woraus sich eine durch Studien belegte Diskrepanz zwischen der zunächst gewünschten und einer später realisierten Kinderzahl ergibt[222].

Wesentliche weitere Erkenntnisse der Studie der Robert-Bosch-Stiftung sind:

- *Weder Männer noch Frauen sehen Kinder heute als unerlässlich für ein erfülltes Leben an.*

- *Kinder sind zu einem Wert unter vielen geworden.*

Ferner sei – so die Studie – deutlich geworden, dass sich Frauen weitgehend vom Rollenbild als Mutter emanzipiert haben. Die Hälfte der Frauen sei demnach der Ansicht, dass ihr Leben auch ohne Kind gelingen kann. Die Studie bescheinigt Deutschland einen "eindrucksvollen Wertewandel". So sei der Anteil derjenigen, die meinen, dass eine Frau Kinder für ein erfülltes Leben brauche, zwischen 1990 und 2000 von 65 auf 36 Prozent gesunken. Heute sei jede fünfte Frau kinderlos.

Dazu passe, dass nur etwa ein Viertel der befragten Männer und Frauen annimmt, ein erstes oder weiteres Kind werde ihre Lebensfreude steigern. Ein Großteil der Kinderlosen wie der Eltern erwartet sich durch ein (weiteres) Kind keinen Prestigegewinn. Die Autoren der Studie kommen zu dem Schluss, Kinder würden heute "*eher mit Belastungen denn mit einer Bereicherung des Lebens verbunden*". Ein Fünftel der Eltern mit drei oder mehr Kindern befürchte, dass mit einer weiteren Geburt ihr Ansehen sinke.

Dies macht klar: Es gibt tiefgreifendere Gründe für die aktuelle Kinderlosigkeit der Gesellschaft als die fehlende Vereinbarkeit von Familie und Beruf.

Selbst wenn Kinder in jedem Unternehmen morgens abgegeben werden könnten und dort ganztägig optimal betreut würden, ist nicht zu vermuten, dass hierdurch die Geburtenraten signifikant ansteigen würden.

Denn weiterhin gilt:

- Kinder kosten Geld.

- Kinder kosten Zeit.

---

[221] land-ohne-kinder.de: Für viele sind Kinder eher eine Last als eine Bereicherung, http://www.land-ohne-kinder.de/index.php?molgo=kinderlast

[222] Nave-Herz, Rosemarie: Familie heute – Wandel der Familienstrukturen und Folgen für die Erziehung, 2. Auflage, 2002, Seite 33

- Kinder machen Arbeit.

- Kinder haben keinen ökonomischen Nutzen.

- Kinder schränken die persönlichen Freiheiten ein (zum Beispiel beim Freizeitverhalten).

- Kinder machen unflexibel.

- Kinder erfordern ein verantwortliches Verhalten und die Übernahme von Verantwortung (von der eingeworfenen Scheibe in des Nachbars Haus bis hin zum Drogendeal auf dem Schulhof).

Wie in *Land ohne Kinder* gezeigt wurde, lassen sich Kinder zum Teil nur schlecht mit dem modernen hedonistischen Freizeitverhalten vereinbaren[223]. Es ist deshalb riskant, die ausreichende gesellschaftliche Reproduktion ein weiteres Mal auf einer Annahme beruhen zu lassen, für deren Richtigkeit es in modernen Gesellschaften keine ausreichenden Belege gibt.

Denn Maßnahmen zur Verbesserung der Vereinbarkeit von Familie und Beruf bieten für Eltern keine wirklichen Vorteile, sondern im Wesentlichen nur Entlastung[224]:

In diesem Zusammenhang bieten nun die staatlichen und parastaatlichen Angebote der Kinderbetreuung, Erziehungsberatung, Familienhilfe und wie die sozialen Dienstleistungen für die Familie alle heißen mögen, Entlastung. Man beachte den Begriff Entlastung: Es geht nicht etwa um öffentliche Vorteile, die Eltern aus ihrer Verantwortung für Kinder erwachsen könnten, sondern nur um eine Minderung der Nachteile. Aber selbst der generative Nutzen dieser wohlmeinenden Maßnahmen ist keineswegs über jeden Zweifel erhaben. Es könnte durchaus sein, dass mit der Minderung der Nachteile gleichzeitig eine Minderung der Vorteile des Kinderhabens verbunden ist. Insoweit nämlich die konkurrierenden Erziehungsinstanzen mit einem professionellen Anspruch gegenüber den Eltern auftreten, wird deren Elternkompetenz häufig direkt oder indirekt in Frage gestellt.

Auf breite Akzeptanz als Grund für den Niedergang der Fertilität in entwickelten Gesellschaften stößt allgemein die Individualisierungsthese von Ulrich Beck[225] (siehe Abschnitt *Individualisierungsthese* auf Seite 25). Sie findet ihre demographische Entsprechung in der biographischen Fertilitätstheorie von Herwig Birg et al.[226] (siehe Abschnitt *Biographische Fertilitätstheorie* auf Seite 119).

---

[223] Mersch, P.: Land ohne Kinder – Wege aus der demographischen Krise, 2006, Seite 61 ff.

[224] Kaufmann, Franz-Xaver: Sozialpolitik und Sozialstaat: Soziologische Analysen, 2. erw. Auflage, 2005, Seite 151

[225] Peuckert, Rüdiger: Familienformen im sozialen Wandel, 6. Auflage, 2005, Sete 361 ff.

[226] Birg H., Flöthmann EJ, Reiter I: Biographische Theorie der demographischen Reproduktion, 1991

Es ist deshalb angebracht, Empfehlungen für eine Anhebung der Fertilitätsraten zunächst auf diesen Thesen basieren zu lassen.

Im Kapitel *Wissensgesellschaft* auf Seite 45 wurde dargelegt, dass der gesellschaftlichen Reproduktion in Wissensgesellschaften eine besondere Bedeutung zukommt: Die Wahrung und Mehrung des Humanvermögens avanciert geradezu zur Kernaufgabe des Staates. Die Folge sind gestiegene Ansprüche an die Professionalität der Erziehungsleistungen.

In Industriegesellschaften war aber die gesellschaftliche Reproduktion aufgrund der klassischen Rollenverteilung zwischen Mann und Frau mit Unprofessionalität und fehlender Vergütung verbunden. Dies macht sie speziell für den Feminismus so uninteressant und anachronistisch. Die Empfehlung musste deshalb zwangsläufig lauten, alles für eine Vereinbarkeit von Familie und Beruf unter der Vorherrschaft des Berufes – denn dieser sichert den Frauen das Einkommen und damit die wirtschaftliche Selbstständigkeit – zu tun. Dabei blieben die Menschen auf der Strecke, die in erster Linie in der Reproduktion ihren Lebenssinn sahen. Nicht nur der Hausfrauenberuf litt unter dieser Einstellung, auch alle anderen Tätigkeiten mit vorwiegend mütterlicher Ausrichtung wie Erzieherin, Kindergärtnerin, Tagesmutter erfuhren eine gesellschaftliche Abwertung.

Man könnte deshalb überspitzt sagen, die letzte weibliche Emanzipationsbewegung war eine Revolution der „männlichen" Frauen unter Ausschluss der „weiblichen". Ziel war es, in die bisherige Domäne der Männer – den klassischen Beruf – einzudringen, auf Kosten der gesellschaftlichen Reproduktion. Diese blieb minderwertig, da unbezahlt, und deshalb konnte die nächste Forderung nur die stärkere Beteiligung der Männer an den gesellschaftlichen Reproduktionsaufgaben sein, worin diese natürlich keinen Anlass sahen, da sie in ihrer gesamten Geschichte ähnliche Probleme stets durch Professionalisierung und Spezialisierung (Arbeitsteilung) und nicht durch Übernahme zusätzlicher unbezahlter Aufgaben gelöst hatten. Letzteres gilt in der männlichen Welt als unprofessionell und anachronistisch.

Auch wenn Franz-Xaver Kaufmann schreibt[227]:

Die Angleichung der weiblichen Lebenszusammenhänge an diejenigen der Männer, also die Erschließung der Berufssphäre für die Frauen, bewirkt ja noch nicht automatisch eine entsprechende Freistellung der Männer für den familialen Bereich. Der männliche Lebenszusammenhang ist vielmehr aufgrund ökonomischer und politischer Vorgaben auf Berufstätigkeit, ja auf Vollzeiterwerbstätigkeit und nicht selten auf eine über die Normalarbeitszeit hinausgehende Disponibilität hin festgeschrieben. Nur wenn eine Wiederher-

---

[227] Kaufmann, Franz-Xaver: Zukunft der Familie – Stabilität, Stabilitätsrisiken und Wandel der familialen Lebensformen sowie ihre gesellschaftlichen und politischen Bedingungen, 1990, Seite 121 f.

stellung der ‚Solidarpotenziale' unter Beteiligung der Männer gelingt, kann mit einer Restabilisierung der familialen Verhältnisse gerechnet werden.

so ist doch zu konstatieren, dass Menschen eher dazu tendieren, sich von einer niederen auf eine höhere Ebene hin zu entwickeln als umgekehrt. Es dürfte deshalb erfolgversprechender sein, den reproduktiven Bereich aus seiner Unprofessionalität zu heben, als umgekehrt bereits gewohnheitsmäßig professionell arbeitende Männer davon zu überzeugen, nun einen erheblichen Teil ihrer zur Verfügung stehenden Zeit mit unprofessioneller Familien- und Hausarbeit zu verbringen[228]. Es leuchtet nicht ein, warum eine Arbeit, die von Feministinnen als uninteressant und anachronistisch abgewertet wird, nun zumindest in Teilen von Männern mit Freude wahrgenommen werden sollte. Eine entsprechende gesellschaftliche Forderung würde vermutlich eher in einer weiteren Reduzierung des männlichen Kinderwunsches münden.

Und tatsächlich zeigen alle Erhebungen zur häuslichen Arbeitsteilung trotz der Unterschiede im Untersuchungsziel, in der Wahl des theoretischen Ansatzes, in der Erhebungsmethode und im Sample: Die unterschiedliche Belastung von Ehepartnern mit hauswirtschaftlichen Tätigkeiten ist geblieben[229]. Und auch die völlig anderen Strukturbedingungen in der ehemaligen DDR führten zu keiner anderen Entwicklung[230].

Dies legt den Verdacht nahe, dass hinter solch unverändertem Verhalten auch biologische Gründe stecken könnten. Denn die Entwicklung der Spezies Mensch verlief synchron mit der Entwicklung ihres Gehirns. Damit die Passage des im Laufe der Zeit immer größer werdenden Kopfes von Säuglingen während der Geburt noch möglich war, bedurfte es seitens der Natur einer Doppelstrategie: Menschliche Säuglinge kommen als völlig hilflose Frühgeburten zur Welt, damit ihr Kopf nach der Geburt noch weiter wachsen kann[231]. Einer jungen Gazelle bleibt nach ihrer Geburt kaum mehr als eine halbe Stunde, um laufen zu lernen, wenn sie den Raubtieren entkommen möchte, während der kleine Mensch nicht vor Ablauf seines ersten Jahres die ersten aufrechten Schritte macht und auch dann noch mehrere Jahre warten muss, bevor er sich gegen Tiere wehren kann. Ein Kind muss deshalb unbedingt durch einen Erwachsenen aufgezogen und beschützt werden (siehe dazu auch die Ausführungen im Kapitel *Familienformen* auf Seite 19).

---

[228]　Menschen sind in der Regel nicht bereit, freiwillig hinter einen einmal erreichten materiellen Status quo zurückzugehen. Siehe: Radermacher, Franz J.: Balance oder Zerstörung – Ökosoziale Marktwirtschaft als Schlüssel zu einer weltweiten nachhaltigen Entwicklung, 2002, Seite 27

[229]　Nave-Herz, Rosemarie: Familie heute – Wandel der Familienstrukturen und Folgen für die Erziehung, 2. Auflage, 2002, Seite 51

[230]　ebenda

[231]　Hill, Paul B. und Kopp, Johannes: Familiensoziologie – Grundlagen und theoretische Perspektiven, 3. überarb. Auflage, 2004, Seite 27

Jacques Neirynck führt weiter aus[232]:

Für die Evolution einer großköpfigen Spezies ist es unumgänglich, dass die Geschlechter sich die Arbeit teilen: Den Männern kommt die Jagd zu, den Frauen das Aufziehen der Kinder und das Sammeln von Pflanzen zur Ergänzung der Nahrung. Die Logik der Evolution hat die Männer muskulöser ausgestattet als die Frauen, was uns deutlich von den katzenartigen Raubtieren unterscheidet, wo das weibliche Tier ebenso jagt wie das männliche.

Die spezifische Art der Familienbildung und die Arbeitsteilung zwischen Produktion und Reproduktion sind also so sehr mit der Spezies Mensch verbunden, dass sie regelrecht in deren Körperstruktur zum Ausdruck kommen.

Aber die Besonderheiten waren auch maßgeblicher Bestandteil der kulturellen Entwicklung des Menschen[233]:

Man versteht nun auch die Besonderheit der Fortpflanzung und der Sexualität im Menschengeschlecht besser: Einerseits ist die Geburt für die Frauen ganz besonders schmerzhaft und gefährlich, verglichen mit dem, was sich bei den anderen Säugetieren abspielt. Diese Anomalie ist allein durch den evolutorischen Vorteil zu erklären, Kinder mit großen Schädeln in die Welt zu setzen, die die Fähigkeit besitzen, Techniken zu entwickeln, die die Überlebenschancen verbessern. Andererseits ist das Sexualleben des Menschen anhaltend, wogegen die Paarung der Tiere streng auf eine zur Fortpflanzung günstige Jahreszeit begrenzt ist. Diese Besonderheit ermöglicht eine festere Bindung zwischen Mann und Frau und verhindert, dass letztere mit ihren Kindern verlassen wird, wenn diese noch unfähig sind, selbständig zu überleben.

Kurz, es gibt keine noch so primitive Gruppe von Menschen, in der die familiären Beziehungen nicht durch bestimmte Riten und Vorschriften geregelt wären, ergänzt durch Tabus und Sanktionen. Sobald eine Frau niedergekommen ist, ist es verbindlich, dass sie ernährt wird, ebenso wie ihre Kinder. Die männlichen Jäger haben kein Recht, ihren Sexualtrieb rücksichtslos auszuleben.

Die ungebrochene männliche Zurückhaltung bei der Hausarbeit und der kindlichen Pflege könnte deshalb auch seinen Grund darin haben, dass solche Tätigkeiten von den Männern zwar als möglich (zum Beispiel bei Ausfall der Mutter), nicht aber als natürlich (männlich) empfunden werden und dass andere Auslegungen die biologischen und kulturellen Grundlagen der Spezies Mensch tangieren. Und tatsächlich ist mancher Familienvater eher dazu bereit, in seiner Freizeit für den zu erwartenden Nachwuchs einen ganzen Anbau an das eigene Haus zu setzen, als später den Nachwuchs zu pudern und zu wickeln.

---

[232]   Neirynck, Jacques: Der göttliche Ingenieur – Die Evolution der Technik, 6. Auflage, 2006, Seite 88

[233]   ebenda, Seite 89 f.

Die Ausführungen machen aber auch deutlich, wie sehr durch die weibliche Emanzipation und die generelle Berufstätigkeit der Frauen an den Grundfesten der menschlichen Reproduktion gerüttelt wird: Diese ist nämlich von der besonders starken und anhaltenden Schutzbedürftigkeit des menschlichen Kleinkindes geprägt, was in früheren Gesellschaften unmittelbar die ökonomische Abhängigkeit der Frauen zur Folge hatte. Allerdings hatte diese Situation auch für die Männer ihren Preis, denn ihnen kam dabei die Aufgabe zu, nicht nur sich selbst, sondern eine ganze Familie verbindlich und über viele Jahre ernähren zu müssen.

Eine ökonomische Selbständigkeit war zu allen Zeiten nur außerhalb der Reproduktion bzw. der eigenen Familie zu erzielen, weswegen moderne Frauen nun zunächst in einen Beruf fern ihrer oder ganz ohne Familie drängen. Die Erlangung der ökonomischen Selbständigkeit durch das Aufziehen eigener Kinder – wie es im vorliegenden Buch mit dem Familienmanager-Konzept vorgeschlagen wird – könnte deshalb für beide Geschlechter einen größeren Tabubruch darstellen und eine stärkere Deinstitutionalisierung der Familie bewirken, als es die außerfamiliale berufliche Tätigkeit der Frauen bereits ist. Möglicherweise ist dies der Grund, warum eine solche Option auch von Feministinnen nie ernsthaft weiter verfolgt, sondern stattdessen stets die Vereinbarkeit von Familie und außerfamilaler Berufstätigkeit beschworen wurde[234].

Die Forderung von der Vereinbarkeit von Familie und Beruf ist sinnvoll – unter dem Primat des außerfamilialen Berufs. Es ist eine Forderung derjenigen, die sich für einen Beruf entschieden haben, und nun auch noch möglichst eine kleine Familie haben möchten, jedenfalls in dem Ausmaß, wie es die berufliche Tätigkeit noch gerade zulässt. Und der weiterhin bestehende gesellschaftliche Trend zur Individualisierung, Pluralisierung der Lebensformen und Spezialisierung der Arbeitstätigkeiten wird die beruflichen Anforderungen an die persönliche Flexibilität und Einsatzfähigkeit in Zukunft nicht gerade kleiner machen, deshalb wird eine fokussierte berufliche Tätigkeit in der Regel nur kleine Familiengrößen erlauben.

All dies reicht aber nicht aus, um die Reproduktion gemäß den Anforderungen von Wissensgesellschaften gesamtgesellschaftlich sicherzustellen. Man darf in dieser Hinsicht eindeutig nicht zu viel erwarten:

- Ein nennenswerter Teil der Bevölkerung wird auch weiterhin lebenslänglich kinderlos bleiben und zum Beispiel das Lebensgefühl eines unabhängigen Singles genießen (siehe dazu die Ausführungen im Abschnitt *Single-Kultur* auf Seite 38).

- Berufstätige Familien – und die meisten Politiker halten aufgrund der zukünftigen Bevölkerungsschrumpfung eine generelle Anhebung der Frauenerwerbsquote

---

[234] Schwarzer, Alice: Der kleine Unterschied und seine großen Folgen – Frauen über sich – Beginn einer Befreiung, 2002, Seite 10

für erforderlich – werden sich auch bei optimaler Vereinbarkeit von Familie und Beruf auf kleine Familiengrößen mit ein bis zwei Kindern beschränken.

Franz-Xaver Kaufmann fasst die Problematik wie folgt zusammen[235]:

Die kontinuierliche Verbindung von Mutterschaft und Beruf, welche heute die Lebensleit-vorstellungen der meisten jüngeren Frauen prägt, ist unter den herrschenden Bedingungen schwerlich mit mehr als einem oder maximal zwei Kindern zu realisieren. Dies reicht aber offensichtlich nicht aus, um die Reproduktion der Bevölkerung auch nur annähernd zu sichern.

Und Marianne Dierks bestätigt[236]:

Das „Drei-Phasen-Modell“ (...) mit einer langjährigen weiblichen Erwerbsunterbrechung ist das einzige Vereinbarkeitsarrangement, das die Bildung einer Mehrkindfamilie (mehr als zwei Kinder) zulässt, weil die mit einem solchen Familienmodell verbundenen umfang-reichen reproduktiven Arbeiten während der sogenannten „Familienphase“ zur primären und zentralen Aufgabe eines Elternteils (bzw. der Mutter) werden.

Wir können deshalb festhalten:

- Ein nennenswerter Anteil der Bevölkerung wird auch in Zukunft lebenslänglich kinderlos bleiben.

- Maßnahmen zur Verbesserung der Vereinbarkeit von Familie und Beruf erlauben in der Regel nur bei kleineren Familiengrößen eine gleichzeitige Berufstätigkeit beider Elternteile.

- Nur mit einer ausreichenden Anzahl größerer und sozialisatorisch erfolgreicher Familien lassen sich substanzielle Verluste beim Humanvermögen vermeiden.

- Seit der Aufkündigung des eng mit der Menschwerdung verbundenen klassischen Ernährermodells fehlt ein sinnvolles ökonomisches Modell für die Führung größerer Familien mit 3 oder mehr Kindern.

- Anders ausgedrückt: Seit der Aufkündigung des klassischen Ernährermodells hat die Kernfamilie ihre Kraft als Reproduktionseinheit der Gesellschaft einge-büßt. Das in diesem Buch vorgestellte Familienmanager-Konzept versucht die entstandene Lücke zu schließen.

Letztendlich steht die These von der Vereinbarkeit von Familie und Beruf auch im Widerspruch zur Individualisierungsthese. Denn Individualisierung bedeutet ja

---

[235] Kaufmann, Franz-Xaver: Zukunft der Familie – Stabilität, Stabilitätsrisiken und Wandel der familialen Lebensformen sowie ihre gesellschaftlichen und politischen Bedingungen, 1990, Seite 2

[236] Dierks, Marianne: Karriere! – Kinder, Küche? Zur Reproduktionsarbeit in Familien mit qualifizierten berufsorientierten Müttern, 2005, Seite 401

gleichzeitig Pluralisierung der Lebensformen, Spezialisierung und Professionalisierung. Die Vereinbarkeit von Familie und Beruf würde aber genau in die entgegengesetzte Richtung zielen, nämlich wieder hin zu einer stärkeren Integration von völlig unterschiedlichen und vorher bereits arbeitsteiligen Aufgaben. Dies wäre ein in der bisherigen Geschichte der Menschheit beispielloser Vorgang, weswegen sie nur eine Maßnahme für ganz bestimmte Anforderungen sein kann, nicht aber die generelle Lösung für das demographische Problem von Wissensgesellschaften.

Eine klare Arbeitsteilung zwischen Familie und Beruf bestand bereits im klassischen Ernährermodell. Durch die heute obligatorische Berufstätigkeit der Frauen wurde diese aufgehoben und damit die Familie als zentrale Reproduktionseinheit der Gesellschaft empfindlich geschwächt. Nun bedarf es im Sinne der Individualisierung eines neuen arbeitsteiligen Modells.

Betrachten wir einmal das folgende fiktive Pharmaunternehmen:

Die eigentliche Produktion besteht in der Herstellung von verschiedenen Medikamenten. Damit wird letztendlich das Geld verdient. In der Produktion arbeiten ausschließlich Frauen, die für ihre Tätigkeit auch entlohnt werden.

In der Forschung (Reproduktion) sind dagegen ausschließlich Männer beschäftigt. Diese erhalten kein Gehalt, da mit der Forschung keine Einnahmen erzielt werden. Stattdessen werden die Forscher von den weiblichen Produktionsmitarbeitern täglich zum Essen eingeladen und etwas Hübsches zum Anziehen dürfen sie sich hin und wieder auch noch aussuchen.

Irgendwann ist es den Forschern zu bunt. Aber anstatt auf einer ordentlichen Bezahlung für ihre reproduktiven und auf lange Sicht für das Unternehmen bedeutungsvollen Tätigkeiten zu bestehen, beharren sie auf ihrem Recht, nun ebenfalls in der Produktion beschäftigt zu werden, um Geld verdienen zu können. Aus Gründen der Geschlechtergleichstellung kann man ihnen diesen Wunsch nicht verwehren, so dass nun massenhaft Männer in die Produktion drängen. Die Folge ist: Die Reproduktion liegt danieder, die Zukunft des Unternehmens steht auf dem Spiel.

Gleichzeitig ist jetzt das Arbeitsangebot für die Produktion zu groß, so dass Frauen ab 50 in Frührente geschickt werden und weniger qualifizierte entlassen. 50-jährige Männer werden erst gar nicht übernommen und bei den weniger qualifizierten gilt das Gleiche. Gleichzeitig sinken die Gehälter, während die Anforderungen steigen, denn die Auswahl an potenziellen Arbeitnehmern ist groß.

Weil die Innovation der Produkte zu wünschen übrig lässt, wird in rationellere Produktionstechniken investiert, wozu hohe Anleihen aufgenommen werden. Damit hofft man die Preise der vorhandenen Produkte senken zu können und konkurrenzfähig zu bleiben. Wie man sieht: Business as usual!

Die Forderung nach einer Vereinbarkeit von Familie und Beruf entspricht nun dem Anliegen, vorwiegend die Männer sollten neben der Produktion auch noch ein wenig Forschung betreiben: Tagsüber Herstellen von Pillen, abends unentgeltliches Forschen im Labor. In ernsthaften Unternehmen wäre man sich sehr schnell im Klaren darüber: Dies kann und wird nicht funktionieren. Aber Gesellschaften sind ja auch keine ernsthaften, gewinnorientierten Unternehmen…

Daneben stellt sich in diesem Zusammenhang die Frage nach der Emanzipation. Haben sich die ursprünglich unentgeltlich in der Forschung arbeitenden Männer durch ihren Wechsel in die Produktion emanzipiert?

Zum Teil sicherlich ja, denn nun erhalten sie ihr eigenes Einkommen und sind nicht länger Almosenempfänger der in der Produktion arbeitenden Frauen. Aber sicherlich wird auch mancher begeisterte Forscher dabei sein, für den die bezahlte Arbeit in der Produktion nur ein notwendiges Übel ist, und der seine eigentliche Bestimmung eher in der Forschung sieht. Wäre ein solcher Forscher durch seine gleichberechtigte Arbeit und Bezahlung in der Produktion emanzipiert? Ganz offenkundig nicht.

Die generelle Forderung nach der Vereinbarkeit von Familie und Beruf weist deshalb auf ein ungelöstes Problem hin: Reproduktionsarbeit gilt in unserer Gesellschaft als grundsätzlich minderwertig. Und da diese vorrangig von Frauen erbracht wird, ist deren Emanzipationsprozess noch nicht abgeschlossen[237], was ein wesentlicher Grund für die immer noch von Frauen reklamierte Benachteiligung sein dürfte.

Hinter der geforderten Vereinbarkeit von Familie und Beruf steckt deshalb nicht nur der Wunsch nach mehr Gleichberechtigung, sondern in erster Linie eine unveränderte Ungleichheit in der gesellschaftlichen Bewertung beider Tätigkeiten.

So konstatiert denn auch Susanne Mayer[238]:

Es sollte einen aber grundsätzlich nachdenklich machen, dass interessanterweise noch nie jemand daran gedacht hat, die Vereinbarkeit anderer Berufe zu propagieren.

Und weil nun manche junge Frau glaubt, Beruf und Familie gleichzeitig schaffen zu müssen[239] (bzw. dazu aus wirtschaftlichen Gründen gezwungen ist), kommt es in der Folge immer häufiger zu Überforderungen[240] [241], die in den USA schon den Namen „Hurry Sickness" haben[242].

---

[237] Mersch, P.: Land ohne Kinder – Wege aus der demographischen Krise, 2006, Seite 71

[238] Mayer, Susanne: Deutschland armes Kinderland – Wie die Ego-Gesellschaft unsere Zukunft verspielt, 2002, Seite 200

[239] Die moderne Frau schiebt gemäß Alice Schwarzer keine doppelte, sondern sogar eine dreifache Schicht: „Beruf, Familie, Sex. Und das in allen drei Bereichen nur vom Professionellsten." Siehe: Schwarzer, Alice: Der große Unterschied – Gegen die Spaltung von Menschen in Männer und Frauen, 2. Auflage, 2005, Seite 52

[240] Warner, Judith: Perfect Madness – Motherhood in the Age of Anxiety, 2006

Abbildung 5: Hurry Sickness der modernen Frau

Oder mit den Worten von Rosemarie Nave-Herz[243]:

Aufgrund zahlreicher Untersuchungen wurde die heutige „Doppelorientierung als integrativer Bestandteil des Lebensentwurfs von Frauen", vor allem auch von Müttern, beschrieben. Diese Doppelorientierung führte aber gleichzeitig zu einer besonderen Problematik im Lebenszusammenhang von Frauen: Denn weder Arbeitswelt noch Familie nehmen Rücksicht auf den jeweils anderen Bereich. Der Beruf erfordert den Einsatz der ganzen Person, die sich zu Hause regeneriert. Diese Möglichkeit ist der Frau jedoch verwehrt, da sie angesichts fortbestehender geschlechtsspezifischer Arbeitsteilung auch heutzutage noch überwiegend für den häuslichen Bereich verantwortlich ist. Für sie gilt: Beides zu vereinigen ist zu viel, aber nur auf einen Bereich verwiesen zu sein, ist zu wenig.

Und tatsächlich scheint selbst unter sehr günstigen ökonomischen Bedingungen und bei kleinen Familiengrößen die angestrebte Vereinbarkeit von Familie und Beruf nicht selten zu erheblichen Abstrichen bei der Familienarbeit zu führen. Marianne Dierks etwa beobachtete, dass qualifizierte berufsorientierte Frauen sich häufig negativ zum Stellenwert der reproduktiven Arbeit äußern[244]:

Reproduktionsarbeit mutiert zu einer Restgröße, deren Erfordernisse grundsätzlich nachrangig behandelt werden.

Die gebräuchliche Formel von der „Vereinbarkeit" zwischen Beruf und Familie suggeriert, dass eine Balance zwischen den Notwendigkeiten und Anforderungen gleichberechtigter und gleichwertiger Arbeitsbereiche hergestellt werden kann. Die Wortwahl verdeckt die strukturelle Dominanz der Erwerbsarbeit und verschleiert die Rücksichtslosigkeit gegenüber den Bedürfnissen und Erfordernissen der häuslichen Arbeit. Es gibt in diesem

---

[241] Herman, Eva: Das Eva-Prinzip – Für eine neue Weiblichkeit, 2006

[242] Mayer, Susanne: Deutschland armes Kinderland – Wie die Ego-Gesellschaft unsere Zukunft verspielt, 2002, Seite 201

[243] Nave-Herz, Rosemarie: Familie heute – Wandel der Familienstrukturen und Folgen für die Erziehung, 2. Auflage, 2002, Seite 43

[244] Dierks, Marianne: Karriere! – Kinder, Küche? Zur Reproduktionsarbeit in Familien mit qualifizierten berufsorientierten Müttern, 2005, Seite 398

Lebensmodell für beruflich qualifiziert arbeitende Frauen zurzeit weder ein Gleichgewicht zwischen reproduktiver und Erwerbsarbeit noch eindeutig zuzuordnende personelle und zeitliche Ressourcen für die kindbezogene Alltagsarbeit. Die Arbeitsteilung zwischen Beruf und Familie, die traditionell zwischen den Geschlechtern bestand (und den Ausschluss der Frauen aus der Berufswelt bedingte), wird jetzt vor allem von den Müttern innerhalb des eigenen Lebens geleistet. Trotz vielfacher Balanceakte und zum Teil extremer Belastungen gehen diese Zerreißproben nicht nur zu Lasten der erwerbstätigen Mütter, sondern in der Regel zu denen der Erziehungszeiten für Kinder und zu denen der Reproduktionsarbeit, auch wenn diese zum Teil arbeitsteilig zwischen den Eltern, privat organisierter Unterstützung und öffentlichen Institutionen erledigt wird. Vor allen Dingen aber kann nicht verhindert werden, dass die Zeitstrukturen des kindlichen Alltags bereits arbeitsweltlich strukturiert werden und die personenorientierten familiären Dienstleistungen damit ihren spezifischen Charakter und an Qualität verlieren.

Für beruflich leitende Frauen, insbesondere jedoch für die in Spitzenpositionen ist eine parallele Realisierung der beiden Lebensorientierungen Beruf und Familie in dem Sinne, dass regelmäßig kindbezogene Alltagsarbeit und eine kontinuierliche Entwicklungsbegleitung der Kinder durch sie geleistet werden, nicht möglich. Die alltägliche Erziehungsarbeit wird weitgehend delegiert (oder findet ab der mittleren Kindheit nur noch sehr eingeschränkt statt).

Sie führt weiter aus:[245]

In der Alltagspraxis lassen sich die Verrichtung der kindbezogenen Alltagsarbeit und eine intrinsisch engagierte Berufsmotivation in beruflichen Führungspositionen nicht verwirklichen, trotzdem sind die tradierten Mutterbilder offenbar so mächtig, dass die Akteurinnen selbst das Bild von der weiblichen „Vereinbarkeit" von Beruf und Familie aufrechterhalten. Der Mythos des problemfreien Gelingens von einem parallelen beruflichen und mütterlichen Engagement bleibt erhalten. Aber genau diese im öffentlichen Raum unterlassenen bewussten Distanzierungen von der alltäglichen Arbeit für Kinder entwertet die von Eltern und zurzeit noch insbesondere von Müttern geleistete kindbezogene Alltagsarbeit, und damit all diejenigen, die diese kontinuierlich verrichten. Was kann diese Arbeit wert sein, wenn es anderen Frauen gelingt, sie neben einem anspruchsvollen und anstrengenden beruflichen Engagement zu bewältigen? (...)

Ein breiter unideologischer, ehrlicher und öffentlicher Diskurs über die aktuellen Bedingungen der Realisierung von Beruf und Elternschaft – und die damit zusammenhängenden Konsequenzen für alle Beteiligten – wird so verhindert.

Ihr Fazit ist[246]:

245　　ebenda, Seite 399
246　　ebenda, Seite 409

Die Ergebnisse der Studie lassen deutlich erkennen, dass die zurzeit in Gleichstellungspolitik und Geschlechterforschung vor allem vertretenen gesellschaftspolitischen Forderungen nach einer stärkeren Beteiligung der Männer an der Bewältigung reproduktiver Arbeit und ein Ausbau der öffentlichen Kinderbetreuungs- und Ganztagsschulplätze für die Bewältigung reproduktiver Arbeiten in Familien mit beruflich engagierten und qualifizierten Mütter zwar notwendig, aber nicht hinreichend sind, um die gesellschaftlichen Rahmenbedingungen zur Verknüpfung von beruflicher und familiärer Arbeit für diese Frauen zu erleichtern und der reproduktiven Arbeit einen adäquaten Stellenwert einzuräumen. Es braucht vielmehr deutliche Impulse, die Bedeutung und Notwendigkeit dieser Tätigkeiten für Individuum und Gesellschaft zu vermitteln. Darüber hinaus erscheinen Initiativen notwendig, die der Trivialisierung, Marginalisierung und Proletarisierung dieser Tätigkeiten entgegenwirken und die Arbeit gesellschaftlich aufwerten. (...)

Zurzeit fehlt es an überzeugenden realpolitischen Visionen bezüglich einer gelingenden Vereinbarkeit von Beruf und Familie.

Die aus dem bisher Gesagten fast zwangsläufig zu ziehenden Konsequenzen einer Familienmanager-Initiative (siehe Kapitel *Familienmanager-Konzept* auf Seite 153) werden aber auch für vorwiegend familienorientierte Frauen mit Nachteilen verbunden sein. Eine angemessene Bezahlung für ihre Familienarbeit werden sie nur durch Professionalisierung erhalten. Ein Lebenslauf, der zunächst mit einem Studium der Soziologie beginnt, sich nach dem Hochschulabschluss dann mit dem Großziehen von drei Kindern fortsetzt und einige Jahre später mit dem Versuch eines erneuten oder sogar primären beruflichen Fußfassens endet, wird bezüglich der finanziellen Anerkennung der geleisteten Arbeiten in der Regel suboptimal bleiben. Individualisierung führt zu einer Pluralisierung der Lebensformen, nicht aber zu Entschlusslosigkeit. Auch rein beruflich orientierte Menschen müssen sich irgendwann für einen der vielen tausend möglichen Berufe entscheiden und die dafür erforderlichen Ausbildungsnachweise erlangen, damit sie Geld verdienen können. Ein häufiges Wechseln der beruflichen Ausrichtung ist dagegen nicht selten mit signifikanten Einkommensverlusten verbunden. Eine entsprechende frühzeitige und entschiedene berufliche Ausrichtung wird man auch von Frauen erwarten dürfen, die in allererster Linie am Führen einer Großfamilie interessiert sind.

Niemand erhält eine Bezahlung für das Erstellen seines Eigenheims in Wochenendarbeit. Und niemand hat einen Gehaltsanspruch für jahrelanges Üben von Klaviersonaten. Dies wird bei der Familienarbeit nicht anders sein. Wer folglich für Familienarbeit bezahlt werden will, muss das tun, was in allen anderen Berufen auch erwartet wird: Professionalisierung, Spezialisierung und Fokussierung. In diesem Fall ist dann die Vereinbarkeit von Familie und Beruf ganz einfach: die Familie ist der Beruf.

Die Welt der Familienarbeit ist also in Zukunft ganz ähnlich vorstellbar, wie dies bei einer anderen Tätigkeit, die früher ebenfalls zur Familienarbeit gehörte, schon heute der Fall ist:

Die einen gehen irgendeinem Beruf nach, weshalb sie aus zeitlichen Gründen in der Kantine oder im Restaurant essen oder einfach in den Kühlschrank greifen. Die anderen haben dagegen Kochen bzw. Servieren zum Beruf gemacht und betreiben nun zum Beispiel ein Restaurant oder arbeiten darin.

Und genauso werden in Zukunft die einen einem Beruf nachgehen, weswegen sie ihre Kinder zeitweilig in andere Hände (Tagesmütter, Krippen, Kindergärten, Schulen usw.) geben. Dort werden sie nicht immer die gleiche Qualität wie „bei Muttern" erhalten, manchmal – wie das Essensbeispiel zeigt – jedoch auch eine deutlich bessere. Letztendlich wird dies auch hier eine Frage des Preises und des Anspruches bzw. der Qualifikation des Anbieters sein.

Nun werden Sie vielleicht anmerken: Ein Restaurant verdient nur an den für Dritte erbrachten Dienstleistungen. Warum sollte eine Mutter, die sich für das professionelle Führen einer Familie als Familienmanager entschieden hat, Geld für das Aufziehen ihrer eigenen Kinder erhalten? Würde dies nicht im Widerspruch zum arbeitsteiligen Grundprinzip unserer Gesellschaft stehen, welches eine klare Unterscheidung zwischen Dienstleistungen für andere und für sich selbst macht? Müssten dann nicht auch Wochenendarbeiten am Eigenheim bezahlt werden?

Die Antwort ist ganz einfach: Weil die Ergebnisse der mehr als 20-jährigen Erziehungsarbeit von Eltern (das Produkt „erzogener und ausgebildeter erwachsener Mensch") nicht ihnen gehört. Wenn es noch anders wäre, und die Leistungen eines Sohnes oder einer Tochter ausschließlich der ursprünglichen Familie zu Gute kommen würden, hätte sie keinen Anspruch auf Einnahmen, so aber sehr wohl.

Damit schließt sich auch der Kreis zu den Ausführungen in den Abschnitten *Einkommensnutzen* auf Seite 67 und *Sicherheitsnutzen* auf Seite 68. Durch gesellschaftliche Veränderungen (Rentenversicherung, Individualisierung) ist der ökonomische Nutzen von Kindern verloren gegangen, übrig geblieben ist einzig ein eventueller Konsumnutzen (siehe dazu den Abschnitt *Konsumnutzen* auf Seite 66). Damit fehlt eigenen Kindern jegliche kommerzielle Verwertbarkeit. Dies hat zwangsläufig zur Folge, dass die ausschließliche Anerkennung von Erziehungsleistungen gegenüber Kindern anderer Eltern unter professionellen Rahmenbedingungen nicht länger zu rechtfertigen ist.

Arbeitsmarktzentrierte Familienpolitik

Die sehr starke Ausrichtung der demographischen Frage auf die Vereinbarkeit von Familie und Beruf hat aber noch ein anderes Problem: Sie führt zu einer arbeitsmarktzentrierten Familienpolitik.

Wie im Abschnitt *Eine vernachlässigte Hauptaufgabe des Staates* auf Seite 14 deutlich gemacht wurde, konkurrieren Produktion und Reproduktion um gesellschaftliche Ressourcen. Eine arbeitsmarktzentrierte Familienpolitik stellt die Anforderungen der Produktion in das Zentrum und richtet die Erfordernisse der Reproduktion danach aus. Im Klartext: Die Erwerbstätigkeit der Frauen ist oberstes Ziel, darauf aufbauend werden dann Maßnahmen ergriffen, den gleichen Frauen das Gebären und Aufziehen von Kindern zu ermöglichen.

Ausdruck dieser gesellschaftlichen Einstellung ist auch die unterschiedliche finanzielle Bewertung der beiden Aufgaben: Erwerbsarbeit als Teil der Produktion wird bezahlt, Familienarbeit mit eigenen Kindern dagegen nicht. Es darf deshalb nicht verwundern, wenn Familienarbeit in unserer Gesellschaft zunächst stets „Second Choice" ist.

Dies lässt sich auch am Verhalten der Ostdeutschen nach Öffnung der Mauer erkennen, denn dieses zeigt[247],

dass das wichtigste westdeutsche Signal an die DDR-Bewohner des Jahres 1990 folgendes war, sich zuerst und vorrangig um die Erwerbsarbeit zu kümmern, das Kinderhaben als private Angelegenheit zu regeln, im Vergleich also als nachrangig anzusehen. (...) Nicht die Wohlstandsgesellschaft, sondern die Erwerbsarbeitsgesellschaft hatte und hat Priorität – auf dieses neue Umweltsignal hat sich die Bevölkerung der neuen Bundesländer bei ihren generativen Entscheidungen mit deutscher Gründlichkeit eingestellt.

Und weiter[248]:

Da das deprivierende Risiko des Kinderhabens vermeidbar ist, wurde die Nachwuchsbeschränkung zur Grundlage des Angleichungsprozesses zwischen Ost und West.

Während die Ostdeutschen in den ersten Jahren nach der Maueröffnung historisch einmalige Niedrigwerte bei den Fertilitätsraten produzierten, glichen sie ihr Konsumverhalten dem Westen an[249]:

Zwischen 1990 und 1996 haben sich folgende materielle Lebensumstände geradezu dramatisch verbessert: die Wohnungsausstattung: Warmwasser (von 57 auf 86 Prozent der Haushalte), Innen-WC (von 83 auf 95 Prozent), Bad/Dusche (von 80 auf 95 Prozent), Zentral-/Etagenheizung (von 45 auf 79 Prozent), Telefon (von 24 auf 77 Prozent). Weitere Verbesserungen lassen sich auflisten: Farbfernsehgerät (von 66 auf 84, Westen 82 Prozent), Videorecorder (von 11 auf 60, Westen 66 Prozent), CD-Player (von 2 auf 41, Westen 56 Prozent), zwei PKW (von 9 auf 18, Westen 23 Prozent), kein PKW im Haushalt (von 45 auf 25, Westen 20 Prozent), PKW sind vier Jahre und älter (von 71 auf 27, Westen 38 Prozent).

---

[247]   Mayer, Tilman: Die demographische Krise – Eine integrative Theorie der Bevölkerungsentwicklung, 1999, Seite 232

[248]   ebenda

[249]   ebenda, Seite 231

Auch heute noch ist die Familienpolitik des Bundes in erster Linie arbeitsmarktzentriert. Dies bestätigt auch die ab 2007 geltende Elterngeld-Regelung. Denn das Elterngeld ist primär für berufstätige Kleinfamilien von Interesse, die sich auf diese Weise leichter für ein erstes oder zweites Kind entscheiden könnten. Für Eltern mit vielen Kindern oder mit einem nichtberufstätigen Elternteil bringt die Maßnahme so gut wie nichts. Genau diese Gruppierungen wären aber gemäß der biographischen Fertilitätstheorie von Birg et al. am ehesten in der Lage, für eine signifikante Entspannung an der demographischen Front zu sorgen.

Arbeitsmarktzentrierte Familienpolitik ist unter anderem eine Konsequenz der populären Fehlschlüsse aus der biographischen Fertilitätstheorie. Optimal wäre eine Förderung von Großfamilien, tatsächlich konzentriert man sich aber darauf, aus berufstätigen Kinderlosen Eltern zu machen. Im Prinzip hätte hier fast jedes Unternehmen beratend zu Seite stehen können: Es ist generell leichter, einen Anhänger von klassischer Musik mit großer CD-Sammlung zu einem weiteren Kauf einer Klassik-CD zu bewegen, als jemanden, der noch über keinen CD-Player verfügt oder ohnehin einen ganz anderen Musikgeschmack hat.

Für und wider Kinder

Zusammenfassend lässt sich feststellen:

- Kinder haben einen Konsumnutzen.

  Dieser Konsumnutzen lässt sich aber schon bei relativ wenigen Kindern sehr weit ausschöpfen. Der Konsumnutzen von Kindern erlaubt bei Abwägung gegenüber anderen Kosten eine Einschränkung der Kinderzahl.

- Kinder haben nur einen vergleichsweise geringen Einkommensnutzen.

  Dazu zählen: Kindergeld, Steuerersparnisse, generell Maßnahmen des Familienlastenausgleichs. In der Regel übersteigen die Kosten den Einkommensnutzen jedoch deutlich, weswegen der Einkommensnutzen in der Summe meist negativ ist.

- Kinder haben keinen Sicherheitsnutzen.

  Im Prinzip kann in manchen Fällen noch die familiäre Bindung für einen erhöhten Sicherheitsnutzen sorgen. In der Regel reduzieren eigene Kinder aber den Rentenanspruch. Deshalb kann der Sicherheitsnutzen von Kindern auch negativ sein.

- Kinder sind mit hohen Opportunitätskosten verbunden.

Kinder beschränken üblicherweise die beruflichen Möglichkeiten und den Verdienst eines Elternteils. Sie limitieren die Freizeitoptionen und verursachen viel Arbeit. Kinder legen den weiteren Lebenslauf sehr weit fest.

- Kinder verursachen hohe direkte Kosten (Aufwände), die ihren Einkommensnutzen übersteigen.

- Kinder verlangen einen hohen Einsatz, ein hohes Verantwortungsbewusstsein, eine fast 20-jährige uneingeschränkte Zusage pro Kind („verantwortete Elternschaft").

Fazit: Einzig der Konsumnutzen kann heute Kinder noch ausreichend rechtfertigen. Dieser reicht aber nicht aus, um große Familienstärken zu bewirken.

Fertilitätstheorien

In den letzten Jahrzehnten wurden verschiedene Theorien entwickelt, um das global sehr unterschiedliche Fertilitätsverhalten von Bevölkerungen zu erklären. Insbesondere die sehr niedrigen Fertilitätsraten in den entwickelten Staaten ließen sich mit älteren Theorien nicht in Einklang bringen.

Als wesentliche Theorien sind heute zu nennen:

- Ökonomische Theorie der Fertilität[250]

  Die Darstellung in diesem Kapitel diskutiert die Konsequenzen dieser Theorie.

  Die Theorie harmoniert besonders gut mit der soziologischen Theorie des familialen Handelns, die annimmt, die Handlungswahl folge der sogenannten SEU-Regel (subjective expected utility). Danach wählt ein Akteur mit gegebenen Präferenzen und aktuellen Bedürfnissen aus einer Menge von Handlungsalternativen, die jeweils einen gewissen Nutzen versprechen und deren Realisationen mit bestimmten Kosten (inklusive Opportunitätskosten) verbunden sind, wobei die jeweiligen Nutzen- und Kostengrößen mit der subjektiven Wahrscheinlichkeit, dass sie als Folge der Handlung auch eintreten, gewichtet werden. Gewählt wird die Handlungsalternative, die den höchsten Nettonutzen als Differenz zwischen den subjektiv angenommenen Kosten und Nutzen verspricht[251]. Letztendlich erfolgen also alle Handlungen und Entscheidungen durch Kosten-Nutzenabwägungen.

---

[250] Hill, Paul B. und Kopp, Johannes: Familiensoziologie – Grundlagen und theoretische Perspektiven, 3. überarb. Auflage, 2004, Seite 198 ff.

[251] ebenda, Seite 124 ff.

- Sozialpsychologische Theorie der Fertilität[252]

  Diese Theorie verfolgt zwar einen etwas anderen Ansatz als die ökonomische Theorie, ist aber mit ihr weitestgehend deckungsgleich.

- Biographische Fertilitätstheorie

  Eine ausführliche Diskussion dieser Theorie findet sich im Abschnitt *Biographische Fertilitätstheorie* auf Seite 119. Auch diese Theorie argumentiert ökonomisch, konzentriert sich aber kostenseitig auf die biographischen Opportunitätskosten der Familiengründung und ignoriert den Nutzenaspekt und direkte Kosten weitestgehend.

- Individualisierungsthese

  Eine ausführliche Diskussion dieser These findet sich im Abschnitt *Individualisierungsthese* auf Seite 25. Die Individualisierungsthese argumentiert in erster Linie soziologisch, entspricht aber in ihren demographischen Konsequenzen der biographischen Fertilitätstheorie.

- Verantwortete Elternschaft

  Einen weiteren Aspekt stellt die sogenannte „verantwortete Elternschaft" dar, die eine Familiengründung davon abhängig macht, dass ein Wohlergehen des Kindes in vieler Hinsicht verantwortet werden kann. Die Theorie ist bezüglich den ökonomischen Aspekten kongruent mit der ökonomischen Theorie der Fertilität, berücksichtigt darüber hinaus aber auch psychologische oder soziologische Aspekte.

Im Prinzip sind alle genannten Theorien entweder austauschbar oder doch sehr stark miteinander kompatibel. In der Summe ergänzen sie sich und runden das Bild des in modernen Gesellschaften üblichen Fertilitätsverhaltens ab.

Ergänzend könnte noch die in diesem Buch vorgestellte Theorie der Interaktion von Produktions- und Reproduktionskapital genannt werden, die aber in vielen Aspekten ebenfalls mit den obigen Theorien verträglich ist.

Die Kernaussage ist: Im Prinzip wird jeder Mensch versuchen, sein Leben sinnhaft zu gestalten. Ist dies in der Produktion nicht möglich, wird – sofern damit nicht weitere gravierende (ökonomische) Nachteile verbunden sind – ein Ausweichen in die Reproduktion erfolgen.

Dies dürfte auch von Relevanz für die seit einiger Zeit geführte Diskussion um das „bedingungslose Grundeinkommen" (nicht zu verwechseln mit der ebenfalls diskutierten Grundeinkommensversicherung[253]) sein[254] [255].

---

[252] ebenda, Seite 206 ff.

Eine Hoffnung dabei ist, die Bürger würden von jeglicher ökonomischer Existenzangst befreit und könnten dann ihre kreativen Potenziale in optimaler Weise einsetzen. Auch könnten zahlreiche bürokratische Kosten und staatliche Aufwände entfallen.

Da sich das bedingungslose Grundeinkommen jedoch auch auf Kinder bezieht, ist nicht zu erkennen, warum die Menschen ihre kreativen Potenziale nicht bevorzugt im Bereich der Reproduktion einsetzen sollten. Aktuell haben wir in entwickelten Gesellschaften die Situation einer Vergütung produktiver Tätigkeiten bei gleichzeitiger ökonomischer Vernachlässigung der Reproduktion. Dies führt in Verbindung mit den oben aufgeführten Theorien zu den bekannten niedrigen Fertilitätsraten.

Ein bedingungsloses ausreichendes Grundeinkommen könnte nun den Sinn produktiver Tätigkeiten entwerten. Es läge dann die genau umgekehrte Situation vor: Die Reproduktion macht Sinn, die Produktion nicht, speziell für solche Menschen, die in der Produktion keinen Erfolg haben und dann nach einem ausgleichenden Lebenssinn suchen.

Die soziologische Handlungstheorie geht von zwei menschlichen Grundbedürfnissen aus: physisches Wohlergehen und soziale Anerkennung[256]. Wird die soziale Anerkennung in der Interaktion mit Anderen (in der Produktion) nicht erreicht, kann sie ersatzweise in der Reproduktion über die eigenen Kinder fast zwangsläufig erworben werden. Die Auswirkungen auf die gesellschaftliche Fertilität dürften auf der Hand liegen.

Das im Kapitel *Familienmanager-Konzept* auf Seite 153 vorgestellte Modell einer Teilprofessionalisierung der gesellschaftlichen Reproduktion schlägt dagegen einen Mittelweg ein: Produktion und Reproduktion werden in ihrer Bedeutung ökonomisch gleichgestellt. Der Markt sorgt für den natürlichen Ausgleich zwischen beiden Bereichen.

Da für die Familienmanagerinnen die wichtigsten fertilitätseinschränkenden Gründe wie fehlender Einkommens- und Sicherheitsnutzen von Kindern sowie hohe biographische Opportunitätskosten allesamt außer Kraft gesetzt sind, kann für diese Teilgruppe eine hohe Fertilitätsrate erwartet werden. Im Zusammenspiel mit der

---

[253] Opielka, Michael: Die Idee einer Grundeinkommensversicherung – Analytische und politische Erträge eines erweiterten Konzepts der Bürgerversicherung, in: Strengmann-Kuhn, Wolfgang (Hrsg.): Das Prinzip Bürgerversicherung – Die Zukunft im Sozialstaat, 2005

[254] Wikipedia: Bedingungsloses Grundeinkommen, http://de.wikipedia.org/wiki/Grundeinkommen

[255] Werner, Götz: Konsum ist bessere Geldquelle – Interview von Hannes Koch, http://www.taz.de/pt/2006/08/09/a0110.1/textdruck

[256] Hill, Paul B. und Kopp, Johannes: Familiensoziologie – Grundlagen und theoretische Perspektiven, 3. überarb. Auflage, 2004, Seite 125

Fertilität der restlichen Bevölkerung und der staatlichen Ressourcenallokation ist dann sogar eine planbare gesellschaftliche Reproduktion vorstellbar. Auf diese Zusammenhänge wird im Kapitel *Bevölkerungspolitik* auf Seite 119 näher eingegangen.

5 Kindererziehung

In diesem Kapitel geht es in erster Linie um die frühkindliche Erziehung in Abgrenzung etwa zur schulischen Bildung. Letztere spielt nur dann eine Rolle, wenn in der Schule auftretende Mängel auf Erziehungsdefizite in der Familie zurückgeführt werden können.

Zur Problematik der schulischen Bildung in Deutschland gibt es eine eigenständige, umfangreiche und zum Teil ganz hervorragende Literatur[257].

Humankapital-Bildung

Im Dezember 2001 wurde das Ergebnis des internationalen Schüler-Vergleichstests PISA veröffentlicht. Deutschland belegte unter den insgesamt 31 Ländern je nach Lernfeld die Plätze 21 bis 25[258].

Allerdings war das Resultat unter anderem auch deshalb niederschmetternd, weil die Studie den Deutschen kein schlechteres fachspezifisches Schulwissen bescheinigte, sondern sie Defizite in den Basisbereichen Lesekompetenz und Textverständnis, Reflexion, Problemlöse- und Anwendungsfähigkeit und damit im Bereich der Grundlagen des lebenslangen Lernens zum Vorschein brachte[259]. Solche Schwächen könnten durchaus auf frühkindliche und familiäre Bildungsdefizite zurückzuführen sein.

Dennoch wurden aus den Studienergebnissen praktisch keine Konsequenzen gezogen. Stattdessen wurden die Resultate für ideologische Grabenkämpfe missbraucht[260]:

Generell muss man in der (...) Debatte um die Schlussfolgerungen aus der PISA-Studie feststellen, dass gerne das herausgegriffen wird, was ideologisch gefällt.

In Wissensgesellschaften spielt die Qualität des Humankapitals eine entscheidende Rolle. Gemäß allgemeinem ökonomischem Verständnis wird Humankapital durch die

---

[257]   Siehe zum Beispiel: Robert Bosch Stiftung: Demographie als Chance. Demographische Entwicklung und Bildungssystem – finanzielle Spielräume und Reformbedarf, 2006

[258]   Mannes, Astrid Luise: Nach PISA ist vor PISA – die ehrliche Fehlersuche blieb aus, in: Ludwig C., Mannes A. (Hrsg.): Mit der Spaßgesellschaft in den Bildungsnotstand – 17 streitbare Beiträge für einen Aufbruch aus der Bildungsmisere, 2. Auflage, 2004, Seite 19

[259]   ebenda, Seite 19 f.

[260]   ebenda, Seite 23

Ausbildung spezifischer Qualifikationen und Kompetenzen im Bildungssystem und Beruf erzeugt. In Erweiterung der schulischen und beruflichen Ausbildung trägt aber die familiäre Erziehung, auch schon im Vorschulalter, in erheblichem Maße zur Entwicklung von Humankapital bei[261], wobei heute mehr und mehr darauf hingewiesen wird, dass die eigentliche Basis bereits in frühester Kindheit gelegt wird, und diese wiederum zum Teil auf erblichen Faktoren beruht.

Im Allgemeinen dürfte es fast aussichtslos sein, durch berufliche Ausbildungen das nachholen zu wollen, was in der Kindheit bereits versäumt wurde. Es kann deshalb nur konstatiert werden, dass das in Deutschland „nachwachsende" Humankapital substanzielle Schwächen aufweist, was sich zwangsläufig negativ auf die zukünftige Arbeitswelt auswirken muss[262]:

Doch wer die Jugend vernachlässigt, braucht sich über die Arbeitswelt der Zukunft keine Gedanken zu machen.

Gleichzeitig wird die Würde der nachkommenden Generation missachtet[263]:

Unzählige Schüler beenden ihre Lernzeit ohne stimulierende Erkenntnis eigener Talente. Ihre Intelligenz wird unterfordert. So schädigen wir die Arbeitswelt, und – was schwerer wiegt – wir vernachlässigen die Grundrechte junger Menschen auf Entfaltung, Lebenslust und Selbstvertrauen – kurz gesagt: wir vernachlässigen ihre Würde.

Familiärer Hintergrund

Allerdings haben die PISA-Resultate nicht nur gezeigt, dass deutsche Schüler im internationalen Vergleich unbefriedigende Kompetenzen aufweisen, sondern auch, dass Kinder, deren Mütter über eine geringe Ausbildung verfügen, selbst wenige Chancen haben, einen hohen Bildungsabschluss zu erreichen[264].

Dies ist auch deshalb beunruhigend, weil die gesellschaftliche Entwicklung der letzten Jahrzehnte eine tendenziell niedrige Fertilität in Schichten mit hoher Bildung und eine dagegen vergleichsweise höhere Fertilität in Schichten mit niedriger Bildung

---

[261] Kasemir, Helga: Der Beitrag der Familie zur Bildung von Human- und Sozialkapital, in: Clar G, Doré J, Mohr H (Hrsg.): Humankapital und Wissen – Grundlagen einer nachhaltigen Entwicklung, 1997, Seite 221

[262] Höhler, Gertrud: Vorwort, in: Ludwig C., Mannes A. (Hrsg.): Mit der Spaßgesellschaft in den Bildungsnotstand – 17 streitbare Beiträge für einen Aufbruch aus der Bildungsmisere, 2. Auflage, 2004, Seite 11

[263] ebenda, Seite 11

[264] Hüther, Michael: Bevölkerungsorientierte Familienpolitik – Wachstumspolitische Vorsorge, in: Zimmermann, Klaus F. (Hrsg.): Deutschland – was nun? Reformen für Wirtschaft und Gesellschaft, 2006, Seite 134

gefördert und bewirkt hat. Auf diese Weise verringern sich für immer mehr Kinder die Chancen auf eine spätere erfolgreiche berufliche Karriere.

Erziehungsdefizite

Kinder weisen zunehmend Erziehungsdefizite auf, die zum Teil aus falsch verstandenen Erziehungsidealen herrühren könnten[265]:

Eine Erziehung, die Kinder mit Freiheiten überfordert (oder, in der Bequemlichkeitsvariante, einfach ohne pädagogische Ambitionen tun lässt, was sie wollen), ist fast sicher geeignet zu verhindern, dass sie reife Persönlichkeiten, Charaktere, werden. Es ist der fundamentale Irrtum der antiautoritären Pädagogik, das Erziehungsziel, den freien, verantwortungsvollen Menschen, mit dem Weg zu diesem Ziel verwechselt zu haben.

Mit anderen Worten: Eine wachsende Zahl von Eltern scheint ihre Gleichgültigkeit und Nicht-Erziehung mit Liberalität und Toleranz zu verwechseln[266]. Kennzeichnend für diesen Erziehungsstil ist unter anderem die rasche Erfüllung banaler Konsumwünsche[267].

Daneben leiden gerade berufstätige Mütter häufig unter der Doppelbelastung von Familie und Beruf, was sich in Zeitmangel, Überforderung und Erschöpfung ausdrückt[268] [269]. Zahlreiche Eltern wirken heute geradezu ausgebrannt[270].

Auf diese Weise gehen dann entscheidende Erziehungswerte verloren[271]:

Dieser Gesellschaft kommt die Fähigkeit zur Erziehung abhanden, und sie hat den Respekt vor der Kindheit verloren. Viele Eltern sind kaum noch in der Lage, ihren Kindern Grenzen zu setzen, ihnen verbindliche Werte zu vermitteln und ihnen die einfachsten Kulturtechniken beizubringen.

Lehrer berichten etwa, dass selbst die Fähigkeit zum Gebrauch von Messer und Gabel bei Kindern auf breiter Front zurückweiche[272].

---

[265] Gaschke, S.: Die Erziehungskatastrophe – Kinder brauchen starke Eltern, 2003, Seite 17

[266] Gerster, Petra und Nürnberger, Christian: Der Erziehungsnotstand – Wie wir die Zukunft unserer Kinder retten, 2. Auflage, 2004, Seite 27

[267] ebenda, Seite 62

[268] Warner, Judith: Perfect Madness – Motherhood in the Age of Anxiety, 2006

[269] Mayer, Susanne: Deutschland armes Kinderland – Wie die Ego-Gesellschaft unsere Zukunft verspielt, 2002, Seite 201

[270] Gerster, Petra und Nürnberger, Christian: Der Erziehungsnotstand – Wie wir die Zukunft unserer Kinder retten, 2. Auflage, 2004, Seite 65

[271] Gaschke, S.: Die Erziehungskatastrophe – Kinder brauchen starke Eltern, 2003, Seite 28

[272] ebenda, Seite 43

Allerdings soll hier nicht der Eindruck erweckt werden, als wende sich nun in allen Familien alles zum Schlechten, es gibt daneben auch positive Entwicklungen. Grundsätzlich ist ein Anstieg der Anforderungen an die heutige Kindererziehung festzuhalten. Dazu haben einerseits die kleinen Familiengrößen und fehlenden Nachbarschaftskinder gesorgt, wodurch die Kinder weniger mit sich selbst beschäftigt sind. Gleichzeitig ist es nun verstärkt erforderlich, die Kinder zu Spielmöglichkeiten oder außerschulischen Ereignissen zu transportieren, was den zeitlichen Aufwand für die Eltern enorm erhöhen kann.

Auch ist der frühere autoritäre Erziehungsstil in der Regel einer Verhandlungsstrategie gewichen, bei der Entscheidungen nicht mehr nur einfach angeordnet werden[273]. Ein solches Erziehungsverhalten ist meist nur in Kleinfamilien möglich, speziell dann, wenn begrenzte Erziehungskapazitäten vorliegen, kann sich aber bei entsprechender Konsequenz sehr positiv auf die Entwicklung der Kinder auswirken.

Sprachliche Defizite

Immer mehr Kinder weisen sprachliche Defizite auf. Jedes vierte bis fünfte Kind im Alter von drei und vier Jahren gilt mittlerweile als sprachgestört. Logopäden verzeichnen seit Jahren deutlich mehr Patienten, überwiegend Kinder im Vor- und Grundschulalter[274].

Der Anteil sprachentwicklungsgestörter Kinder im Alter von drei bis vier Jahren ist im letzten Jahrzehnt von 4 auf 25 Prozent gestiegen. Von den erwachsenen Deutschen verfügen 14 Prozent über ausgesprochen schlechte und weitere 34 Prozent über nur mäßige Fähigkeiten, den Inhalt von Texten zu verstehen[275].

Dies stellt eine äußerst kritische Entwicklung dar, die dringend der Gegensteuerung bedarf. Offenbar wächst eine Generation heran, bei der ein erheblicher Teil des verstehenden Lesens nicht mächtig ist und damit für jede höhere Leistung ausscheidet[276].

Daneben offenbarten die PISA-Studien zum Teil gravierende sprachliche Mängel bei den ausländischen Schülern. Immerhin wurde dadurch wahrgenommen, dass auch ausländische Schüler die deutsche Sprache beherrschen müssen, weil sie sonst um

---

[273]   Dierks, Marianne: Karriere! – Kinder, Küche? Zur Reproduktionsarbeit in Familien mit qualifizierten berufsorientierten Müttern, 2005, Seite 396

[274]   Gerster, Petra und Nürnberger, Christian: Der Erziehungsnotstand – Wie wir die Zukunft unserer Kinder retten, 2. Auflage, 2004, Seite 95

[275]   ebenda, Seite 96

[276]   Mannes, Astrid Luise: Nach PISA ist vor PISA – die ehrliche Fehlersuche blieb aus, in: Ludwig C., Mannes A. (Hrsg.): Mit der Spaßgesellschaft in den Bildungsnotstand – 17 streitbare Beiträge für einen Aufbruch aus der Bildungsmisere, 2. Auflage, 2004, Seite 27

ihre Zukunftschance gebracht werden[277]. Eine unkritische Lobpreisung der multikulturellen Gesellschaft ohne „deutsche Leitkultur" scheint allen zu schaden – den Ausländerkindern und den deutschen Kindern[278]. Denn der hohe Ausländeranteil an vielen Schulen mit seinen sprachlichen Defiziten behindert auch die sprachliche Entwicklung der deutschen Kinder.

Allgemeine Gesundheitsdefizite

Der gesundheitliche Zustand vieler Kinder ist erschreckend desolat. Ob Bewegungs- oder Konzentrationsmängel, Ess-, Stimm-, Schlaf- oder Verhaltensstörungen: Die Mängelliste ist lang[279].

Dabei ist auffällig, dass immer mehr Kinder von Krankheiten befallen werden, die üblicherweise der älteren Generation zugeordnet werden: Gelenk- und Skelettveränderungen, Bluthochdruck, „Alters"-Diabetes sind längst „Kinderkrankheiten geworden[280].

Fachleute sind deshalb der Auffassung, dass die Ursachen des PISA-Desasters nicht nur in der Schule, sondern vor allem in den Voraussetzungen liegen, die Kinder bereits mitbringen, wenn sie morgens zur Schule kommen[281].

Birgitta vom Lehn präzisiert[282]:

Eine Langzeitstudie der Universität Erlangen-Nürnberg (...) brachte im Mai 2004 Beängstigendes zutage: 13 bis 17 Prozent der Kinder weisen ernsthafte Schwierigkeiten im Sozialverhalten auf. Sie sind aggressiv, drogenabhängig oder hyperaktiv, werden straffällig oder leiden unter Ängsten, Depressionen und Essstörungen. Die wichtigsten Gründe für die Verhaltensprobleme der Kinder seien mangelnde emotionale Zuwendung der Eltern sowie deren Desinteresse am eigenen Nachwuchs.

---

[277] ebenda, Seite 24

[278] ebenda, Seite 23

[279] Vom Lehn, Birgitta: Kindeswohl, ade! Gesundheitsverhütung im Wohlstandsland – PISA war auch eine physische Pleite, 2004, Seite 13

[280] Höhler, Gertrud: Vorwort, in: Ludwig C., Mannes A. (Hrsg.): Mit der Spaßgesellschaft in den Bildungsnotstand – 17 streitbare Beiträge für einen Aufbruch aus der Bildungsmisere, 2. Auflage, 2004, Seite 12

[281] Vom Lehn, Birgitta: Kindeswohl, ade! Gesundheitsverhütung im Wohlstandsland – PISA war auch eine physische Pleite, 2004, Seite 12

[282] ebenda, Seite 15

Ernährungsdefizite

Ein immer größerer Anteil der Schüler und Kindergartenkinder leidet unter Überge-wicht, was für sie auch intellektuelle Beeinträchtigungen zur Folge haben kann[283]. Daneben erhöht sich für sie das Risiko für weitere chronische Erkrankungen[284].

Dass physiologische Aspekte mit psychologischen und vor allem lernpsychologi-schen Bedingungen zusammenhängen, ist in der Forschung längst belegt, wird aber in der öffentlichen Diskussion mit schöner Regelmäßigkeit ausgeblendet[285].

Der Medizin geht es in erster Linie um die Anerkennung der Fettleibigkeit (Adiposi-tas) als Krankheit, denn dann kann mit Therapien Geld verdient werden[286]. Dabei gerät aus dem Blickfeld, dass es sich hierbei um kein rein medizinisches Problem handelt, sondern es in erster Linie die Eltern sind, die die Verantwortung für das kindliche Fettleibigkeits-Desaster tragen[287]. Sie könnten durch entsprechende Erziehungsmaßnahmen für ein gesundes Ernährungsverhalten ihrer Kinder sorgen.

Stoffwechselerkenntnisse sprechen dafür, dass die Grundlagen der Adipositas-Welle bereits in sehr früher Kindheit gelegt werden:

Säugetiere halten den weitaus größten Teil ihrer Energiereserven in Form von Fett vor. Dazu wird zunächst jegliche überschüssige Kalorie, egal ob aus Kohlenhydraten, Fetten oder Proteinen, in Fett umgewandelt und als Triacylglycerine (Triglyceride) in den Fettzellen abgelegt.

Das Problem dabei: Die so abgespeicherten Fette können nur zu einem geringfügi-gen Teil (genauer: der Glycerinanteil der Triglyceride) wieder in Glucose umgewan-delt werden.

Die Körperorgane von Säugetieren bevorzugen normalerweise als Energielieferanten Fett, speziell dann, wenn die Energie aus dem Körperspeicher kommt, während das zentrale Nervensystem ausschließlich mit Glucose versorgt werden kann. Dies hat den Nachteil, dass Gehirnfunktionen immer nur einen sehr geringen Energiebedarf haben können. Oder anders ausgedrückt: Das Gehirn kann im Vergleich zu den Körperorganen immer nur sehr klein bleiben.

Säugetiere mit einem im Vergleich zum restlichen Körper recht großen Gehirn können dagegen ihr Gehirn – speziell bei Nahrungskarenz – mit Fettenergien in Form

---

[283]   Vom Lehn, Birgitta: Kindeswohl, ade! Gesundheitsverhütung im Wohlstandsland – PISA war auch eine physische Pleite, 2004, Seite 23

[284]   Mersch, Peter. Migräne – Heilung ist möglich. 2006

[285]   Vom Lehn, Birgitta: Kindeswohl, ade! Gesundheitsverhütung im Wohlstandsland – PISA war auch eine physische Pleite, 2004, Seite 16

[286]   ebenda, Seite 22

[287]   ebenda, Seite 20

sogenannter Ketonkörper versorgen. In der Altsteinzeit scheint dieser Fettstoffwechsel der Normalmodus für das menschliche Gehirn gewesen zu sein (die Nahrung bestand im Wesentlichen aus kohlenhydratfreien bzw. -armen, dafür aber fettreichen tierischen Produkten). Dies gab dem menschlichen Gehirn die energetische Kraft, mit den zunehmenden geistigen Anforderungen zu wachsen. Ein menschliches Großhirn mit einem Energieverbrauch von ca. 25 Prozent der gesamten Ruheenergie des Körpers ist ohne die Millionen Jahre andauernde überwiegend ketogene Diät der Menschheit nicht vorstellbar.

Zwingend ist dieser – auch Ketolysefähigkeit genannte – Modus noch heute für Säuglinge, da deren Gehirn fast 75 Prozent der körperlichen Ruheenergie verbraucht. Diese Anforderungen sind auch mit ein Grund dafür, warum menschliche Babies im Vergleich zum Nachwuchs anderer Säugetiere mit einem kräftigen Fettpolster zur Welt kommen: Ohne diese auch für ihr Gehirn nutzbare Energie könnten sie nur geringe Ausfallzeiten der in der ersten Zeit nach der Geburt energiespendenden Mutter überleben[288]:

Im Gehirnstoffwechsel eines Säuglings werden zu einem weitaus höheren Anteil Ketonkörper verarbeitet als beim Erwachsenen. Infolgedessen können Säuglinge wesentlich geringere Blutglucosekonzentrationen (20 – 30 mg/dl = 1,2 – 1,8 mmol/l) ohne neurologische Ausfälle tolerieren als Erwachsene. Kurz nach der Geburt steigen die Aktivitäten der Ketonkörper verwertenden Enzyme ... deutlich an, wodurch eine optimale Ausnutzung des hohen Fettanteils der Muttermilch möglich wird. Glucose kann jedoch auch beim Säugling nicht vollständig durch Ketonkörper ersetzt werden. Nach dem Abstillen und der Umstellung des Kleinkindes auf kohlenhydratreiche Nahrung fallen die Ketonkörper metabolisierenden Enzymaktivitäten wieder ab.

Daneben spielen die aus dem Fett stammenden Ketonkörper eine wichtige Rolle für die Entwicklung der kleinkindlichen Gehirnsubstanz[289].

Eine zu frühzeitige Umstellung von Kleinkindern auf die heute übliche fettarme und kohlenhydratreiche Ernährung – und sei es durch frühzeitiges Abstillen – kann deshalb das Gehirn des Kleinkindes empfindlich schädigen, jedenfalls erhält es dabei nicht die Nährstoffe für eine optimale Entwicklung. Dies zeigt sich auch an frühkindlichen zerebralen Störungen wie Epilepsie, die häufig positiv auf ketogene bzw. fettreiche und kohlenhydratarme Diäten ansprechen.

Verstärkt werden die dargestellten und häufig sogar beratungsgestützten[290] [291] [292] Fehlernährungen durch die heute immer mehr zunehmende Tendenz zu häufigen kohlenhydratreichen Zwischenmahlzeiten.

---

[288] Löffler, Georg und Petrides, Petro E.: Biochemie und Pathobiochemie, 7. Auflage, 2003, Seite 1055

[289] Morris AAM: Cerebral ketone body metabolism, Journal of Inherited Metabolic Disease, Volume 28, Issue 2, Apr 2005, Pages 109 – 121

Viele Kinder können kaum mehr einer Unterrichtsstunde folgen, ohne sofort wieder eine Kleinigkeit naschen zu müssen. Sie hängen auf diese Weise – bildlich gesprochen – am Kohlenhydrat-Tropf. Hierdurch geht die Ketolysefähigkeit des Gehirns, das heißt die Fähigkeit, die aus dem Körperfett stammenden Ketonkörper zur Energiegewinnung zu verwenden, besonders schnell verloren. Solche Kinder sind dann gezwungen, ihren Blutzuckerspiegel permanent durch kleine Mahlzeiten zu stützen. Die Folge sind Krankheiten und Symptome wie Kopfschmerzen, Migräne, Adipositas, Altersdiabetes, ADHS oder Bulimie.

Diese Entwicklung wird durch das elterliche Erziehungsvakuum – speziell in sozial schwachen Schichten – entscheidend gefördert. Viele Kinder sitzen heute stundenlang vor dem Fernseher, dem Internet oder einer Spielekonsole, wobei sie regelmäßig eine Kleinigkeit – zum Beispiel ein kalorienhaltiges Süßgetränk – zu sich nehmen und dabei unwissentlich ihren gesamten Stoffwechsel und insbesondere ihren Gehirnstoffwechsel durcheinander bringen.

Besser wäre es, sie dazu anzuleiten, nur dreimal am Tag eine substanzreiche Mahlzeit einzunehmen, aber dazu fehlen heutigen Eltern meist die Zeit, die Kenntnis und auch die Nerven.

Bewegungsdefizite

Wissenschaftliche Erkenntnisse legen den Schluss nahe, dass zwischen intellektueller Fähigkeit und aktivem Bewegungsdrang ein enger Zusammenhang besteht[293]. Gerade in Bezug auf körperliche Fitness und Motorik werden aber zunehmend erhebliche Defizite bei Kindern festgestellt, die Ausdruck einer Vernachlässigung durch die Eltern sein könnten[294].

Verhaltensdefizite

Bereits ein Viertel aller Kindergartenkinder von drei bis sechs Jahren zeigt in Deutschland Verhaltensauffälligkeiten wie Aggressivität, Konzentrationsprobleme

---

[290]　Göbel, Hartmut: Die zehn Hauptregeln für Migränepatienten – damit es funktioniert, http://www.migraene-schule.de/html/hauptregeln.html

[291]　Göbel, Hartmut: Experten, http://www.atkins-risiko.de/experten.html

[292]　Koch, Klaus: Ernährungsempfehlungen ohne Gewähr, http://www.evibase.de/texte/rahmen_text.htm?/texte/sz/texte/ernaehrungsempfehlungen_ohne.htm

[293]　Vom Lehn, Birgitta: Kindeswohl, ade! Gesundheitsverhütung im Wohlstandsland – PISA war auch eine physische Pleite, 2004, Seite 34

[294]　ebenda, Seite 39

sowie Ängstlichkeit[295]. Und auch in der Schule nimmt der Anteil der verhaltensgestörten Kinder zu: Während man vor zwanzig Jahren mit ein oder zwei auffälligen Kindern pro Klasse rechnen musste, sind es heute eher fünf oder sechs[296].

Experten vermuten, dass die Ursachen bis weit in die frühe Kindheit zurückreichen[297]:

Denn die Verhaltensdefizite, unter denen Kinder heute mehr denn je leiden, führen meist zurück in eine Zeit, die weit vor dem Alter liegt, in der die „PISA-Schüler" getestet wurden. Nur sehr eingeschränkt helfen also schulische Maßnahmen, diese Mängel zu beheben. Die Förderung und Mängelbeseitigung müsste viel früher einsetzen. Gerade die zahlreichen neueren Untersuchungen im Bereich der Säuglings- und Bindungsforschung geben hierzu Anlass. Viele der in der PISA-Studie benannten und auch in der Grundschule existierenden Probleme könnten ihren Ursprung in frühkindlichen Bindungsproblematiken haben.

Bemerkenswert ist speziell die Entwicklung bei ADS (ADHS)[298]: Hierbei handelt es sich um eine vorwiegend bei Kindern, aber auch bei Erwachsenen auftretende Gehirnstörung, deren Ausbreitung in den letzten Jahrzehnten dramatisch zugenommen hat[299 300].

Barbara Simonsohn schreibt dazu[301]:

Das 'Hyperkinetische Syndrom', früher 'Minimale zerebrale Dysfunktion' genannt, wird zunehmend als Folge eines Energiemangels im Gehirn diskutiert und mit einem Mangel an Neurotransmittern wie Dopamin und Serotonin in Zusammenhang gebracht. Allerdings wird nur selten die 'Frage nach den Ursachen der Ursachen' gestellt. Wie kommt es, dass ein Syndrom, das früher selten war, heute so verbreitet ist, dass Kinder mit ADS in jeder Kindergartengruppe und Schulklasse zu finden sind? Als Ursache der Störung gilt ein neurobiologisches Defizit im Gehirn-Stoffwechsel. Durch einen Mangel an Neurotransmittern werden Informationsverarbeitung, Weiterleitung von Nervenimpulsen und die damit

---

[295]   Gerster, Petra und Nürnberger, Christian: Der Erziehungsnotstand – Wie wir die Zukunft unserer Kinder retten, 2. Auflage, 2004, Seite 58

[296]   ebenda, Seite 98

[297]   Vom Lehn, Birgitta: Kindeswohl, ade! Gesundheitsverhütung im Wohlstandsland – PISA war auch eine physische Pleite, 2004, Seite 57

[298]   PHPAB: ADHD – Attention Deficit Hyperactivity Disorder, http://phpab.org/ADHDReport/ADHDReport.htm

[299]   Rowland AS, Umbach DM, Catoe KE, Stallone L, Long S, Rabiner D, Naftel AJ, Panke D, Faulk R, Sandler DP: Studying the Epidemiology of Attention-Deficit Hyperactivity Disorder: Screening Method and Pilot Results. Can J Psychiatry 2001 Dec;46(10):931-40

[300]   Barbaresi WJ et. al.: Archives of Pediatrics and Adolescent Medicine, How Common is Attention-Deficit/Hyperactivity Disorder? Incidence in a Population-Based Birth Cohort in Rochester, Minn. Arch Pediatr Adolesc Med 2002 Mar;156(3):217-24

[301]   Simonsohn, Barbara: Das ADS – Syndrom,http://www.balance-online.de/texte/116.htm

zusammenhängende Fähigkeit zur Aufmerksamkeit geschwächt. Die Frustrationstoleranz ist niedriger als normal und die Gewaltbereitschaft höher.

Die Ursachen des hyperkinetischen Syndroms oder von ADS sind vermutlich multikausal. Offenbar wird ADS durch zu viel Fernsehen, zu viele Computerspiele und eine Laissez-Faire-Erziehung verstärkt, darüber hinaus auch durch bestimmte Zusatzstoffe in Lebensmitteln, Weißmehlprodukte und Süßigkeiten. Die Disposition dafür scheint erblich zu sein. Mehr als 6.000 wissenschaftliche Publikationen sind bisher zu diesem Thema erschienen.

Untersuchungen an betroffenen Kindern und Erwachsenen zeigen, dass der Zuckerstoffwechsel verlangsamt ist und Teile des Gehirns, die für Aufmerksamkeit zuständig sind, mit zu wenig Glucose versorgt werden. Einige Forscher machen dafür Schwermetalle wie Blei und PCBs verantwortlich, andere Hypoglykämie durch den Verzehr von Zucker und anderen einfachen Kohlenhydraten.

Ganz häufig werden an ADS erkrankte Kinder mit dem Medikament Ritalin ruhig gestellt. In den USA schlucken Kinder bereits reihenweise ihr morgendliches Ritalin-Dragee: 90 Prozent des weltweiten Verbrauchs fallen auf die USA. Deutschland hinkt zwar hinterher, aber die Tendenz ist auch hier eindeutig ansteigend[302]. Dabei dürfte in vielen Fällen das Kind nicht krank, sondern die Symptome lediglich das Produkt einer inkonsequenten und unklaren Erziehung und einer inadäquaten und nährstoffarmen Ernährung sein[303].

Verhaltensdefizite bei Schülern führen ganz häufig zu einer Überforderung der Lehrer und zu Lernbeeinträchtigungen bei anderen Schülern.

Verhaltensstörungen können auch durch häufigen Fernseh-, Computerspiele- und Internetkonsum begünstigt werden. In den USA hat beispielsweise ein durchschnittliches Kind im Alter von 13 Jahren rund 100.000 Morde im Fernsehen gesehen[304].

Beim Schauen von Talk Shows verbringen Kinder nicht selten ihre Freizeit mit Menschen, die ihre Eltern normalerweise nicht in ihre Wohnung lassen würden[305]. Ähnlich gravierend dürfte mittlerweile der Einfluss des Internets sein. In zahlreichen selbst scheinbar seriösen Internetforen wird bisweilen im Schutz der Anonymität ein Sozialverhalten praktiziert und eingeübt, was an faschistoide Hetzkampagnen erinnern könnte. Ein wirksamer Jugendschutz ist auch mit optimaler Voreinstellung des Betriebssystems so gut wie nicht gegeben.

Zahlreiche Computerspiele fördern unmittelbar die Gewaltbereitschaft.

---

[302] Vom Lehn, Birgitta: Kindeswohl, ade! Gesundheitsverhütung im Wohlstandsland – PISA war auch eine physische Pleite, 2004, Seite 51

[303] ebenda, Seite 53 f.

[304] Gerster, Petra und Nürnberger, Christian: Der Erziehungsnotstand – Wie wir die Zukunft unserer Kinder retten, 2. Auflage, 2004, Seite 113

[305] ebenda, Seite 115

Wahrnehmungsdefizite

Immer mehr Kinder leben mit gestörter Wahrnehmung, sie können beispielsweise raue nicht von glatten Oberflächen unterscheiden, ihr Gleichgewichtssinn ist ebenso unterentwickelt wie ihr Reaktionsvermögen[306].

Elternbindung

Wissenschaftliche Untersuchungen weisen auf die Bedeutung der Mutterbindung für die frühkindliche Entwicklung hin (siehe auch die Ausführungen im Abschnitt *Verhaltensdefizite* auf Seite 110)[307]:

1982 konnte eine Untersuchung an 193 Müttern und ihren Kindern aus verschiedenen sozioökonomischen Schichten feststellen, dass die Qualität der Mutter-Kind-Beziehung und der häuslichen Atmosphäre der beste Prädikator für die intellektuellen und sprachlichen Leistungen des Kindes im Alter von vier Jahren waren, und zwar unabhängig vom Bildungsgrad und der Klassenzugehörigkeit der Mutter.

Dies könnte andeuten, dass die Bedeutung eines sicher gebundenen Kindes an die Mutter, günstigerweise auch an den Vater, durch nichts und niemanden zu ersetzen ist[308].

Hieraus könnte das Anrecht eines Kindes auf eine solch unversehrte Mutterbindung abgeleitet werden[309], welches auch im Rahmen einer arbeitsmarktzentrierten Familienpolitik nicht zur Disposition stehen kann.

Ganztagsbetreuungen

Einige Experten befürchten eine weitere Verschlechterung der kindlichen Erziehungssituation, wenn als Teil einer arbeitsmarktzentrierten Familienpolitik elterliche Erziehungsleistungen verstärkt in staatliche Hände gelegt werden. So führt Norbert Bolz etwa an[310]:

---

[306] Höhler, Gertrud: Vorwort, in: Ludwig C., Mannes A. (Hrsg.): Mit der Spaßgesellschaft in den Bildungsnotstand – 17 streitbare Beiträge für einen Aufbruch aus der Bildungsmisere, 2. Auflage, 2004, Seite 13

[307] Vom Lehn, Birgitta: Kindeswohl, ade! Gesundheitsverhütung im Wohlstandsland – PISA war auch eine physische Pleite, 2004, Seite 65

[308] ebenda, Seite 66

[309] Herman, Eva: Die Emanzipation – ein Irrtum? Mai 2006, http://www.cicero.de/97.php?ress_id=7&item=1111

[310] Bolz, Norbert: Die Helden der Familie, 2006, Seite 39

Als hätte die DDR einen späten ideologischen Sieg errungen, predigen die meisten Politiker heute ganz selbstverständlich die Verstaatlichung der Kinder. Denn Kinderkrippen, Kindertagesstätten und Ganztagsschulen sind nicht als Hilfestellungen für notleidende Eltern, sondern als neue familienpolitische Norm konzipiert. (...) Statt die öffentliche Erziehung als Erweiterung der häuslichen aufzufassen, wird sie zur wesentlichen, und das Endziel ist sichtbar, die Kinder den Eltern fortzunehmen, um sie zu Kindern allein des Ganzen zu machen.

Und weiter[311]:

Kinderkrippen, Horte, Ganztagsschulen und Tagesmütter bieten zweifellos verlässliche Betreuung. Aber man kann von solchen Einrichtungen natürlich nicht Liebe, Behutsamkeit und Zärtlichkeit erwarten.

Einige empirische Daten könnten solche Aussagen stützen. Denn auffälligerweise haben die Länder Bayern und Baden-Württemberg, die bei der innerdeutschen PISA-Studie am besten abschnitten, die geringste Zahl der Kinderbetreuungsmöglichkeiten[312].

Auch wird zu bedenken gegeben, dass sich in Kinderbetreuungseinrichtungen stets eine Erzieherin um eine Vielzahl gleichaltriger fremder Kinder kümmern muss, während Mütter – aufgrund der natürlichen Geburtenfolge – es in der Regel nur mit ganz wenigen eigenen Kindern der gleichen Altersstufe zu tun haben[313].

Die Familienmanager-Chance

Die bisherigen Abschnitte dieses Kapitels haben gezeigt: Von einer wissensgesellschafts-gerechten Kindererziehung kann in Deutschland keine Rede sein. Es können erhebliche physische, psychische und kognitive Mängel bei den Kindern festgestellt werden, deren Fundamente zum großen Teil bereits in früher Kindheit gelegt werden.

Trotz der Bedeutung der frühkindlichen Erziehung für die Zukunft unserer Gesellschaft ist „Mutter" einer der ganz wenigen „Jobs", für den keine Ausbildung erforderlich ist, ja für den manchmal zusätzliche Qualifikationen sogar als schädlich angenommen werden. Neben der fehlenden finanziellen Anerkennung trägt dies entscheidend zur gesellschaftlichen Abwertung der Aufgabe bei.

Der Beruf der Familienmanagerin könnte zu einer erheblichen Verbesserung der beschriebenen Situation beitragen:

---

[311] ebenda, Seite 41

[312] Mannes, Astrid Luise: Nach PISA ist vor PISA – die ehrliche Fehlersuche blieb aus, in: Ludwig C., Mannes A. (Hrsg.): Mit der Spaßgesellschaft in den Bildungsnotstand – 17 streitbare Beiträge für einen Aufbruch aus der Bildungsmisere, 2. Auflage, 2004, Seite 17 f.

[313] ebenda

- Eine Familienmanagerin verfügt generell über ein hohes Ausbildungsniveau.

- Auch während der Ausübung ihres Berufs bleibt sie – unter anderem im Rahmen regelmäßiger Weiterbildungsmaßnahmen – in Kontakt mit neuesten Erkenntnissen aus Wissenschaft und Forschung.

- Ihre Arbeit erlaubt eine stärkere Rückkoppelung zu Forschungseinrichtungen. Mit der Professionalisierung der frühkindlichen Erziehungsarbeit darf ein weiterer Anschub bei der frühkindlichen Forschung erwartet werden. Auch andere wissenschaftliche Disziplinen wie die Familienforschung oder etwa zur Hauswirtschaft dürften von der Entwicklung enorm profitieren.

- Der Erfahrungsaustausch unter den Familienmanagerinnen (vom Umgang mit banalen Konsumwünschen bis hin zur Haltung gegenüber den Medien) und die gegenseitige Unterstützung kann die Qualität ihrer Erziehungsleistungen weiter anheben.

- Die Kinder von Familienmanagerinnen verfügen in aller Regel über Spielgefährten, wodurch sie regelmäßige kindliche Anregungen erhalten. Die zu erwartende enge Kommunikation zwischen den Familienmanagerinnen dürfte die Situation weiter verbessern.

- Die Familienmanagerinnen könnten nicht nur für eine gesunde Ernährung ihrer eigenen Kinder sorgen, sondern aufgrund ihrer Marktmacht auch zu einer erheblichen Verbesserung der generellen Lebensmittelversorgung beitragen[314].

- Familienmanagerinnen verfügen über ein ausreichendes Erziehungspotenzial, ihre Kinder vor einer negativen und zu ausschließlichen Beeinflussung bzw. Berieselung durch Medien wie Fernsehen, Internet und Computerspiele zu schützen.

- Familienmanagerinnen könnten die frühkindliche Vermittlung von Englisch fördern.

- (Kooperationen unter) Familienmanagerinnen könnten ältere Experten (Musik, Kunst, Sprache, Mathematik, Bewegung usw.), deren Humankapital auf dem Arbeitsmarkt nicht mehr gefragt ist, dazu anregen, stattdessen den Kindern Kenntnisse zu vermitteln.

- Familienmanagerinnen könnten berufstätige Eltern bei ihrer Erziehungsarbeit beraten, unterrichten und unterstützen.

Petra Gerster und Christian Nürnberger erwarten vom Staat Maßnahmen zur Verbesserung der aktuellen Erziehungssituation[315]:

---

[314]   Mersch, P.: Land ohne Kinder – Wege aus der demographischen Krise, 2006, Seite 169 f.

Er muss erstens das Verantwortungsgefühl und ein neues Bildungs- und Erziehungsbewusstsein bei den Eltern wecken. Er muss zweitens die Elternbildung fördern und die Ehe- und Familienberatung ausbauen.

Einen erheblichen Teil dazu könnten die Familienmanagerinnen beitragen.

Rosemarie Nave-Herz fordert darüber hinaus ein neues Verständnis der Mutter-Rolle[316]:

Für viele Frauen (...) ist die Doppelorientierung zum integralen Bestandteil ihres Lebensentwurfs geworden: Rollenambiguität ist vielfach die Folge. Es gibt für sie bisher – analog dem Label „neue Väter" – keines das „neue Mütter" heißt. Stattdessen wurde die Forderung nach der „neuen Mütterlichkeit" formuliert, deren Einlösung jedoch alte Strukturen stabilisieren würde.

Familienmanagerinnen wären neue Mütter.

Familienmanagerinnen und Globalisierung

Langfristig könnten die Familienmanagerinnen aber noch einen viel bedeutenderen Anschub für Wissensgesellschaften bewirken.

Jacques Neirynck führt zur Entwicklung der industriellen Revolution aus[317]:

Die erste industrielle Revolution fand zwischen 1750 und 1850 statt, fast ausschließlich in England, ohne Zweifel, weil es zu dieser Zeit das einzige größere Land mit einer parlamentarischen Demokratie war, das die Steuerbelastung angemessen verteilte, gleiche Rechte für alle Bürger garantierte und das die Verdienste der Erfinder belohnte.

Ebenso kann man den sozialen Ursprung der zweiten industriellen Revolution zwischen 1850 und 1940 in dem frühzeitigen Bemühen um eine sehr gute Ausbildung auf allen Niveaus sehen, das in Deutschland unternommen wurde, angefangen mit der kostenfreien und obligatorischen Grundschule (1815), über die ersten technischen Hochschulen (1820), bis hin zur Handwerkslehre und den technischen Publikationen und Zeitschriften.

Schließlich verlagerte sich aber das Zentrum der dritten industriellen Revolution nach dem zweiten Weltkrieg von Europa nach Amerika, weil die USA das einzige Land waren, das den rassischen und religiösen Mehrheiten, die vor den Nazis oder den Kommunisten geflohen waren, eine Zuflucht bot. Umgekehrt spiegelt das derzeitige relative Nachlassen

---

[315] Gerster, Petra und Nürnberger, Christian: Stark für das Leben – Wege aus dem Erziehungsnotstand, 2004, Seite 122

[316] Nave-Herz, Rosemarie: Familie heute – Wandel der Familienstrukturen und Folgen für die Erziehung, 2. Auflage, 2002, Seite 130

[317] Neirynck, Jacques: Der göttliche Ingenieur – Die Evolution der Technik, 6. Auflage, 2006, Seite 275

der USA deren Unfähigkeit wider, die jungen Menschen auf dem Niveau der höheren Schule geeignet auszubilden, ganz zu schweigen von der einfachsten Berufsausbildung.

Damit wird deutlich, dass es in erster Linie nicht der technische Fortschritt war, der die Gesellschaften weiterentwickelte, sondern die Art und Weise, wie diese kulturell auf die neuen Herausforderungen reagierten. Auch unterstreicht die Darstellung die besondere Bedeutung von Investitionen in das Humankapital, die Deutschland historisch gesehen einen Vorteil verschafften, der zum Teil bis heute vorgehalten hat[318]:

Sozialpolitik hat – insbesondere über die Maßnahmen im Bildungs- und Gesundheitswesen sowie im Arbeitsschutz – zu einer historisch einmaligen Entfaltung der Humanvermögen beigetragen.

Jacques Neirynck folgert denn auch[319]:

Paradoxerweise ist das beste Mittel um auf der Woge der technischen Evolution obenauf zu bleiben, die kulturelle Evolution zu überwachen. Man kann also technischen Fortschritt nicht verordnen.

Technischer Fortschritt wird sich nicht wirklich entfalten bzw. eine Gesellschaft wird keinen signifikanten Nutzen daraus ziehen können, wenn die kulturellen Voraussetzungen nicht stimmen.

Die entwickelten Länder befinden sich zurzeit in einer Übergangsphase hin zu Wissensgesellschaften. Wie wir gesehen haben, generieren dabei Wissen und kognitive Fähigkeiten ihrer Menschen zu den entscheidenden Ressourcen. Fortschritte in der Telekommunikation, die damit einhergehende Globalisierung und die zunehmende Rohstoffverknappung werden ein globales Anbieten von Kompetenzen ohne Standortwechsel ermöglichen bzw. sogar erforderlich machen.

Erneut werden die Nationen auf der Woge der technischen Evolution oben auf schwimmen, die die notwendigen Investitionen in das Humankapital (zum Beispiel mittels Familienmanagerinnen) besonders rasch und nachdrücklich tätigen werden.

Thomas L. Friedman[320] drückt dies in einem Interview mit der Frankfurter Allgemeinen Zeitung wie folgt aus[321]:

---

[318] Kaufmann, Franz-Xaver: Sozialpolitik und Sozialstaat: Soziologische Analysen, 2. erw. Auflage, 2005, Seite 153

[319] Neirynck, Jacques: Der göttliche Ingenieur – Die Evolution der Technik, 6. Auflage, 2006, Seite 276

[320] Friedman, Thomas L.: The World is Flat – A Brief History of the Twenty-first Century, 2005

[321] FAZ.NET: Unsere Regierung ist hirntot – Interview mit Thomas L. Friedman, 08.09.2006, http://www.faz.net/s/Rub117C535CDF414415BB243B181B8B60AE/Doc~E1F8B5CA31D4 9467E89C3E4FB9BA9E952~ATpl~Ecommon~Scontent.html

Wenn die Welt flach ist und jeder denselben Zugang zu denselben Werkzeugen hat, wie unterscheidet sich dann Deutschland noch von Frankreich, Frankreich von Amerika? Wenn alles überall verfügbar ist, spielen nur noch drei Dinge eine Rolle: Ausbildung, Talent und – Strebsamkeit.

Und weiter[322]:

Wenn Europäer sich ihren Lebensstandard bewahren wollen, müssen sie für eine immer bessere Ausbildung sorgen.

---

[322]   ebenda

6 Bevölkerungspolitik

Biographische Fertilitätstheorie

Bei der biographischen Fertilitätstheorie von Birg et al. handelt es sich um die demographische Entsprechung der Individualisierungsthese von Beck (siehe dazu den Abschnitt *Individualisierungsthese* auf Seite 25).

Kernaussagen der Theorie sind[323]:

- Die Größe des biographischen Universums nimmt durch den Wegfall sozialer, normativer und ökonomischer Beschränkungen permanent zu.

- Je größer das biographische Universum ist bzw. je vielfältiger die Optionen für eine eigene Biographie sind, desto größer ist die Zahl der Alternativen, die mit einer biographischen Festlegung aus dem Möglichkeitsspielraum ausscheiden.

- Bei einer Expansion des biographischen Möglichkeitsspielraums steigt das Risiko einer biographischen Festlegung.

- In Gesellschaften mit Konkurrenzprinzip im Individualverhalten ist das Risiko biographischer Festlegungen in der Familienbiographie größer als das Risiko von Festlegungen in der Ausbildungs- und Erwerbsbiographie.

- Das Risiko familialer Festlegungen lässt sich aufschieben oder vermeiden.

- Schlussfolgerung: Die Wahrscheinlichkeit der demographisch relevanten biographischen Festlegungen nimmt ab.

Dies bedeutet: Durch die zunehmende Individualisierung (Beck) steigt die Anzahl der Lebenslaufalternativen für eine konkrete Person. Bei einer Familiengründung erfolgt aber eine sehr große biographische Festlegung für einen längeren Zeitraum, und folglich scheiden sehr viele Lebenslaufalternativen aus dem sogenannten biographischen Universum aus. Dies macht es wahrscheinlicher, dass eine solche Festlegung zu einem bestimmten Zeitpunkt nicht erfolgt, zumal familiale Entscheidungen größere Risiken bergen können als Ausbildungs- oder Karriereentscheidungen. Die Konsequenz ist, dass die Entscheidung für eine Familiengründung immer später oder gegebenenfalls gar nicht mehr getroffen wird.

Die biographische Fertilitätstheorie gilt allgemein als eine der schlüssigsten Thesen für die Erklärung der niedrigen Fertilitätsraten in entwickelten Gesellschaften. Denn

---

[323] Birg H., Flöthmann EJ, Reiter I: Biographische Theorie der demographischen Reproduktion, 1991

immerhin konnten einzelne Folgerungen der Theorie empirisch bestätigt werden. So ist etwa beim Frauenjahrgang 1955 für die Teilgruppe der Frauen mit drei Kindern die Wahrscheinlichkeit für die Geburt eines vierten Kindes ab dem Alter 32 höher als die Wahrscheinlichkeit für die Geburt eines ersten Kindes bei den noch kinderlosen Frauen dieses Jahrgangs und Alters, und sie ist auch höher als die Wahrscheinlichkeit für die Geburt eines zweiten Kindes bei den Frauen dieses Jahrgangs und Alters, die ein Kind hatten bzw. eines dritten Kindes bei Frauen mit zwei Kindern[324].

Mit anderen Worten: Frauen des Jahrgangs 1955, die sich bereits biographisch zu einer Familiengründung festgelegt hatten, waren eher dazu bereit, ein weiteres Kind in die Welt zu setzen, und das umso mehr, je stärker die biographische Festlegung für die Familie bereits war (anders ausgedrückt: je mehr Kinder ihre Familie bereits umfasste).

Allerdings hat die biographische Fertilitätstheorie umgekehrt auch maßgeblich zu einem Verzicht auf wirksame bevölkerungspolitische Maßnahmen beigetragen.

Dies hat im Wesentlichen mit zwei Umständen zu tun:

- Die Theorie besagt implizit, dass dem Staat sehr stark die Hände gebunden sind. Denn solange die Individualisierungstrends in unserer Gesellschaft anhalten, werden auch die Fertilitätsraten nicht steigen, sondern möglicherweise sogar weiter sinken.

  Aus diesem Grund konzentrieren sich viele Politiker auf Maßnahmen, die Menschen eine Entscheidung für eine Familie ermöglichen sollen, ohne dabei zu viele biographische Alternativen aufgeben zu müssen, das heißt, auf Maßnahmen zur Verbesserung der Vereinbarkeit von Familie und Beruf. Dabei wird meist übersehen, dass eine Familiengründung nicht nur berufliche Einschränkungen, sondern ganz besonders auch Änderungen in der Freizeitgestaltung zur Folge haben kann, welche bei den heute üblichen reduzierten Arbeitszeiten nicht selten ähnlich gewichtig eingeschätzt werden[325]. Auch ist keineswegs erwiesen, dass die bislang diskutierten Maßnahmen zur Verbesserung der Vereinbarkeit von Familie und Beruf fertilitätssteigernd sind[326].

  Tilman Mayer meint deshalb zusammenfassend[327]:

---

[324]   Birg, Herwig: Strategische Optionen der Familien- und Migrationspolitik in Deutschland und Europa; in: Leipert, Christian (Hrsg.): Demographie und Wohlstand – Neuer Stellenwert für Familie in Wirtschaft und Gesellschaft, 2003, Seite 31

[325]   Mersch, P.: Land ohne Kinder – Wege aus der demographischen Krise, 2006, Seite 61 ff.

[326]   CESifo: Auswirkungen familienpolitischer Instrumente auf Fertilität: Internationaler Vergleich für ausgewählte Länder, http://www.cesifo-group.de/link/_proj/proj-sam-fam-pol-instru.htm

[327]   Mayer, Tilman: Die demographische Krise – Eine integrative Theorie der Bevölkerungsentwicklung, 1999, Seite 412 f.

Die Crux besteht darin, dass Birg einen demographischen Determinismus zwingend vorrechnet, der keinerlei Gestaltungsraum für Politik lässt, zugleich aber erwartet Birg, dass Politiker gestaltend tätig werden: wenn das „unabwendbar steigende Geburtendefizit" nur als Schicksal hinzunehmen wäre, erübrigte sich jedes politische Engagement und die Migration wäre eine zu administrierende Angelegenheit. So gesehen trägt gerade Birgs Argumentation entscheidend zu einer Attentismus-Haltung in der Politik bei.

Auf der anderen Seite hat die scheinbare „Ausweglosigkeit" der Theorie auch zu einer moralischen Auseinandersetzung mit der Individualisierung selbst geführt, die in einer Kritik der Single-Kultur bzw. eines angeblich in der Gesellschaft zunehmend feststellbaren Egoismus mündete. Vertreter von Single-Interessen sprechen deshalb bereits von einem „Terror der Individualisierungsthese", der einen neuen Familienfundamentalismus zum Vorschein bringe[328].

- Aus der Theorie werden in der Regel die falschen Empfehlungen abgeleitet.

Die biographische Fertilitätstheorie und auch die empirischen Resultate besagen ganz eindeutig, dass Familien mit mehreren Kindern leichter zu einem weiteren Kind zu bewegen sind, als Kinderlose zu einem ersten Kind. Gleichzeitig wird meist die zunehmende Kinderlosigkeit in unserer Gesellschaft als das Hauptproblem benannt. Darauf aufbauend wird dann die Empfehlung ausgesprochen, sich auf Maßnahmen zur Reduzierung der lebenslänglichen Kinderlosigkeit zu konzentrieren[329]. Die biographische Fertilitätstheorie lässt aber nur den Schluss zu, dass es ökonomischer ist, gezielt Großfamilien zu fördern.

Auch andere Umstände wie der Rückgang der Zahl an gebärfähigen Frauen lassen eher eine Förderung von Großfamilien, das heißt eine stärkere Spezialisierung beim Aufziehen von Kindern, als sinnvoll erscheinen. Auf diesen Umstand wurde bereits von anderen Autoren deutlich hingewiesen (siehe dazu auch die Ausführungen im Abschnitt *Spezialisierung* auf Seite 135).

Alterung der Gesellschaft

Eine Gesellschaft entspricht von außen betrachtet einem Lebewesen, mit den Menschen als Zellen.

Altern die Menschen, dann altert die Gesellschaft.

---

[328] Kittlaus, Bernd: Die Single-Lüge – Eine Kritik der Argumentationsmuster im Zeitalter der Demografiepolitik, 2006, Seite 38 ff.

[329] Birg, Herwig: Auswirkungen und Kosten der Zuwanderung nach Deutschland, 2001, http://www.herwig-birg.de/downloads/dokumente/Gutachten-Muenchen.pdf, Seite 5

Das Medianalter gilt als ein wichtiger Indikator für das Alter einer Gesellschaft. Das Medianalter ist jenes Alter, das die nach dem Alter gegliederte Bevölkerung arithmetisch in zwei gleich große Teile teilt. Gemäß diesem Indikator altert Deutschland mit hoher Geschwindigkeit[330]:

Unter dem Begriff „demographische Alterung" versteht man den Anstieg des Durchschnittsalters der Bevölkerung, wobei als Maß für das Durchschnittsalter zum Beispiel das sogenannte Medianalter verwendet wird, das heute in Deutschland 38 Jahre beträgt: Jeder zweite Mann ist älter als 37, jede zweite Frau älter als 40[331]. Das Medianalter nimmt in Folge der abnehmenden Größe der nachwachsenden Jahrgänge und durch die wachsende Lebenserwartung zu: Im Jahr 2050 wird jeder zweite Mann in Deutschland älter als 51, jede zweite Frau älter als 55 sein. Dabei wird schon unterstellt, dass jährlich netto rund 150.000 jüngere Menschen nach Deutschland einwandern, sonst beträge das Medianalter im Jahr 2050 bei den Männern 53, bei den Frauen 58.

Allerdings muss das Medianalter auch in Relation zur tatsächlichen Vitalität der Menschen gesetzt werden. Die Menschen werden zwar in den entwickelten Ländern immer älter, sie bleiben dabei aber auch relativ vital.

Trotzdem kann kaum erwartet werden, dass etwa 50-jährige Männer im Jahr 2050 ähnlich vital sind, wie heutige 40-Jährige. Denn der Anstieg der allgemeinen Lebenserwartung ist ja zu einem erheblichen Anteil eine Folge der besseren medizinischen Versorgung. So werden die Menschen in modernen Gesellschaften zwar immer älter, aber nicht notwendigerweise gesünder[332] [333].

Und sie werden mit Sicherheit nicht kreativer. In einer alternden Bevölkerung könnten deshalb Wissenschaftler und Unternehmer knapp werden und Defizite bei Unternehmensgründungen und Innovationen entstehen[334].

Wie weit die höhere Lebenserwartung der entwickelten Staaten bereits durch medizinische Leistungen erkauft wird, erkennt man an den USA. Dort wird ein

---

[330] Birg, Herwig: Perspektiven der Bevölkerungsentwicklung in Deutschland und Europa – Konsequenzen für die sozialen Sicherungssysteme, http://www.herwig-birg.de/downloads/dokumente/BVerfG.pdf

[331] Die Zahlen beziehen sich auf das Jahr 2000. In 2006 beträgt das Medianalter in Deutschland für Männer 39,9, für Frauen 42,8, siehe: Lexas Information Network: Medianalter, http://www.lexas.net/laenderinfos/daten/bevoelkerung/medianalter.asp

[332] Bolz, Norbert: Die Helden der Familie, 2006, Seite 26

[333] Mersch, Peter. Migräne – Heilung ist möglich. 2006

[334] Wahl, Stefanie: Folgen der Bevölkerungsentwicklung für Wirtschaft und Gesellschaft, in: Hutter, Claus-Peter und Troge, Andreas (Hrsg.): Bevölkerungsrückgang – Konsequenzen für Flächennutzung und Umwelt, 2004, Seite 18

erheblicher Anteil des Bruttoinlandsproduktes für das Gesundheitssystem aufgewendet[335]:

- In 2006 wird das US-Gesundheitssystem ca. 2,2 Billionen US-Dollar kosten, obwohl gleichzeitig ca. 46 Millionen US-Amerikaner (ca. 16%) über keinerlei Versicherungsschutz verfügen.

- Die Kosten für das US-Gesundheitssystem betragen ca. 16,5 Prozent (= ein Sechstel) des Bruttoinlandsproduktes des Landes.

- Für das Jahr 2015 wird ein Anstieg auf 20 Prozent des Bruttoinlandsproduktes erwartet.

- Zum Vergleich: In Deutschland kostet das Gesundheitssystem 11,1 Prozent des Bruttoinlandsproduktes, der OECD-Durchschnitt beträgt 8,9 Prozent.

Allerdings: Die Deutschen geben für die 90 Prozent Ärmeren der Bevölkerung im Schnitt mehr für Medizin aus als die USA für die entsprechende Bevölkerungsgruppe. Denn die reichsten zehn Prozent in den USA geben für Medizin so unglaublich viel aus, dass sie die geringeren Ausgaben für die Ärmeren deutlich überkompensieren[336].

Empirische Daten zeigen, dass die Lebenserwartung in Deutschland alle acht Jahre um ein Jahr ansteigt[337]. Bis zum Jahr 2050 würde dies einen maximalen Zugewinn von sechs Jahren bedeuten. Bei bestandserhaltender gesellschaftlicher Reproduktion wäre damit ein Anstieg des Medianalters um ca. drei Jahre zu erwarten. Aufgrund der deutlich zurückgegangenen Geburtenziffern wird aber bis zum Jahr 2050 ein tatsächlicher Anstieg des Medianalters der deutschen Bevölkerung nicht um drei, sondern um 14 bis 18 Jahre prognostiziert. Dies würde einer substanziellen Gesamtalterung der Gesellschaft entsprechen.

Man wird folglich annehmen müssen, dass die demographisch alternden entwickelten Gesellschaften auch tatsächlich erheblich an Vitalität einbüßen werden, was sich unter anderem in einer verminderten internationalen Konkurrenzfähigkeit und einem sinkenden Wohlstand ausdrücken könnte. Vieles spricht dafür, dass die demographische Entwicklung im Gegensatz zum Bisherigen wachstumsdämpfend wirken wird[338].

---

[335]   land-ohne-kinder.de: USA: Ein Sechstel der Wirtschaftskraft für die Gesundheit, http://www.land-ohne-kinder.de/index.php?molgo=usagesund

[336]   Radermacher, Franz J.: Balance oder Zerstörung – Ökosoziale Marktwirtschaft als Schlüssel zu einer weltweiten nachhaltigen Entwicklung, 2002, Seite 90

[337]   Sinn, Hans-Werner und Übelmesser, Silke: Wann kippt Deutschland um? http://www.cesifo-group.de/link/SD28-29-00Text1.pdf

[338]   Wahl, Stefanie: Folgen der Bevölkerungsentwicklung für Wirtschaft und Gesellschaft, in: Hutter, Claus-Peter und Troge, Andreas (Hrsg.): Bevölkerungsrückgang – Konsequenzen für Flächennutzung und Umwelt, 2004, Seite 19

Es könnte deshalb Sinn machen, das Medianalter in Humanvermögensabschätzungen – zum Beispiel im Vergleich zu anderen Gesellschaften – eingehen zu lassen. Ähnliches gilt für das Reproduktionsvermögen. Gleichfalls könnte das sogenannte Unterstützungsverhältnis[339] in den Kalkulationen Berücksichtigung finden.

Durch eine Straffung der Ausbildung und eine stärkere Mobilisierung älterer Menschen (auch für Bildungsaufgaben, das heißt in reproduktiven Bereichen), kann das Unterstützungsverhältnis gegebenenfalls signifikant verbessert werden. Eine Berücksichtigung der durchschnittlichen Lebenserwartung könnte Anhaltspunkte für das dabei maximal erreichbare Verbesserungspotenzial liefern.

Mit anderen Worten: Das Humanvermögen einer Gesellschaft dürfte sehr stark von den Parametern Bevölkerungsgröße, Medianalter, durchschnittliche Lebenserwartung, Unterstützungsverhältnis, möglicherweise auch von Equity-Faktoren[340] abhängen[341].

Aber es gibt noch andere Aspekte im Rahmen der Alterung der Gesellschaft zu berücksichtigen. Mit dem Medianalter steigt auch das Medianalter der Wahlberechtigten. Betrachtet man nur diesen eingeschränkten Personenkreis, dann liegt das Medianalter in Deutschland heute bei 48 Jahren und würde ab ca. dem Jahr 2023 auf 54 Jahre ansteigen[342]. Sinn und Übelmesser folgern daraus, dass sich Deutschland ab diesem Zeitpunkt in eine Gerontokratie[343], das heißt in eine Herrschaft der Alten, wandeln könnte. Gesellschaftliche Erneuerungen, die zu erheblichen Anteilen zu Lasten der älteren Bevölkerung gehen müssten, wären dann vermutlich nicht mehr auf demokratischem Wege durchsetzbar[344]:

Bis zum Jahr 2015 wird die Bundesrepublik über einen noch relativ günstigen Altersquotienten verfügen. Bis dahin steht ein Zeitfenster für Reformen offen. Danach wird es zwar langsam, aber mit unerbittlicher Konsequenz geschlossen. Was bis 2015/20 an Zukunftssicherung nicht geleistet ist, wird nicht mehr nachzuholen sein. Es sei denn, es kommen zwischenzeitlich außerordentliche ökonomische Segnungen auf uns zu, etwa durch die

---

[339] In diesem Zusammenhang wird unter dem Unterstützungsverhältnis das Verhältnis der Zahl der Erwerbstätigen zur Zahl der Nichterwerbstätigen (einschließlich Kinder und Rentner) verstanden.

[340] Radermacher, Franz J.: Balance oder Zerstörung – Ökosoziale Marktwirtschaft als Schlüssel zu einer weltweiten nachhaltigen Entwicklung, 2002, Seite 78 ff.

[341] Sinnvoll wäre die Entwicklung von mathematischen Modellen, mit der der Verlauf des pro-Kopf-Humanvermögens in einer sich verändernden und insbesondere alternden Gesellschaft darstellbar wäre.

[342] Sinn, Hans-Werner und Übelmesser, Silke: Wann kippt Deutschland um? http://www.cesifo-group.de/link/SD28-29-00Text1.pdf

[343] Wikipedia: Gerontokratie, http://de.wikipedia.org/wiki/Gerontokratie

[344] Kernig, Claus D.: Und mehret euch? Deutschland und die Weltbevölkerung im 21. Jahrhundert, 2006, Seite 89

Erschließung neuer, großer Märkte oder durch überraschend günstige technische Neuerungen.

Spätestens ab ca. dem Jahr 2020 sollte auch mit einer erhöhten Auswanderungsrate bei der jüngeren Generation gerechnet werden. Eine andere denkbare Entwicklung wäre: Das Land wird unregierbar und die Demokratie wird von einem totalitären Regime abgelöst.

Neuerdings macht sich in Wissenschaft und Medien mehr und mehr eine positive Haltung gegenüber der gesellschaftlichen Alterung breit (erstaunlicherweise aber nicht gegenüber der globalen Erwärmung). Dabei wird ganz offen von „Chancen" der Alterung gesprochen. Allerdings sind die meisten dieser Darstellungen blauäugig bis kenntnislos. Sicherlich ist es erforderlich und wünschenswert, ältere Arbeitnehmer in Zukunft länger dem Erwerbsleben zu erhalten. Ob dies jedoch zum Beispiel für Möbelpacker, Dachdecker oder unter den heutigen Gegebenheiten für Hauptschullehrerinnen überhaupt möglich ist, darf bezweifelt werden. Auch wird bei vielen Darstellungen die Rechnung ohne den Wirt gemacht. Es ist überhaupt nicht sicher, dass qualifizierte jüngere Menschen in einem Land des Abbaus und der Alterung gehalten werden können[345]:

Viele gut qualifizierte, junge Leute aus der ehemaligen DDR haben sofort ihren Weg nach Westen angetreten. Eine gleichartige Wanderungsbewegung deutet sich in den der EU angegliederten osteuropäischen Ländern an. Der Zustrom von jungen, bereits mit EDV-Kenntnissen ausgestatteten Arbeitskräften aus Osteuropa wird möglicherweise zu einer beschleunigten Verdrängung nicht entsprechend qualifizierter, älterer Arbeitskräfte in Westeuropa führen. Man kann unter diesen Umständen nicht sicher sein, dass nicht auch westeuropäische junge Eliten außerhalb Europas eine bessere Zukunft sehen und suchen.

Viele optimistische Stellungnahmen hören sich deshalb eher so an, als sei der Wunsch Vater des Gedankens gewesen: Man hat kein Konzept, und folglich wird der Alterungsprozess schöngeredet.

Individual- versus Kollektivverhalten

Stellen Sie sich einmal die folgende fiktive Welt vor:

- Jeder Mensch benötigt als Nahrung täglich einen Laib Brot.

- Alle Menschen werden dazu angeregt, Brot zu backen.

- Wenn sie ein Brot fertiggestellt haben, dürfen sie es nicht selbst verzehren, sondern müssen es der Gesellschaft übereignen.

---

[345] ebenda, Seite 101 f.

- Die Brote werden in Brotausgabestellen ausgelegt und jeder der Hunger hat, darf sich kostenlos bedienen.

Eine wunderschöne soziale Welt. Könnte man jedenfalls meinen.

Zunächst funktionierte die Welt auch tatsächlich reibungslos, denn man hatte sich eine ökonomische Aufteilung ausgedacht: Der weibliche Teil der Bevölkerung sollte im Wesentlichen Backen, während der männliche Teil anderen Aufgaben nachging. So war sichergestellt, dass immer genug Brot hergestellt wurde.

Doch irgendwann war das den Frauen nicht mehr gut genug, sie wollten sich nicht länger auf eine einzige Rolle festlegen lassen und forderten Gleichberechtigung. Und schließlich willigte die Gesellschaft darin ein, dass sich jede Frau frei entscheiden könne, ob sie nun Brot backen oder lieber was ganz anderes machen wolle.

Leider gingen mit der Zeit mehr und mehr Menschen (die „Schlauen") dazu über, kein Brot mehr zu backen, da die Brote ja reichlich zur freien Verfügung in den Brotausgabestellen auslagen. Anfangs fiel ihr Verhalten noch nicht auf, da einige Menschen (die „Dummen") mehr Brote buken, als sie selbst verzehren konnten.

Doch irgendwann war nicht mehr genug Brot für alle da. Auf der Strecke blieben in erster Linie die „Dummen". Denn während die viel Zeit in der Küche verbrachten, um weitere Brote zu backen, waren die „Schlauen" schon dabei, die fertig gestellten Brote aufzuessen. Mit anderen Worten: Vom Brot hatten am meisten die, die sich am Brotbacken nicht selbst beteiligten.

So oder so ähnlich sieht heute die freundliche Familienwelt in Deutschland aus.

Womit wir es hier zu tun haben ist ein Konflikt zwischen Individual- und Kollektivverhalten: Das, was für die Gemeinschaft vorteilhaft ist, muss nicht notwendigerweise die günstigste Regelung für das Individuum sein – und umgekehrt (siehe dazu auch den Abschnitt *Opportunitätskosten und Pflichten* auf Seite 71).

Nehmen wir einmal an, Sie wohnten im 5. Stock und hätten keinen Fahrstuhl. Für Sie wäre es sicherlich die bequemste Lösung, Ihren Müll einfach aus dem Fenster auf die Straße zu werfen. Damit dies nicht tatsächlich so passiert, hat der Gesetzgeber ein solches Verhalten untersagt.

Parallel dazu hat der Staat die Müllentsorgung drastisch vereinfacht: Sie müssen diesen nun lediglich nach unten tragen und in vor dem Haus stehende Mülltonnen zu deponieren. Diese wiederum werden regelmäßig professionell geleert. Dafür müssen Sie aber entsprechende Gebühren entrichten.

Dem Staat stehen also unterschiedliche Mechanismen zur Verfügung, ein gewünschtes Kollektivverhalten durchzusetzen. Dazu gehören unter anderem[346]:

- *Regulierende Steuerung*: Gesetzliche Regelungen, Verbote, Vorschriften, Verordnungen, Auflagen

- *Finanzielle Steuerung*: Finanzielle Anreize, Subventionen, Sanktionen (Steuern etc.), Tarifanpassungen

- *Prozedurale Steuerung*: Verhandlungssysteme

- Beauftragungen, Rechtezuordnungen

Das Thema ist besonders für jene Gesellschaften kritisch, in denen nicht übergeordnete kollektive Ziele, sondern die Entfaltungsmöglichkeiten des Individuums und dessen Streben nach Glück und persönlichem Erfolg im Vordergrund stehen.

Franz-Xaver Kaufmann umreißt die Problematik wie folgt[347]:

Es wird ein Zwiespalt empfunden zwischen der allgemein anerkannten Auffassung, dass Familie Privatsache sei, ja in gewisser Hinsicht Privatheit in qualifizierter Form erst konstituiert, und dem Umstand, dass Forderungen, der Familie zu helfen, sich im Wesentlichen an Staat und Öffentlichkeit richten. Mehr noch, es sind offensichtlich kollektive Interessen, welche für eine Verstärkung staatlicher Familienpolitik sprechen. Wie aber lassen sich diese mit den höchstpersönlichen Bedürfnissen und Absichten, welche Menschen zur Familiengründung veranlassen – oder auch davon abhalten – vermitteln?

Im Abschnitt *Opportunitätskosten und Pflichten* auf Seite 71 wurde für unsere Gesellschaft so etwas wie eine individuelle „Pflicht zum Nachwuchs" begründet, insbesondere da ja gegenüber der nächsten Generation auch Rechte erworben werden. Allerdings wurde auch gezeigt, dass eine kollektive Implementierung der Pflichterfüllung, bei der sich das Individuum aus seinen Verpflichtungen freikaufen kann, ausreichen dürfte und auch vorzuziehen wäre. Dies verstärkt dann aber umgekehrt die Notwendigkeit einer präzisen Festlegung des anzustrebenden Kollektivverhaltens.

Leider scheint es in unserer Gesellschaft explizite und abgestimmte Formulierungen über das gewünschte Kollektivverhalten bei der Nachwuchsfrage nicht zu geben.

Allerdings werden immer wieder Äußerungen getätigt, die gewisse Ansichten, Absichten und Wünsche in dieser Frage erkennen lassen:

---

[346] Lange, Stefan und Braun, Dietmar: Politische Steuerung zwischen System und Akteur, 2000, Seite 24

[347] Kaufmann, Franz-Xaver: Zukunft der Familie – Stabilität, Stabilitätsrisiken und Wandel der familialen Lebensformen sowie ihre gesellschaftlichen und politischen Bedingungen, 1990, Seite 2

- Kinder kriegen die Leute immer! (Konrad Adenauer)

- Jede(r) darf so viel und so wenig Kinder in die Welt setzen wie er oder sie will. Eine übergeordnete Regelung gibt es nicht.

- Jede Generation sollte die vorherige ersetzen können.

- Jede Gesellschaft ist für ihre Fortsetzung darauf angewiesen, dass in ihr neue Generationen nachwachsen und ihre wesentlichen kulturellen, technischen und ökologischen Errungenschaften übernehmen[348].

- Es sollte eine Fertilitätsrate von größer oder gleich 2,1 angestrebt werden.

- Es sollte eine Fertilitätsrate von größer oder gleich 1,8 angestrebt werden.

- Ein erstrebenswertes Szenario ist, dass die Bevölkerungszahl Deutschlands bis 2050 auf rund 73 Millionen Menschen abnimmt und bis 2100 bei rund 70 Millionen ein neues Gleichgewicht erreicht. Dafür müsste sich die Geburtenrate spätestens bis zum Jahr 2010 auf 1,7 Kinder pro Frau, bis 2015 auf 1,85 Kinder pro Frau und bis 2020 auf 2,1 Kinder pro Frau erhöhen[349].

- Es sollten bestandserhaltende Reproduktionsraten angestrebt werden.

- Die Fertilitätsraten bei Menschen mit hoher Bildung sollten nach Möglichkeit nicht deutlich niedriger sein als bei Menschen mit niedriger Bildung.

- Die Fertilitätsraten bei Menschen mit hohem Einkommen sollten nach Möglichkeit nicht deutlich niedriger sein als bei Menschen mit niedrigem Einkommen.

- Die Fertilität der deutschen Bevölkerung spielt keine Rolle. Man kann alles durch Zuwanderer ausgleichen, zumal die Erde ohnehin überbevölkert ist.

Wie bereits ausgeführt wurde, sind die wichtigsten Ressourcen in Wissensgesellschaften Wissen und kognitive Fähigkeiten ihrer Menschen. Das wichtigste Vermögen eines Staates ist folglich das Humanvermögen, bestehend aus den Menschen mit ihren geistigen Fähigkeiten und Kenntnissen.

Explizite Formulierungen zum gewünschten Kollektivverhalten in Bezug auf die Nachwuchsfrage setzen deshalb zunächst einmal Planziele für das Humanvermögen voraus. Mit anderen Worten: Es ist letztendlich die Aufgabe des Staates, eine Planung über den zukünftigen Bedarf an Menschen und ihrer Kompetenzen zu machen.

Etwas Ähnliches wird bereits vom Statistischen Bundesamt und anderen Einrichtungen gemacht und zwar in Form von Bevölkerungsprognosen. Darin geht es aber im

---

[348]   ebenda, Seite 3

[349]   Tremmel, Jörg: Bevölkerungspolitik im Kontext ökologischer Generationengerechtigkeit, 2005, Seite 260

Wesentlichen nur um Quantitäten. Qualitative Aspekte kommen nur am Rande und in Form von Altersstrukturen oder Migrantenanteilen zur Geltung.

Auch werden darin nur Vorausberechnungen unter bestimmten Prämissen gemacht, zum Beispiel durchschnittlichen Fertilitätsraten der Bevölkerung bzw. jährlichen Wanderungsgewinnen.

Ein Staat benötigt aber in vieler Hinsicht Planungssicherheit. In Bezug auf das wichtigste Vermögen, dem Humanvermögen, ist, wie im Forstbetriebsbeispiel (siehe Abschnitt *Eine vernachlässigte Hauptaufgabe des Staates* auf Seite 14) deutlich gemacht wurde, sogar eine Langzeitplanung für die nächsten 30 Jahre erforderlich. Denn schließlich hätten Werteverschiebungen in diesem Bereich unmittelbare Auswirkungen auf alle anderen wesentlichen Parameter wie Bruttosozialprodukt, Steuereinnahmen oder Wirtschaftswachstum.

Aus staatlicher Sicht macht es deshalb Sinn, klare Zielvorgaben für die Bevölkerungsentwicklung aufzustellen und zu versuchen, diese einzuhalten. Im Rahmen dieser Zielvorgaben sollte es dann möglich sein, das erwartete Kollektivverhalten in Bezug auf die Nachwuchsfrage zu definieren.

Eine typische Formulierung könnte zum Beispiel lauten:

- *Es wird ein jährlicher Neuzuwachs von 1,1 Millionen Kindern angestrebt. Dabei sollten die Kinder eine möglichst optimale frühkindliche Erziehung genießen.*

Über solche Zielvorgaben kann und wird es natürlich unterschiedliche Auffassungen geben. Tilman Mayer ist zum Beispiel der Ansicht, dass die Bevölkerungsfrage in Bezug auf die Quantität der Nachkommen auch dann als gelöst angesehen werden kann, wenn eine Fertilitätsrate von 1,8 statt dem idealen Wert 2,1 erreicht wird[350]. Der Unterschied zwischen einer Fertilitätsrate von 1,3 und 1,8 besteht nach seiner Auffassung darin, ob sich *„die demographische Krise ruinös fortentwickelt oder ob eine Auffangposition gefunden wurde"*[351]. Allerdings stellt auch er erstaunlicherweise keine Ansprüche bezüglich der Qualität des Nachwuchses.

Entscheidend ist deshalb zunächst ein Konsens über die Zielvorgaben, an denen sich das staatliche Handeln auszurichten hat[352]. Dies sagt natürlich noch nichts darüber aus, wie und ob das Ziel in der Praxis erreicht werden kann. Viele Experten

---

[350] Mayer, Tilman: Die demographische Krise – Eine integrative Theorie der Bevölkerungsentwicklung, 1999, Seite 416

[351] ebenda, Seite 416 f.

[352] Felix Ekardt erwähnt in „Ekardt, Felix: Das Prinzip Nachhaltigkeit – Generationengerechtigkeit und globale Gerechtigkeit, 2005" im Zusammenhang mit der Generationengerechtigkeit auf Seite 93 f. ein sogenanntes „Ungewissheitsargument". Man könnte dies in ähnlicher Form auch hier geltend machen: Da keine gesicherten gesellschaftlichen Erfahrungen mit Fertilitätsraten von 1,3 vorliegen (die Zukunft damit ist ungewiss), sollte aus Gründen der Generationengerechtigkeit eine sichere Auffangposition wahrgenommen werden.

sind der Ansicht, dies sei gar nicht möglich, da die Fertilität einer Gesellschaft nicht wirklich beeinflusst werden könne.

Helmut Wiesenthal meint denn auch[353]:

Der ‚Steuermann' (bzw. die ‚Steuerfrau') muss zunächst wissen, was bzw. wohin er (bzw. sie) will. Vorausgesetzt ist außerdem das Wissen von Mitteln und Wegen, die zur Erreichung des Ziels infrage kommen. Und wer steuern will, sollte auch befähigt und in der Lage (also nicht etwa durch unpassende Umstände gehindert) sein, einen für ihn selbst gangbaren Weg zu wählen.

Allerdings geht man heute mehr von einem reflexiven Modus der Einflussnahme auf soziale Prozesse aus, bei der insbesondere Rückkopplungsprozesse im Rahmen der Steuerung berücksichtigt werden müssen[354]. Diesem Ansatz entspricht zum Beispiel – wie im nächsten Abschnitt verdeutlicht wird – das hier vorgestellte System zwischen Kinderlosensteuer und Familienmanagerinnen.

Auch wenn das Ziel durch Steuerungseingriffe prinzipiell erreicht werden kann, besteht nicht notwendigerweise ein Konsens darüber, wie dies optimalerweise gelingen kann.

Tilman Mayer meint zum Beispiel[355]:

Wir fassen das gesellschaftliche Steuerungsziel so zusammen: das Ziel ist erreicht (und weiterhin sicherzustellen), wenn es vernünftig geworden ist, Kinder zu haben, d. h. wenn die Förderung des Kinderhabens sich optimal in die freiverantwortliche, wohlberatene Lebensführungskonzeption einpasst, Reproduktionsleistungen tatsächlich als Lebensleistung anerkannt werden.

Dies ist eine Sicht, die möglicherweise für Wissensgesellschaften nicht ausreichen wird. Tilman Mayer begründet seine Auffassung mit demoskopischen Befunden, die etwa besagen, dass Formen von Gehältern für Mütter nicht unterstützt werden, dass Extra-Steuern für Kinderlose abgelehnt werden oder dass ein zusätzlicher Familienlastenausgleich pronatalistisch wirken werde[356]. Leider sind Befragungen der Bevölkerung zu solchen Themen genauso irrelevant und willkürlich wie Marketing-Studien zur Sinnhaftigkeit von Fotokopierern vor Markteinführung dieser Geräte.

Zurzeit werden in erster Linie verschiedene Ansätze verfolgt, einem nicht präzise definierten Ziel „höhere Fertilität" möglichst nahe zu kommen. Zu nennen sind insbesondere:

---

[353] Wiesenthal, Helmut: Gesellschaftssteuerung und gesellschaftliche Selbststeuerung – Eine Einführung, 2006, Seite 15

[354] ebenda, Seite 25

[355] Mayer, Tilman: Die demographische Krise – Eine integrative Theorie der Bevölkerungsentwicklung, 1999, Seite 438

[356] ebenda, Seite 439

- Maßnahmen zur besseren Vereinbarkeit von Familie und Beruf, wie zum Beispiel Ganztagskindergärten und -krippen, Ganztagsschulen, Firmenkindergärten, flexible Arbeitszeiten, Heimarbeitsplätze usw.

- Monetäre Anreize wie Steuervergünstigungen, Elterngeld, Kindergeld, steuerliche Abzugsfähigkeit familienunterstützender Leistungen.

Beide Maßnahmentypen versuchen vor allem, die Opportunitätskosten von Kindern zu verringern. Wie in den Abschnitten *Opportunitätskosten und Pflichten* auf Seite 71 und *Opportunitätskosten und finanzielle Anreize* auf Seite 74 dargelegt wurde, sind solche Vorgehensweisen aber suboptimal, da sich damit zwar das Kollektivverhalten in eine gewünschte Richtung lenken, dabei aber keine Planungssicherheit erreichen lässt. Anders ausgedrückt: Die Maßnahmen können dazu beitragen, die Fertilität zu steigern, es kann jedoch überhaupt nicht vorhergesagt werden, wie stark dies geschehen wird.

Planungssicherheit in Bezug auf freiwillige Tätigkeiten lässt sich dagegen besonders effizient über Professionalisierung und Spezialisierung, das heißt über marktwirtschaftliche Regelungen erreichen. In der Industrie spricht man in diesem Fall auch von Outsourcing.

Oder mit den Worten von Franz Josef Radermacher[357]:

Gesellschaftliche Zielvorstellungen und ökonomische Prozesse werden heute in der Regel weltweit über Märkte organisiert.

Das im vorliegenden Buch vorgestellte Familienmanager-Konzept folgt dieser Vorgehensweise:

- Kinderlose werden verpflichtet, monatliche Beiträge aufgrund fehlender Aufziehleistungen abzuführen.

- Es wird ein neuer Beruf mit dem Namen Familienmanagerin gebildet. Für diesen Beruf ist eine qualifizierte Ausbildung erforderlich. Wer die Ausbildung erfolgreich abgeschlossen hat, kann sich auf eine Familienmanagerstelle bewerben.

- Der Staat ermittelt an Hand von Ist-Daten, seinen Zielvorgaben und dem verfügbaren Haushaltsbudget die Anzahl der auszuschreibenden Familienmanager-Stellen.

- Eingestellte Familienmanager erhalten ein kleines Grundgehalt (zum Beispiel 500 EUR) und einen Leistungsbetrag pro aufgezogenes Kind (zum Beispiel 500

---

[357] Radermacher, Franz J.: Balance oder Zerstörung – Ökosoziale Marktwirtschaft als Schlüssel zu einer weltweiten nachhaltigen Entwicklung, 2002, Seite 16

EUR pro Kind). Daneben stehen ihnen Kindergeld und ein 13. Monatsgehalt zu[358].

Eine häufig empfohlene Alternative dazu ist der Ansatz „Kinder oder Sparen", bei dem Kinderlose dazu verpflichtet werden, zusätzliches Kapital als Alterssicherung anzusparen (Riester-Sparen). Im Prinzip entspricht diese Methode zum Teil dem Familienmanager-Konzept, da in beiden Fällen Kinderlose auf einen Teil ihres Einkommens verzichten müssen und gezwungen sind, Abgaben abzuführen. Einige Autoren behaupten deshalb, die Maßnahme könne zu mehr Kindern führen, da zahlreiche Menschen möglicherweise versuchen werden, die Abgaben zu vermeiden. Dies muss aber für das Riester-Sparen bezweifelt werden, denn die monatlichen Abgaben sind ja anders als beim Familienmanager-Ansatz nicht verloren, sondern stehen später in Form einer zusätzlichen Rente oder eines Barvermögens zur Verfügung. Es kann deshalb durchaus argumentiert werden, das Riester-Sparen stehe als zusätzliche kapitalbildende Altersversorgung einem Kinderwunsch eher im Wege. Demgegenüber führen die abgeführten Abgaben beim Familienmanager-Konzept unmittelbar zu mehr Kindern, da sie ja genau in dem Bereich investiert werden.

Gegen das Riester-Sparen für Kinderlose lassen sich aber noch weitere Einwände aufführen, zum Beispiel:

- Der deutschen Wirtschaft werden erhebliche Mengen an Kapital entzogen, mit der irgendwo auf der Welt Projekte oder Unternehmen finanziert werden. Ökonomisch macht das aus Sicht der Bundesrepublik Deutschland nur wenig Sinn.

- Ein Ansparer könnte bereits vor Rentenantritt sterben. Damit hätte er einen erheblichen Teil seines Kapitals in eine Altersversorgung gesteckt, von der weder er noch die Gesellschaft etwas hatten.

Selbstregulierendes Steuersystem

Im letzten Abschnitt wurde vorgeschlagen, Kinderlosigkeit (bzw. relative Kinderarmut) zu besteuern und die eingenommenen Steuern gezielt für das Aufziehen von Kindern durch professionelle Kräfte (Familienmanager) zu verwenden.

Hierdurch entsteht ganz nebenbei ein sich selbstregulierendes und dem Prinzip der kommunizierenden Röhren entsprechendes Steuersystem[359]:

---

[358] Die Zahlen basieren auf der Erziehungsgehalt-2000-Studie und sind in diesem Zusammenhang nur beispielhaft zu verstehen. In der Praxis sind vermutlich höhere Beträge anzusetzen.

Ist die Anzahl der Kinderlosen bzw. Kinderarmen gering und die Gesamtfertilität somit hoch, werden nur wenige Kinderlosen-Steuern eingenommen. Es können dann nur wenige Familienmanager beschäftigt werden, für die es in einer solchen Situation aber auch keinen Bedarf gibt.

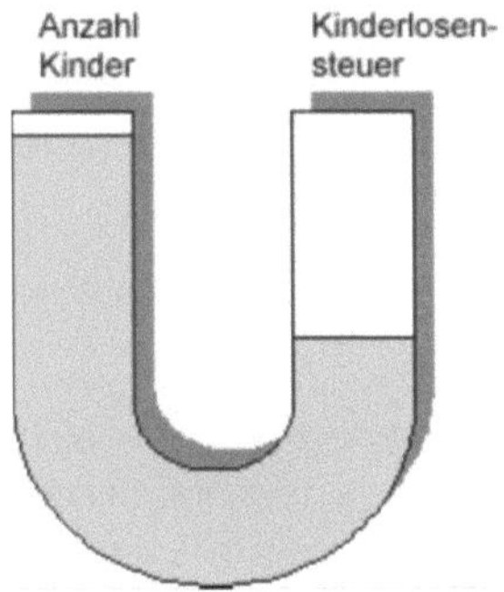

Abbildung 6: Geringe Steuereinnahmen bei hoher Fertilität

Ist die Anzahl der Kinderlosen bzw. Kinderarmen groß und die Gesamtfertilität niedrig, dann werden sehr viele Kinderlosen-Steuern eingenommen. Es können folglich entsprechend viele Familienmanager beschäftigt werden, für die in einer solchen Situation ja auch ein erheblicher Bedarf besteht.

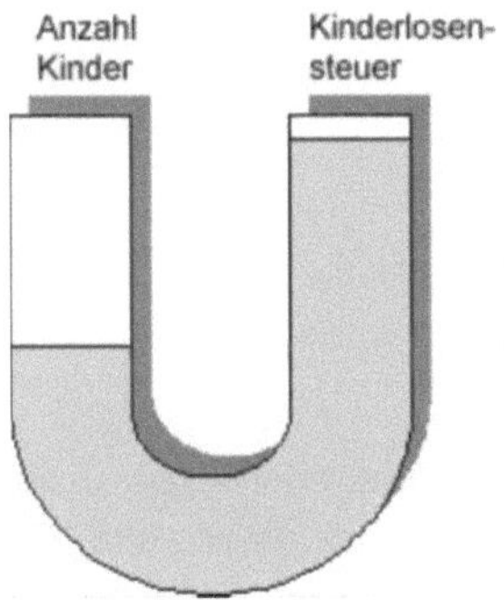

Abbildung 7: Hohe Steuereinnahmen bei geringer Fertilität

---

[359] Letztendlich funktionieren auch weite Teile der internen Systemsteuerung des Menschen auf diese Weise, zum Beispiel: Ist der Blutzuckerspiegel hoch, schüttet die Bauchspeicheldrüse Insulin aus. Sinkt der Blutzuckerspiegel, wird die Insulinproduktion heruntergefahren.

In Anlehnung an die Aussage der Ökonomen, Realkapital müsse in dem Maße gebildet werden, wie es an Humankapital fehlt[360], könnte man in Bezug auf das vorgestellte Modell auch sagen:

Realkapital muss in dem Maße akkumuliert werden, wie es an Humankapital fehlt, um damit neues Humankapital bilden zu können.

Natürlich wird auch dieses System eine gewisse Trägheit besitzen und nicht auf jede größere Fertilitätsschwankung unmittelbar reagieren. Allerdings sind erfahrungsgemäß solche Fluktuationen auch nicht zu erwarten.

In jedem Fall würden die Abgaben dem Namen „Steuer" wieder einen Sinn geben, nämlich gesellschaftliche Prozesse zu steuern[361].

Bevölkerungspolitische Maßnahmen werden auch als Social Engineering[362] bezeichnet. In der Regel ist dieser Begriff eher negativ besetzt, da eine technokratische Vorgehensweise zum Zwecke der gesellschaftlichen Veränderung unterstellt wird.

Allerdings werden solche Maßnahmen ja in vielen gesellschaftlichen Zusammenhängen eingesetzt. Zum Beispiel basiert unser gesamtes Gesundheitssystem auf ähnlichen Verfahren wie oben beschrieben: Der Einzelne führt regelmäßig Beträge an Krankenkassen ab, und diese finanzieren damit medizinische Leistungen. Anders als beim obigen Verfahren gibt es aber im Gesundheitssystem keinen die Ausgaben begrenzenden Rückkopplungsmechanismus. Deswegen handelt es sich dabei um eine eher ungünstige Variante des Social Engineerings: Das System wird auf Dauer immer teurer.

Verantwortlich dafür sind nicht nur die demographische Entwicklung oder der medizinische Fortschritt, sondern in erster Linie[363]:

- *Fehlende Kostentransparenz*: Über gesetzliche Krankenkassen versicherte Patienten besitzen keinen Einblick in die von ihnen verursachten Kosten. Dies begünstigt ein Vollkasko-Denken bei den Betroffenen.

- *Fehlende Anreize für Kostenbewusstsein*: Weder für Patienten noch Ärzte (bzw. in der medizinischen Vorsorge tätige Dienstleister) gibt es so etwas wie eine Erfolgsbelohnung. Letztendlich verdient die Medizin an der Krankheit, nicht an der Gesundheit der Patienten. Für die Medizin (und insbesondere die sie beliefernde Pharmaindustrie) sind chronisch kranke Menschen besonders lohnend.

---

[360] Sinn, Hans-Werner: Ist Deutschland noch zu retten? 3. Auflage, 2005, Seite 409

[361] Siehe dazu aber die unterschiedliche Auffassung in: Kirchhof, Paul: Der Weg zu einem neuen Steuerrecht – klar, verständlich, gerecht, 2. Auflage, 2005, Seite 5 ff.

[362] Wikipedia: Social Engineering (Gesellschaftswissenschaft), http://de.wikipedia.org/wiki/Social_Engineering_%28Gesellschaftswissenschaft%29

[363] Metzger, Oswald: Einspruch! Wider den organisierten Staatsbankrott, 2004, Seite 94 ff.

Spezialisierung

Verschiedene Experten haben darauf hingewiesen, dass Kinder zu bekommen als Folge des Geburtenrückgangs unweigerlich zu einem Akt der Spezialisierung wird: Ein schrumpfender Anteil Frauen muss immer mehr und mehr Geburten bewerkstelligen[364].

Denn andernfalls würde die Bevölkerung selbst bei bestandserhaltenden Fertilitätsraten schrumpfen[365]:

Es ist wichtig zu erkennen, dass die Bevölkerungsschrumpfung in Deutschland auch bei einer konstanten und sogar bei einer auf das Bestandserhaltungsniveau von 2,1 Lebendgeborenen pro Frau zunehmenden Geburtenrate unvermeidlich ist, denn sie beruht in erster Linie auf der zurückgehenden Zahl potenzieller Eltern, die der Geburtenrückgang in den vergangenen zweieinhalb Jahrzehnten jetzt zwangsläufig nach sich zieht, nicht etwa auf einer angenommenen weiteren Abnahme der Geburtenzahl pro Frau. Durch diesen als „Eigendynamik der Bevölkerungsschrumpfung" bezeichneten Prozess wird sich das Geburtendefizit in der Zukunft vervielfachen.

Nehmen wir einmal an, eine demographische Analyse sei zu dem Ergebnis gekommen, die meisten Nachhaltigkeitsanforderungen ließen sich mit 1,1 Millionen jährlichen Geburten erfüllen[366]. Insbesondere würden damit sowohl der prognostizierte Humankapitalbedarf der Wirtschaft abgedeckt, als auch der zukünftigen Generation nicht zu hohe Pro-Kopf-Belastungen etwa bei der Altenpflege oder der Unterstützung von Rentnern und anderen Leistungsempfängern bzw. Hilfsbedürftigen aufgebürdet.

Bei einer Jahrgangsstärke von 1,2 Millionen Menschen hätte dies für die daran beteiligten 600.000 Frauen eine Ziel-Fertilitätsrate von 1,83 zur Folge (wobei einfachheitshalber eine vernachlässigbare Sterblichkeit in jungen Jahren angenommen wird).

Bei Jahrgangsstärken von 1 Million bzw. 700.000[367] ergeben sich demgegenüber Fertilitätsraten von 2,2 bzw. 3,14 (siehe Tabelle). Dies sind in beiden Fällen Werte, die auch bei sehr optimistischer Betrachtung unter den aktuellen Rahmenbedingungen als unrealistisch angenommen werden müssen. Hinzu kommt, dass auf schrumpfende Jahrgänge mehr Arbeit und höhere Belastungen zukommen werden, so dass eher weiter sinkende Fertilitätsraten angenommen werden müssen.

---

[364]   Schirrmacher, Frank: Minimum – Vom Vergehen und Neuentstehen unserer Gemeinschaft, 2006, Seite 123 f.

[365]   Birg, Herwig: Auswirkungen und Kosten der Zuwanderung nach Deutschland, 2001, http://www.herwig-birg.de/downloads/dokumente/Gutachten-Muenchen.pdf, Seite 7

[366]   Diese Zahl ist willkürlich gewählt und dient lediglich Demonstrationszwecken. Keineswegs stellt sie eine Empfehlung des Autors dar.

[367]   In Deutschland wurden in 2005 nur noch 686.000 Kinder geboren.

Jahrgangsstärke	Gebärfähige Frauen	Ziel-Fertilitätsrate
1.200.000	600.000	1,83
1.000.000	500.000	2,20
700.000	350.000	3,14

Abbildung 8: Ziel-Fertilitätsraten bei unterschiedlichen Jahrgangsstärken

Bliebe die Fertilitätsrate dagegen bei ungefähr 1,4, so würden – wie die folgende Abbildung zeigt – 600.000 Frauen nur noch 840.000 Kinder zur Welt bringen, 350.000 Frauen sogar nur noch 490.000. Davon wäre natürlich nur die Hälfte weiblich, was die Zahl der gebärfähigen Frauen mit der Zeit weiter reduzieren würde.

Jahrgangsstärke	Gebärfähige Frauen	Geburten
1.200.000	600.000	840.000
1.000.000	500.000	700.000
700.000	350.000	490.000

Abbildung 9: Geburten bei Fertilitätsrate 1,4

Doch betrachten wir das Problem einmal von der umgekehrten Seite her und nehmen dazu an, der Staat habe sich zu einer aktiven Bevölkerungspolitik entschieden, die unter anderem darin bestehe, 20 Prozent der Frauen eines Jahrgangs als Familienmanagerinnen zu beschäftigen. Nehmen wir darüber hinaus an, die normale Fertilitätsrate der gebärfähigen Frauen liege konstant bei 1,4.

1,1 Millionen jährliche Geburten hätten dann die folgenden Konsequenzen:

Jahrgangsstärke	Gebärfähige Frauen	Familienmanager	Fertilitätsrate (nur Familienmanager)
1.200.000	600.000	120.000	3,57
1.000.000	500.000	100.000	5,40
700.000	350.000	70.000	10,11

Abbildung 10: Familienmanager-Fertilitätsraten und Jahrgangsstärken

Eine Fertilitätsrate von 10,11 wird sich sicherlich auch für diesen Personenkreis nicht mehr ausschließlich durch eigene Geburten bewerkstelligen lassen, sondern einer Unterstützung durch begleitende Adoptionen bedürfen. Alternativ könnte der Anteil der Familienmanagerinnen an der Gesamtbevölkerung gesteigert werden. Beispielsweise würde sich bei einem 30-prozentigen Anteil der Familienmanagerinnen an den

Frauen eines Jahrgangs deren erforderliche durchschnittliche Fertilitätsrate von 10,11 auf 7,21 reduzieren, geht man statt von 1,1 Millionen jährlichen Geburten nur von 900.000 aus, dann sogar auf einen Wert von 5,30.

In unserem Beispiel wurde sich einfachheitshalber auf Frauen beschränkt. Zu gleichen Resultaten würde man bei einem jeweils 10-prozentigen Anteil von Familienmanagern unter Männern und Frauen eines Jahrgangs kommen. Bei den von den Männern aufgezogenen Kindern kann es sich dann natürlich nur um adoptierte bzw. um eigene, aber von Nicht-Familienmanagerinnen geborene Kinder handeln (das heißt, er ist Familienmanager, seine Ehefrau bringt die Kinder zur Welt, geht aber einem anderen Beruf nach).

Nachhaltigkeit

Der Begriff der Nachhaltigkeit[368] [369] stammt ursprünglich aus der Forstwirtschaft. Er bezeichnet die Bewirtschaftungsweise eines Waldes, bei der dem Wald immer nur so viel Holz entnommen wird, wie nachwachsen kann, so dass der Wald nie zur Gänze abgeholzt wird, sondern sich immer wieder regenerieren kann.

Nachhaltige Entwicklung bedeutet die Erhaltung des Kapitalstocks an Ressourcen für die nächste Generation in einem Maße, dass deren Wohlfahrtsniveau mindestens dem der gegenwärtigen Generation entsprechen kann[370].

Dies impliziert, dass an den erneuerbaren Ressourcen (Luft, Böden, Wasser, Biomasse, Humanressourcen inklusive Reproduktionskapital) kein Raubbau betrieben wird bzw. für diese Ressourcen stets ausreichende Reproduktionskapazitäten vorgehalten werden.

Im Abschnitt *Eine vernachlässigte Hauptaufgabe des Staates* auf Seite 14 wurde bereits die Sicherstellung der Nachhaltigkeit als eine der wichtigsten Aufgaben des Staates herausgestellt. Dabei wurde dieser ganz bewusst mit einem Forstbetrieb verglichen und deutlich gemacht, dass eine nachhaltige Wirtschaftsweise stets nur vom Ertrag, nie aber von der Substanz nehmen wird.

Deutschland zehrt seit Jahrzehnten bereits ganz erheblich an seiner Humansubstanz.

Allerdings gibt es zurzeit auch nicht ansatzweise einen politischen Konsens über die eigentlichen Aufgaben des Staates. Christian Wulff meint zum Beispiel[371]:

---

[368] Wikipedia: Nachhaltigkeit, http://de.wikipedia.org/wiki/Nachhaltigkeit

[369] Luks, Fred: Nachhaltigkeit, 2002, Seite 6

[370] Clar G, Doré J, Mohr H (Hrsg.): Humankapital und Wissen – Grundlagen einer nachhaltigen Entwicklung, 1997, Seite 6

Der Staat kann und darf nicht an sich ziehen, was der Einzelne selbst regeln kann. Davon lasse ich mich leiten.

Das einzelne Individuum kann sicherlich fast alles selbst regeln. Dennoch ist fraglich, ob es in der Summe aller Individuen dies auch noch im Sinne der Gesellschaft tun wird.

Nachhaltigkeit steht in einem engen Zusammenhang zum Begriff der Generationengerechtigkeit (siehe dazu auch den Abschnitt *Generationengerechtigkeit* auf Seite 153)[372]. Daraus leiten sich unter anderem erhebliche Konsequenzen für die Bevölkerungspolitik, den Umweltschutz oder die Finanzpolitik ab.

Das Prinzip der Nachhaltigkeit ist zum Beispiel unter den folgenden Bedingungen verletzt:

- Dauerhaft deutlich zu niedrige („nicht bestandserhaltende") Fertilität

  In diesem Fall spart sich die vorangegangene Generation einen erheblichen Teil der Nachwuchsarbeit. Dies mag für sie ökonomisch günstig sein. Für die nachrückende Generation ist das Ergebnis aber geradezu katastrophal, weil sie damit eine erhebliche Altenlast aufgebürdet bekommt.

  Der Begriff „nicht bestandserhaltend" drückt in Hinblick auf die forstwirtschaftliche Herkunft des Begriffs „Nachhaltigkeit" bereits alles aus: Eine nicht bestandserhaltende Fertilität verletzt das Nachhaltigkeitsprinzip.

  Das Problem in unserem Kontext ist die zu starke bevölkerungspolitische Ausrichtung auf die Produktion. Stattdessen müsste man zur Finanzierung der Reproduktion denjenigen, die sich aus der Reproduktion völlig heraushalten, weil nur in der Produktion Einkommen erwirtschaftet werden, etwas Geld abnehmen, und es in die Reproduktion transferieren.

  Letztendlich kennt das Problem jedes Unternehmen: Man kann nicht alles in die Produktion stecken, sondern benötigt Ressourcen für Forschung und Entwicklung, aber auch für grundsätzliche Dinge wie die Abschreibung von Anlagen (die Reproduktion). Wenn sich ein Unternehmen nicht an diese Regeln hält, veraltet es und kann irgendwann nicht mehr konkurrieren. Genau so stellt sich auch das deutsche demographische Problem dar.

- Hohe Staatsverschuldung

  Wenn die vorangegangene Generation mehr ausgibt, als sie einnimmt, lebt sie auf Pump und mutet der zukünftigen Generation nicht nur die Rückzahlung des Kredits, sondern auch noch hohe regelmäßige Zinslasten zu.

---

[371]   Wulff, Christian: Deutschland kommt voran, 2006, Seite 51

[372]   Luks, Fred: Nachhaltigkeit, 2002, Seite 28

Sowohl durch eine hohe Staatsverschuldung als auch eine nicht bestandserhaltende Fertilität erhöht sich die Pro-Kopf-Belastung der nachfolgenden Generation. In Kombination wirken beide Tatbestände geradezu fatal.

Es gibt Vermutungen eines sich gegenseitigen Verstärkens hoher Staatsverschuldungen und niedriger Fertilitätsraten. Denn niedrige Fertilitäten führen zu einem Verlust an Humanvermögen, der zu einem Ausgleich durch Realkapital und damit zusätzlichen Kapitalaufnahmen drängt.

Mittlerweile gibt es eine parteiübergreifende Initiative verschiedener Bundestagsabgeordneter, die die Festschreibung einer nachhaltigen Haushaltspolitik im Grundgesetz verankert wissen möchte. Es ist allerdings fraglich, ob ein solcher Anspruch als isolierte Maßnahme und ohne Berücksichtigung der anderen Nachhaltigkeitsfelder gelingen kann, zu denen es eigene Rechtsinitiativen gibt[373] [374] [375] [376].

- Verschwendung von Energie und/oder Ressourcen

  Dies beinhaltet unter anderem eine Priorisierung erneuerbarer Energiequellen etwa gegenüber Kohle, Öl oder Atom.

- Vernachlässigung des Umweltschutzes

  Damit inbegriffen sind auch global wirkende Umweltbelastungen, die sich zunächst primär in Hoheitsgebieten anderer Staaten auswirken (zum Beispiel globale Erwärmung).

---

[373] Rux, Johannes: Der ökologische Rat – Ein Vorschlag zur Änderung des Grundgesetzes, in: Stiftung für die Rechte zukünftiger Generationen (Hrsg.): Handbuch Generationengerechtigkeit, 2003

[374] Lux-Wesener, Christina: Generationengerechtigkeit im Grundgesetz? Eine Untersuchung des Grundgesetzes auf Gewährleistungen von intergenerationeller Gerechtigkeit, in: Stiftung für die Rechte zukünftiger Generationen (Hrsg.): Handbuch Generationengerechtigkeit, 2003

[375] Boelling, Anemon Constanze: Generationengerechtigkeit im Grundgesetz? Eine Untersuchung des Grundgesetzes auf Gewährleistungen von intergenerationeller Gerechtigkeit, in: Stiftung für die Rechte zukünftiger Generationen (Hrsg.): Handbuch Generationengerechtigkeit, 2003

[376] Tremmel, Jörg: Positivrechtliche Verankerung der Rechte nachrückender Generationen, in: Stiftung für die Rechte zukünftiger Generationen (Hrsg.): Handbuch Generationengerechtigkeit, 2003

Die fehlende Nachhaltigkeit bei der Nachwuchsarbeit (zu niedrige Fertilitätsraten) wird sich schon bald empfindlich auf alle sozialen Sicherungssysteme auswirken und damit das Prinzip der Generationengerechtigkeit substanziell verletzen[377]:

- Ende der 1990er-Jahre beanspruchten Über-59-Jährige knapp die Hälfte der Mittel der gesetzlichen Krankenversicherung. Pro Kopf wendete die gesetzliche Krankenversicherung für einen Über-59-Jährigen durchschnittlich dreimal mehr auf als für einen Unter-59-Jährigen. Bei Beibehaltung des gegenwärtigen Systems dürften sich die Ausgaben der gesetzlichen Krankenversicherungen bis 2040 vor allem aufgrund der Alterung real rund verdoppeln. Über-59-Jährige würden dann etwa zwei Drittel der Mittel der gesetzlichen Krankenversicherung beanspruchen.

- Ältere beanspruchen die gesetzliche Pflegeversicherung überdurchschnittlich. 1999 waren reichlich 2 Millionen Personen pflegebedürftig. Bei konstanten altersspezifischen Pflegefallquoten dürfte diese Zahl bis zum Jahr 2040 auf rund 4 Millionen anwachsen.

- 1960 hatten rund 3 Beitragszahler zur gesetzlichen Rentenversicherung einen Rentner zu versorgen. Im Jahr 2002 betrug das Verhältnis 1,8:1. Werden nur die sozialversicherungspflichtigen Beschäftigten in die Betrachtung einbezogen, dann stünden nur noch 1,4 Aktive einem Rentner gegenüber. Im Jahr 2040 wird das Verhältnis sogar bei 0,8:1 liegen[378].

- Ohne tiefgreifende Reformen aller sozialen Sicherungssysteme dürften die Sozialbeiträge bis 2040 von heute reichlich 42% auf weit über 50% des Bruttolohns steigen. Damit würde sich die Erwerbsarbeit weiter verteuern (bei gleichzeitig nachlassender Vitalität der Erwerbstätigen), der Rationalisierungsdruck steigen und das Arbeitsvolumen beschleunigt zurückgehen.

Die letzte Aussage zu den tiefgreifenden Reformen der sozialen Sicherungssysteme muss allerdings etwas relativiert werden. Ein populärer Vorschlag einer Veränderung des Sozialstaates besteht zum Beispiel darin, die Altersversicherung durch eine Einheitsrente mit optionaler Privatrente zu ersetzen[379]:

Diese Garantierente würde eine Einheitsrente sein, wie sie Biedenkopf schon vor Jahrzehnten vorgeschlagen hat (...). Biedenkopf und sein Mitstreiter Meinhard Miegel dachten

---

[377] Wahl, Stefanie: Folgen der Bevölkerungsentwicklung für Wirtschaft und Gesellschaft, in: Hutter, Claus-Peter und Troge, Andreas (Hrsg.): Bevölkerungsrückgang – Konsequenzen für Flächennutzung und Umwelt, 2004, Seite 25 f.

[378] Allerdings gibt es Vorschläge, wie das Unterstützungsverhältnis durch die Mobilisierung heute beruflich inaktiver Menschen in den kritischen Jahren ab 2020 signifikant verbessert werden kann. Siehe zum Beispiel: Strange, Nicholas: Keine Angst vor Methusalem! Warum wir mit dem Altern unserer Bevölkerung gut leben können, 2006

[379] Steingart, Gabor: Deutschland – Abstieg eines Superstars, 2. Auflage, 2005, Seite 284

eher an 800 Euro pro Monat, was sich wohltuend auf die Steuersätze auswirkt. Denn beide, Garantie- und Privatrente, verhalten sich zueinander wie kommunizierende Röhren – eine hohe Grundrente erfordert hohe Steuersätze und lässt damit wenig Raum für die Privatrente. Eine niedrige Grundrente ist mit deutlich geringeren Steuersätzen zu finanzieren und räumt der Privatrente eine stärkere Rolle ein.

Vorschläge dieser Art werden häufig mit einer Inbrunst der Überzeugung vorgetragen, als reiche es nur, vorhandenes Kapital umzuverteilen, und damit wären alle zukünftigen sozialstaatlichen Probleme gelöst.

Sicherlich ist es unerlässlich, die Ausgaben der Renten- und Pensionsleistungen unverzüglich zu reduzieren, denn[380]:

Unser Sozialstaat kann seinen Bürgern eine kollektive Absicherung gegen Arbeitslosigkeit, Alter, Krankheit und Pflegebedürftigkeit auf lebensstandardssicherndem Niveau nicht mehr garantieren.

Die Betonung liegt dabei auf „lebensstandardssichernd". Wie im Abschnitt *Generationengerechtigkeit* auf Seite 153 dargestellt wird, dürfte eine Lebensstandardssicherung bei weiterer Verschlechterung der demographischen Kenngrößen nur über die Aufnahme weiterer staatlicher Anleihen (das heißt einer Zunahme der Staatsverschuldung) erzielbar sein.

Aber solange die Altersentwicklung in Deutschland so weitergeht wie bislang, gibt es keinen sozialverträglichen Ausstieg aus der demographischen Krise. Denn egal wie man es dreht und wendet, im Jahr 2040 wird der größte Teil der Bevölkerung alt sein, irgendeinen Rentenanspruch besitzen oder von der Sozialhilfe leben müssen, auf ärztliche Hilfe und gegebenenfalls sogar auf Pflege angewiesen sein. Auch wenn man einigen Menschen die Rentenansprüche rigoros kürzt, werden die Kosten für die dann erwerbstätigen Menschen auch im untersten für die Älteren gerade noch zuträglichen Bereich sehr und vermutlich zu hoch sein. Die Alternative wäre bestenfalls, den Älteren jede Hilfe zu verweigern, aber noch hat niemand gewagt, eine solche Option öffentlich auszusprechen (wenngleich ich mir sicher bin, dass dies noch geschehen wird)[381].

---

[380] Metzger, Oswald: Einspruch! Wider den organisierten Staatsbankrott, 2004, Seite 132

[381] Einige optimistische Schrumpfungsszenarien empfehlen den baldigen Rückbau von Städten und sonstiger nicht mehr benötigter Infrastruktur (Straßen, Brücken, Bahnstrecken etc.). Es dürfte auf der Hand liegen, dass andere diesen Gedanken auf den Abbau „humaner Altlasten" ausweiten könnten. In archaischen Gesellschaften war so etwas sogar üblich. Jacques Neirynck beschreibt einen aktuellen Fall: „Anlässlich des letzten Vorstoßes von Robert Scott in Richtung Südpol im Jahre 1912 erkrankte Kapitän Oates während des Rückzugs. In der Absicht, das Leben der Kameraden zu retten, verließ er freiwillig in einer Blizzardnacht sein Zelt und ließ sich nach Sitte der Eskimos erfrieren; damit hat er zu einer Grundregel der paläolithischen Ethik zurückgefunden, seine englische Erziehung verleug-

Der demographische Teil der Nachhaltigkeitsproblematik ist für den Sozialstaat ein neues Thema. Denn in der Industriegesellschaft war die gesellschaftliche Reproduktion durch Rollenzuweisungen gesichert: Der Mann ging arbeiten, und die Frau blieb zu Hause und zog die Kinder auf (siehe dazu den Abschnitt *Ernährermodell* auf Seite 20). Zusätzlich wurden die grundsätzlichen Reproduktionseinheiten noch durch staatliche Regelungen institutionell und gesetzlich geschützt: *Ehe und Familie stehen unter dem besonderen Schutze der staatlichen Ordnung* (Grundgesetz, Artikel 6). Dies erlaubte es dem Staat, sich weitestgehend aus den Themen Reproduktion und bevölkerungspolitische Nachhaltigkeit herauszuhalten und sie zu privatisieren, da angenommen werden konnte, diese würden von selbst und ohne weitere staatliche Eingriffe funktionieren.

Diese Welt ist vergangen[382].

Staatliche Steuerungsaufgaben

Moderne, entwickelte Staaten werden häufig als demokratische Rechts- und Interventionsstaaten (DRIS)[383] bezeichnet. Typisch ist die ausgeprägte sozial- und wohlfahrtsstaatliche Ausrichtung, die unter anderem ihren Ausdruck im Artikel 22 der Erklärung der Menschenrechte der Vereinten Nationen von 1948 fand[384]:

Jeder Mensch hat als Mitglied der Gesellschaft Recht auf soziale Sicherheit; er hat Anspruch darauf, durch innerstaatliche Maßnahmen und internationale Zusammenarbeit unter Berücksichtigung der Organisation und der Hilfsmittel jedes Staates in den Genuss der für seine Würde und die freie Entwicklung seiner Persönlichkeit unentbehrlichen wirtschaftlichen, sozialen und kulturellen Rechte zu gelangen.

Franz-Xaver Kaufmann präzisiert[385]:

Was wir als Sozial- oder Wohlfahrtsstaat bezeichnen, bezieht sich (...) nicht auf den Staat allein, sondern (...) auf die ‚Vermittlung' zwischen marktgesellschaftlicher Privatsphäre und rechtsstaatlicher Öffentlichkeit (...). Die Einrichtung des Arbeits-, Bildungs- und Sozialrechts konstituieren eine charakteristische Zwischensphäre zwischen Wirtschaftsun-

---

nend, in deren Augen der Selbstmord Feigheit bedeutet." In: Neirynck, Jacques: Der göttliche Ingenieur – Die Evolution der Technik, 6. Auflage, 2006, Seite 98 f.

[382] Di Fabio, Udo: Die Kultur der Freiheit – Der Westen gerät in Gefahr, weil eine falsche Idee der Freiheit die Alltagsvernunft zerstört, 2005, Seite 143

[383] Leibfried, Stephan und Zürn, Michael (Hrsg.): Transformation des Staates? 2006, Seite 11 ff.

[384] Kaufmann, Franz-Xaver: Sozialpolitik und Sozialstaat: Soziologische Analysen, 2. erw. Auflage, 2005, Seit 187

[385] ebenda, Seite 248 f.

ternehmungen, privaten Haushalten und Staat, oder analytischer gesprochen, zwischen den Sphären der Produktion, der Reproduktion und dem politischen Gemeinwesen. (...)

Drei Gesichtspunkte seien hervorgehoben:

- *In der Produktionssphäre bleibt das Privateigentum und die unternehmerische Dispositionsfreiheit grundsätzlich gewahrt; beide werden allerdings einschränkenden Bedingungen unterworfen, um die Machtdifferenz zwischen den Unternehmen und ihren Arbeitskräften – ‚Kapital' und ‚Arbeit' – unwirksam zu machen, und um unerwünschte externe Effekte, d. h. außerhalb der Kostenrechnungen der Betriebe anfallende ‚soziale Kosten' zu reduzieren. Nationale Wohlfahrtsstaaten unterscheiden sich hinsichtlich des dominierenden Typus dieser Einschränkungen (staatliche Verbote, Schadenersatzpflichten, Verfahrensregelungen, Aufsichts- oder Verhandlungssysteme).*

- *In der Verteilungssphäre wird nach marktwirtschaftlichen Prinzipien die ausschließlich am Entgelt für Produktionsfaktoren orientierte primäre Einkommensverteilung durch eine staatlich organisierte sekundäre Einkommensverteilung korrigiert, welche auch den nicht erwerbstätigen und unvermögenden Bevölkerungsgruppen (Alte, Behinderte, Kinder, Arbeitslose) ein Einkommen sichert. Nationale Wohlfahrtsstaaten unterscheiden sich hinsichtlich der Finanzierungsweise dieser Transfereinkommen (durch Steuern und/oder Beiträge) sowie hinsichtlich der Ausgestaltung der hierauf bezogenen Ansprüche und der Organisation des sozialen Sicherungssystems.*

- *In der Reproduktionssphäre werden die Leistungen der privaten Haushalte durch öffentlich subventionierte oder voll finanzierte Dienstleistungen des Bildungs-, Gesundheits- und Sozialwesens ergänzt und unterstützt. Nationale Wohlfahrtsstaaten unterscheiden sich hinsichtlich des Verhältnisses von staatlicher, kommunaler, freigemeinnütziger und privatwirtschaftlicher Trägerschaft der leistungserbringenden Einrichtungen sowie nach Art und Umfang ihrer politischen und rechtlichen Steuerung.*

Vom liberalen rechtsstaatlich-marktwirtschaftlichen Gesellschaftstypus, wie er annäherungsweise in großen Teilen der Vereinigten Staaten und in einigen Schwellenländern anzutreffen ist, unterscheidet sich der wohlfahrtsstaatliche Typus durch den höheren Grad legitimer Staatsintervention: Die gesellschaftlichen Verhältnisse werden hier nicht grundsätzlich staatsfrei gedacht, sondern dem Staat wird die Kompetenz zu wohlfahrtssteigernden Interventionen in die gesellschaftlichen Verhältnisse zugesprochen.

Es fragt sich nun, welche Mittel der sozialen Steuerung[386] bzw. Intervention dem Staat zur Verfügung stehen. Franz-Xaver Kaufmann erläutert[387]:

---

[386] In: Lange, Stefan und Braun, Dietmar: Politische Steuerung zwischen System und Akteur, 2000, Seite 24 wird Steuerung wie folgt definiert: „Steuerung muss als Steuerungshandeln einem Subjekt zurechenbar sein, un zwar als politische Steuerung dem Staat bzw. einer oder mehreren seiner Organisationen. Das staatliche Steuerungshandeln verfolgt ein Steuerungsziel, das unter Einsatz spezifischer Maßnahmen eine Zustandsänderung des Steuerungsobjekts erreichen soll."

Gehen wir von den für die gegenwärtigen Verhältnisse charakteristischen Annahmen hoher Arbeitsteilung, starker Individualisierung der Präferenzen und hoher Ungewissheit von Handlungsfolgen aus, so lassen sich folgende drei Problemdimensionen sozialer Steuerung unterscheiden:

- *Bedarfsnormierung: Unter der Prämisse eines individualistischen Menschenbildes müssen wir davon ausgehen, dass individuelle Bedürfnisse zunächst unbekannt sind. Ein kollektiv wirksamer Steuerungsmechanismus muss also die Eigenschaft besitzen, den Akteuren Zielgrößen zu setzen, die in möglichst hohem Umfange mit individuellen Präferenzen Dritter vermittelbar sind.*

- *Koordination von Akteuren: Unter der Prämisse von Arbeitsteilung stellt sich das Problem, wie Pläne, Entscheidungen und Handlungen unterschiedlicher Akteure so aufeinander abgestimmt werden können, dass eine effektive Produktion, d. h. ein an der Deckung definierter Bedarfe orientierter Ressourceneinsatz resultiert.*

- *Rückkoppelung: Unter der Prämisse einer hohen Ungewissheit von Handlungsfolgen kann nicht damit gerechnet werden, dass die beiden zuvor genannten Probleme auf Anhieb und dauerhaft gelöst werden können. Deshalb kann von effektiver sozialer Steuerung nur gesprochen werden, wenn die Adressaten bestimmter Handlungen oder Leistungen die Möglichkeit haben, dieselben im Lichte ihrer eigenen Bedürfnisse und Prioritäten zu bewerten, und wenn diese Bewertungen für die Akteure Folgen zeitigen, so dass sie aus Erfolg oder Misserfolg lernen können.*

Wie in den letzten Abschnitten gezeigt wurde, gehört eine nachhaltige Bevölkerungspolitik unter den heutigen gesellschaftlichen Bedingungen zu den wichtigsten Aufgaben des Staates. In Wissensgesellschaften wird die Reproduktion zum Kerngeschäft des Staates. Eine Laissez-Faire-Haltung wird nicht ausreichen, da diese automatisch niedrige Fertilitätsraten bewirken wird. Auch die Ausführungen im Abschnitt *Individualisierungsthese* auf Seite 25 bekräftigen diese Annahme.

Zu niedrige Fertilitätsraten stellen eine erhebliche Verletzung des Nachhaltigkeitsprinzips und der Generationengerechtigkeit dar, speziell dann, wenn bei dem wenigen Nachwuchs auch noch erhebliche Defizite festzustellen sind. Es ist die Pflicht des Staates, solche grundsätzlichen Maxime einzuhalten (ähnlich etwa der Sicherstellung der öffentlichen Ordnung). Es ist folglich die Pflicht des Staates, eine Bevölkerungsplanung durchzuführen und in deren Rahmen dann nicht-ruinöse Fertilitätsraten anzustreben.

Ausnahmen könnten nur bestehen, wenn dem Staat die Hände gebunden sind, zum Beispiel weil ihm für die Sicherstellung der Aufgabe die Mittel fehlen, höhere Gewalt

---

[387] Kaufmann, Franz-Xaver: Sozialpolitik und Sozialstaat: Soziologische Analysen, 2. erw. Auflage, 2005, Seite 192

vorliegt[388] bzw. es übergeordnete Gründe gibt, die seinem Eingreifen im Wege stehen. In öffentlichen Diskussionen wird meist angenommen, dass die Nachwuchsfrage nicht nur auf individueller, sondern auch auf kollektiver Ebene überwiegend Privatsache und folglich kaum steuerbar ist, dass dem Staat also tatsächlich die Hände gebunden sind. Eine solche Vermutung lässt sich aber widerlegen.

Die obigen Äußerungen von Franz-Xaver Kaufmann können direkt auf die Nachwuchsfrage übertragen werden: Der Wohlfahrtsstaat mit seinen weit entwickelten sozialen Sicherungssystemen ist auf eine nachhaltige gesellschaftliche Reproduktion angewiesen. Vom Bedarf abweichende Ergebnisse machen sein steuerndes Eingreifen bzw. seine Intervention zwingend erforderlich.

---

[388] Tremmel, Jörg: Bevölkerungspolitik im Kontext ökologischer Generationengerechtigkeit, 2005, Seite 95

Franz-Xaver Kaufmann unterscheidet drei verschiedene Typen sozialer Steuerung[389] [390]:

- Markt-Preis-Mechanismus

- Hierarchische Steuerung

- Solidarische Steuerung

Eine hierarchische Steuerung (zum Beispiel per Anordnung) in Bezug auf die Nachwuchsfrage schließt sich von vornherein aus. Die zurzeit präferierte und realisierte Steuerung könnte am ehesten als solidarisch eingestuft werden, da letztendlich unausgesprochen erwartet wird, dass alle Individuen „solidarisch" für ausreichenden Nachwuchs sorgen werden. Um dies zu begünstigen setzt der Staat Anreize bzw. sorgt für familiale Entlastungen. Anreize, Entlastungen und Sanktionen (zum Beispiel in Form von Steuern) sollen hier als Unterstützung der solidarischen Steuerung verstanden werden, da der staatlichen Intervention ja insgesamt jegliche Verbindlichkeit fehlt.

Franz-Xaver Kaufmann merkt zur Effizienz der solidarischen Steuerung an[391]:

Es ist ja gerade das Ungenügen solidarischer Steuerungen für die Lösung komplexerer Probleme, das im Zuge der Modernisierung zur Herausbildung von marktmäßig oder hierarchisch gesteuerten Sozialzusammenhängen geführt hat.

Zum gleichen Ergebnis kommen auch die Ausführungen in den Abschnitten *Opportunitätskosten und Pflichten* auf Seite 71 und *Opportunitätskosten und finanzielle Anreize* auf Seite 74: solidarische Steuerungsmechanismen dürften kaum geeignet sein, nachhaltige gesellschaftliche Reproduktionsraten in Wissensgesellschaften zu gewährleisten, zumal die bisherige Basis des Solidarvertrags bei der Nachwuchsarbeit durch die weibliche Emanzipationsbewegung in der zweiten Hälfte des 20. Jahrhunderts aufgekündigt wurde.

Es bleibt folglich der Markt-Preis-Mechanismus. Franz-Xaver Kaufmann merkt dazu an[392]:

Der Markt-Preis-Mechanismus ist (...) in soziologischer Perspektive ein vergleichsweise effektives Instrument sozialer Steuerung. Allerdings setzt das theoriekonforme Funktionieren dieses Steuerungsmechanismus die Warenförmigkeit aller Ressourcen sowie gleiche Marktmacht aller Beteiligten voraus.

---

[389] Kaufmann, Franz-Xaver: Sozialpolitik und Sozialstaat: Soziologische Analysen, 2. erw. Auflage, 2005, Seite 193 ff.

[390] Und die beiden weiteren Steuerungstypen Korporatismus und Professionalität (ebenda, Seite 213 ff.), die aber in diesem Kontext keine Rolle spielen.

[391] ebenda, Seite 196

[392] ebenda, Seite 193

Dieser letzte Punkt ist entscheidend. Denn damit setzt eine sozialstaatliche Steuerung in der Bevölkerungsfrage mittels des Markt-Preis-Mechanismus nicht nur eine Festlegung der Quantität des Bedarfs, sondern auch eine genaue Beschreibung der Anforderungen (Qualität) voraus.

Beide Punkte werden durch das im vorliegenden Buch vorgestellte Familienmanager-Konzept erfüllt:

- Eine jährlich durchzuführende Bedarfsplanung des Staates ermittelt die Zahl der zu besetzenden Familienmanager-Stellen, genauso wie es etwa im Schuldienst geschieht.

- Die Anforderungen an die Interessenten werden über nachzuweisende Ausbildungszertifikate vermittelt. Dies ermöglicht die „Tauschbarkeit" der geforderten Leistung.

Häufig werden in Wohlfahrtsstaaten Gelder ohne definierte Gegenleistung ausgeschüttet. Ziel ist meist die Milderung sozialer Härten oder die Behebung sozialer Ungerechtigkeiten. Doch nicht selten produzieren solche Maßnahmen erst die Sozialfälle, die sie eigentlich zu verhindern gedenken[393]. Das Familienmanager-Konzept geht hier einen anderen Weg: Ein Einkommen ist nur bei Nachweis entsprechender Qualifikationen erzielbar (die Leistung wird „tauschbar"). Die Alternative, ausnahmslos alle Familien für das Aufziehen von Kindern mit hohen Kindergeldbeträgen oder gar Erziehungsgehältern auszustatten, wird dagegen suboptimale Ergebnisse liefern oder gar parasitäre Verhaltensweisen fördern.

Und auch vom Umfang der staatlichen Intervention dürften sich die Alternativen kaum unterscheiden: Heute wachsen Kinder zunehmend unter Sozialhilfebedingungen auf. Dies hat bereits den Ausdruck „Infantilisierung der Armut" geprägt. Der Staat ist also bereits längst zum Ernährer eines nennenswerten und weiter ansteigenden Anteils der Kinder geworden. Wenn er die Kosten der gesellschaftlichen Reproduktion ohnehin schon in weiten Teilen dem Steuerzahler aufbürdet, dann könnte er es sinnvollerweise auch gleich richtig machen.

Das Familienmanager-Konzept stellt also ein praktikables ökonomisches („Markt-Preis") Verfahren dar, welches es dem Staat erlaubt, seine übergeordneten Ziele im Rahmen der gesellschaftlichen Reproduktion durchzusetzen, ohne dabei Zwang auf die Individuen auszuüben. Da damit ein effizienter Mechanismus vorliegt, eine nachhaltige Bevölkerungsentwicklung sicherzustellen, ist der Wohlfahrtsstaat mit seinen weit entwickelten sozialen Sicherungssystemen in der Pflicht, dies auch zu tun.

Daneben sollte sich der Staat bemühen, die besondere Bedeutung der Reproduktion auch zu vermitteln. Während in den Nachkriegsjahren die Politiker sich darin

---

[393] Bolz, Norbert: Die Helden der Familie, 2006, Seite 36

gegenseitig übertrafen, bei Wahlveranstaltungen Säuglinge in die Luft zu halten, wissen heutige Politiker häufig nicht einmal mehr, was Kleinkinder sind.

Maßnahmen zur Beeinflussung oder gar Steuerung des Bevölkerungswachstums werden nicht selten aus ethischen Gründen kritisiert[394]. So heißt es dann etwa, die Idee, die „Menschenproduktion" wie jede andere Produktion vernunftmäßig zu planen, sei technokratisch. Menschen dürften nie zum Material demographischer Planung werden[395]. Dies übersieht aber, dass der Staat üblicherweise nicht in die Rechte von Einzelpersonen eingreift, sondern durch attraktive Angebote bzw. umgekehrt durch finanzielle Sanktionen zu überzeugen versucht. Zum Beispiel werden bei 1 Million Neugeborener pro Jahr mehr Lehrer benötigt als bei 700.000. Trotzdem weist der Staat niemanden direkt an, Lehrer zu werden. Dies ist beim Familienmanager-Konzept nicht anders.

Im Prinzip besteht in der ethischen Bewertung zwischen den Berufen eines Lehrers, einer staatlich bezahlten Tagesmutter oder einer Familienmanagerin kein Unterschied: In allen drei Fällen wird für eine täglich zu erbringende Leistung, die über entsprechende Qualifikationen nachzuweisen ist, ein Gehalt gezahlt[396].

Abzugrenzen sind bevölkerungspolitische Maßnahmen von der klassischen Familienpolitik, die in erster Linie das Ziel verfolgt, das Wohlergehen von Familien positiv zu beeinflussen. Anders als die Bevölkerungspolitik weist diese Definition dem Staat nicht das Recht zu, Familiengründungen zu fördern, sondern nur bestehende Familien zu unterstützen und den Ausgleich zwischen Familien und Kinderlosen zu verbessern. Familienpolitik ist demnach Teil der Sozialpolitik, Bevölkerungspolitik dagegen nicht[397].

---

[394] Häufig wird dabei auf die pronatalistischen Maßnahmen im Dritten Reich verwiesen. Leider verhindern solche Argumente oftmals eine freie Diskussion über die anstehenden Bevölkerungsprobleme. Auch werden sinnvolle Argumente nur deshalb bereits als rechtsnational abgetan, weil sie von rechtsnationalen Gruppen aufgegriffen werden. Am Ende unternimmt eine Gesellschaft nur deshalb nichts gegen ihren drohenden Verfall, weil sie befürchtet, helfende Maßnahmen könnten mit dem Dritten Reich in Verbindung gebracht werden. Dies wäre dann ein später „Sieg" genau jener Kräfte.

[395] Tremmel, Jörg: Bevölkerungspolitik im Kontext ökologischer Generationengerechtigkeit, 2005, Seite 155

[396] Wenn das demographische Problem der entwickelten Länder nicht hinreichend gelöst werden kann, stehen dagegen zahlreiche „ethische" Errungenschaften dieser Gesellschaften insgesamt auf dem Spiel.

[397] Tremmel, Jörg: Bevölkerungspolitik im Kontext ökologischer Generationengerechtigkeit, 2005, Seite 150

Die Rolle der Medien

Den Medien kommt ebenfalls eine entscheidende Bedeutung in der demographischen Krise zu[398]:

Den Massenmedien fällt deshalb ebenfalls eine advokatorische Funktion zu, die Probleme und Zukunftschancen der nachwachsenden Generation in der Gegenwart bereits aufzuwerfen und nicht Opportunitätsstrategien – zum Beispiel Anpassungen an den bevorstehenden Alterungsprozess – nur wiederzugeben. Wie wir sahen, ist die öffentliche Meinung im gesamten Untersuchungsspektrum sensibilisiert und insofern dürfte an kontinuierlicher Berichterstattung Interesse bestehen.

Wir leben in einer Inkubationszeit: „Die Bevölkerung wird nicht mehr ersetzt, sie altert, aber sie merkt es nicht. Die kurzfristigen Sorgen verdecken die mittelfristige Wirklichkeit."

Leider kommen zahlreiche Medien dieser Aufgabe nicht nach. Zum Teil werden die bevorstehenden Probleme völlig verharmlost[399] und der Eindruck erweckt, als stehe Deutschland nicht vor einer Überalterung bzw. Entjüngung, sondern gar vor einer Verjüngung[400]. Hier wäre ein allgemeiner Konsens über die Bedrohlichkeit der Lage (nicht notwendigerweise über die zu ergreifenden Maßnahmen) hilfreich. Wenn ein Mensch erkennbar altert, dann werden Äußerungen wie „Sie werden von Tag zu Tag jünger" zwangsläufig nur mehr als Spott empfunden.

Gesellschaftliches Klima

Unter gesellschaftlichem Klima sollen hier die gesellschaftlichen Signale zur Kinderfrage verstanden werden. Dazu gehören zum Beispiel Äußerungen der Politik, Darstellungen in den Medien, insbesondere aber auch konkrete Leistungen an Familien[401].

Untersuchungen haben eine fast doppelt so hohe Präsenz von Singles in den abendlichen Fernsehprogrammen im Vergleich zur Realität ermittelt[402]. Dieses Beispiel zeigt, wie sich das gesellschaftliche Klima in der Kinderfrage bereits verschoben hat.

---

[398] Mayer, Tilman: Die demographische Krise – Eine integrative Theorie der Bevölkerungsentwicklung, 1999, Seite 434

[399] DIE ZEIT: Wissen – Demografie, http://www.zeit.de/demografie

[400] Björn Schwentker: „Wenn die Babyboomer sterben, erlebt Deutschland also eher eine ungebremste Verjüngung statt einer Vergreisung.", in: Schwentker, Björn: Aussterben abgesagt. DIE ZEIT, 47, 08. Juni 2006, http://www.zeit.de/2006/24/Demografie-1_xml

[401] Mayer, Tilman: Die demographische Krise – Eine integrative Theorie der Bevölkerungsentwicklung, 1999, Seite 435 ff.

[402] Der Spiegel: TV-Programm – Kinderfreie Zone, 15.04.2006, 16/2006, Seite 102

Tilman Mayer weist aber darauf hin, dass sich das Klima nicht unabhängig von politischen Leistungen entwickeln kann. Appelle an das Gewissen, aufwendige Kampagnen oder auch Regierungsprogramme für ein kinderfreundlicheres Land können sehr leicht in die entgegengesetzte Richtung wirken, wenn allgemein von einer substanziellen Benachteiligung von Familien ausgegangen werden muss. Den Worten und Absichten müssen also auch immer Taten und konkrete Maßnahmen folgen[403]:

Appelle an das Gewissen oder solche an die wie auch immer definierte gemeinsame Verantwortung sind für einen Kurswechsel beim reproduktiven Verhalten genauso wenig hilfreich wie beim Umweltverhalten. Solange individuelles Handeln gegen das Allgemeinwohl vorteilhaft ist (oder als vorteilhaft empfunden wird), könnten solche Appelle eine unerwünschte Auswahl zur Folge haben.

Bevölkerungsbegrenzung

Aus ökologischen Gründen dürfte in Zukunft auch die aktive globale Bevölkerungsbegrenzung an Bedeutung gewinnen[404] [405] [406]. Beispielsweise könnten auf internationalen Konferenzen (Weltbevölkerungskonferenzen) regionale Bevölkerungskontingente abgestimmt werden, die eine langfristige Entlastung der Natur und sonstiger Ressourcen zum Ziel haben, ohne dabei für die einzelnen Volkswirtschaften ruinös zu wirken.

Dazu wären zwei gegenläufige Eingriffe erforderlich:

- Maßnahmen zur Begrenzung eines ungeplanten Bevölkerungswachstums. Hier dürften Empfängnisverhütungsmittel, die Gleichberechtigung und Bildung der Frauen sowie leistungsfähige Rentenversicherungssysteme an erster Stelle stehen[407].

Daneben könnten auch Anreize geschaffen werden, Staaten zu einer bewussten Reduzierung des Bevölkerungswachstums zu bewegen. Beispielsweise könnte der bereits diskutierte internationale Handel mit Verschmutzungsrechten[408] an

---

[403] Leisinger, Klaus M.: Die sechste Milliarde, 2. Auflage, 1999, Seite 278

[404] Radermacher, Franz J.: Balance oder Zerstörung – Ökosoziale Marktwirtschaft als Schlüssel zu einer weltweiten nachhaltigen Entwicklung, 2002

[405] Radermacher, Franz J.: Global Marshall Plan – A Planetary Contract. For a worldwide Eco-Social Market Economy, 2004

[406] Global Marshall Plan Initiative (Hrsg.): Welt in Balance – Zukunftschance Ökosoziale Marktwirtschaft, 2004

[407] Leisinger, Klaus M.: Die sechste Milliarde, 2. Auflage, 1999, Seite 287

[408] Radermacher, Franz J.: Balance oder Zerstörung – Ökosoziale Marktwirtschaft als Schlüssel zu einer weltweiten nachhaltigen Entwicklung, 2002, Seite 59 ff.

abgestimmte Bevölkerungszielgrößen anstatt wirkliche Bevölkerungszahlen gekoppelt werden.

Die gewählten bevölkerungspolitischen Maßnahmen sollten dabei aber nicht mit allgemeinen Rechten der Individuen kollidieren. So führte beispielsweise die Weltbevölkerungskonferenz von Kairo in 1994 den Begriff der *reproduktiven Gesundheit* als Maßstab für die gesellschaftliche Reproduktion ein[409]:

> *Reproduktive Gesundheit bedeutet, dass Menschen ein befriedigendes und ungefährliches Sexualleben haben können, und dass sie die Fähigkeit zur Fortpflanzung und die freie Entscheidung darüber haben, ob, wann und wie oft sie hiervon Gebrauch machen wollen.*

Eine solche Maßgabe schließt staatliche Zwangsmaßnahmen und unausgewogene finanzielle Sanktionen von vornherein aus.

- Maßnahmen zur Begrenzung einer zu starken bzw. ruinösen Bevölkerungsschrumpfung. Dies ließe sich vermutlich am ehesten durch das im vorliegenden Buch vertretene Familienmanager-Konzept erreichen.

Die Beherrschung der Bevölkerungsentwicklung dürfte in Zukunft zu den entscheidenden – und aus ökologischen Gründen unbedingt notwendigen – Kompetenzen der Menschheit zählen[410].

Wird erst einmal verstanden, mit welchen Mechanismen die gesellschaftliche Reproduktion ohne individuelle Zwangsmaßnahmen unter ein bestandserhaltendes Niveau gebracht werden kann (und vieles spricht dafür, dass ein solches Verständnis in weiten Teilen bereits vorliegt), dann dürfte der umgekehrte Schritt hin zur Durchsetzung eines demographischen Gleichgewichts mittels etablierter Marktmechanismen (Familienmanagerin) relativ leicht gelingen. Insoweit könnte sich die Tatsache, dass moderne Wissensgesellschaften bei fehlenden staatlichen Eingriffen offenkundig ganz von alleine zu sehr niedrigen Fertilitätsraten neigen, einmal als Segen erweisen. Denn für die Stimulierung von kollektiv gewünschten Verhaltensweisen haben moderne Gesellschaften leistungsfähige Marktmechanismen.

Eine Rückkehr der entwickelten Staaten hin zu bestandserhaltenden und nicht ruinösen Fertilitätsraten sollte aber auch im Interesse der weniger entwickelten Staaten liegen. Denn abgesehen davon, dass damit der fortgesetzte „Braindrain" von den Schwellenländern in die reicheren Länder[411] wenigstens gemildert werden

---

[409] Tremmel, Jörg: Bevölkerungspolitik im Kontext ökologischer Generationengerechtigkeit, 2005, Seite 128

[410] Neirynck, Jacques: Der göttliche Ingenieur – Die Evolution der Technik, 6. Auflage, 2006, Seite 319

[411] Radermacher, Franz J.: Balance oder Zerstörung – Ökosoziale Marktwirtschaft als Schlüssel zu einer weltweiten nachhaltigen Entwicklung, 2002, Seite 39 ff.

könnte, würde andernfalls den entwickelten Ländern sehr rasch das Interesse und auch die Kraft abhanden kommen, sich für einen stärkeren globalen Ausgleich, etwa in Form eines Global Marshall Plans[412], stark zu machen. Gerade die europäischen Länder machen immer wieder wichtige Beiträge, wenn es um Themen des internationalen Ausgleichs geht[413]. Eine solch hochentwickelte Kultur sollte deshalb nicht unnötig geschwächt werden.

Auch dürften Entwicklungsländer nur schwerlich von Maßnahmen zur Begrenzung des Bevölkerungswachstums wie etwa die Verbesserung der gesellschaftlichen Stellung der Frauen und deren Bildung zu überzeugen sein, wenn diese in den entwickelten Ländern überwiegend zu einer ruinösen Bevölkerungsschrumpfung und gesellschaftlichen Überalterung führen. Für sie könnte hierdurch der Eindruck entstehen, sie hätten lediglich die Wahl zwischen Pest und Cholera.

---

[412] Global Marshall Plan Initiative (Hrsg.): Welt in Balance – Zukunftschance Ökosoziale Marktwirtschaft, 2004

[413] Radermacher, Franz J.: Balance oder Zerstörung – Ökosoziale Marktwirtschaft als Schlüssel zu einer weltweiten nachhaltigen Entwicklung, 2002, Seite 54

7 Familienmanager-Konzept

Generationengerechtigkeit

Generationengerechtigkeit ist erreicht, wenn die heutige Generation der nächsten Generation die Möglichkeit gibt, sich ihre Bedürfnisse mindestens im gleichen Ausmaß wie die heutige Generation zu erfüllen[414] [415].

Das anhaltende globale Bevölkerungswachstum, die Globalität der menschlichen Aktivitäten als auch die Geschwindigkeit der Veränderungen haben Nachhaltigkeit und Generationengerechtigkeit zu Themen von globaler Bedeutung gemacht[416].

In Deutschland wird seit Jahrzehnten das Prinzip der Generationengerechtigkeit verletzt. Dabei sind insbesondere die folgenden Teilaspekte hervorzuheben:

- Der Staat gibt mehr aus, als er einnimmt. Die Differenz wird über eine steigende staatliche Verschuldung ausgeglichen, deren Darlehenszinsen und Tilgungsbeträge selbst einen nennenswerten Teil des Haushalts ausmachen. Das staatliche Defizit hat auf diese Weise mittlerweile den fast unvorstellbaren Betrag von 1,5 Billionen Euro erreicht. Diese Schulden werden der nächsten – zahlenmäßig geringeren – Generation als Erblast vorgetragen.

Die Verschuldung der Haushalte geht einher mit der Kinderlosigkeit der Gesellschaft, im Prinzip laufen beide Phänomene zeitlich parallel ab, so dass der Verdacht nahe liegt, sie bewirkten sich gegenseitig. Insgesamt handelt es sich in beiden Fällen um den allgemeinen Trend, sich Geld bei der nächsten Generation zu borgen und heute auszugeben.

Ökonomen sind beispielsweise der Auffassung, eine effiziente Altersversorgung benötige entweder Human- oder Realkapital[417]:

Realkapital muss in dem Maße gebildet werden, wie es an Humankapital fehlt.

---

[414]   Tremmel, Jörg: Bevölkerungspolitik im Kontext ökologischer Generationengerechtigkeit, 2005, Seite 98

[415]   Wikipedia: Generationengerechtigkeit, http://de.wikipedia.org/wiki/Generationengerechtigkeit

[416]   Kuratorium der SRzG: Was ist Generationengerechtigkeit? Die Herausforderung der globalen Moderne, in: Stiftung für die Rechte zukünftiger Generationen (Hrsg.): Handbuch Generationengerechtigkeit, 2003, Seite 13

[417]   Sinn, Hans-Werner: Ist Deutschland noch zu retten? 3. Auflage, 2005, Seite 409

Plastisch ausgedrückt heißt dies: Um den gewohnten Lebensstil auch im Alter halten zu können, muss man entweder genügend Kinder und Enkel haben, die einen dann versorgen, oder man hat genug Geld, um sich im Alter alles, was man benötigt, kaufen zu können. Im letzteren Fall müsste folglich bei fehlendem Humankapital dann schließlich Realkapital eingesetzt werden. Wenn dieses etwa nur in Form von Immobilien vorliegt, dann müssten gegebenenfalls einige Wohnungen beliehen oder verkauft werden.

Deswegen liegt der Schluss nicht fern, der Staat gleiche bereits jetzt fehlendes Humankapital durch Realkapital aus, eine Vorgehensweise, die ihn immer weiter in die Schuldenfalle treiben kann. Weitere zukünftige Verluste beim Humanvermögen müssten dann entweder durch vorhandenes Realkapital, zusätzliche Kapitalanleihen oder durch signifikante Wohlstandseinschnitte ausgeglichen werden.

In Anlehnung an die obige Äußerung von Hans-Werner Sinn hätte dies für den Wohlstandsstaat und seine sozialen Sicherungssysteme die Konsequenz:

Realkapital muss in dem Maße gebildet werden, wie es an Humankapital fehlt. Umgekehrt muss der Wohlstand in dem Maße eingeschränkt werden, wie es an Human- und Realkapital fehlt, andernfalls droht die Staatsverschuldung.

Zahlreiche heutige Investitionen des Staates kommen zweifellos auch der nächsten Generation zu Gute, ein energischer Abbau des Staatsdefizits muss deshalb nicht zwangsläufig zu einer Verbesserung der Generationengerechtigkeit führen. So merkt beispielsweise Franz Josef Radermacher an[418]:

Gleichzeitig das öffentliche Defizit zu reduzieren und die Bildungsausgaben dennoch zu erhöhen zielt (...) in Richtung der Quadratur eines Kreises. Es würden dann (...) umso mehr Mittel in vielfältigen anderen öffentlichen Bereichen fehlen, die ebenfalls für eine Generationengerechtigkeit von hoher Bedeutung sind, zum Beispiel die Familienpolitik, das Gesundheitswesen, die Entwicklungshilfe, der Bereich der inneren Sicherheit, der Aufbau von Infrastruktur, die Förderung der Wissenschaft und die Förderung der so wichtigen mittelständischen Wirtschaft und damit der Arbeitsplätze. Die politische Situation ist deshalb nicht einfach und der politische Umgang mit dieser Thematik besonders schwierig. Die Herausforderungen sind gewaltig und es ist nicht einfach zu entscheiden, was zu tun.

Allerdings dienen ja erhebliche Teile der staatlichen Ausgaben nicht der Zukunftssicherung, sondern der Subventionierung veralteter Industrien oder der Erfüllung sozialstaatlicher Verpflichtungen.

---

[418] Radermacher, Franz J.: Balance oder Zerstörung – Ökosoziale Marktwirtschaft als Schlüssel zu einer weltweiten nachhaltigen Entwicklung, 2002, Seite 115

Beispielsweise zahlten 34 Millionen Beitragszahler in 2005 insgesamt 167,6 Milliarden Euro an die Deutsche Rentenversicherung, während der Staat einen Zuschuss von 54,8 Milliarden Euro beisteuerte[419]. Weitere 5,9 Milliarden kamen aus den Reserven der Rentenversicherung (Nachhaltigkeitsrücklage). Insgesamt hatte die Deutsche Rentenversicherung in 2005 ein Budget von 228,3 Milliarden Euro[420].

Allein diese Zahlen lassen die aktuelle Gültigkeit des Humankapital-Realkapital-Gleichnisses von Sinn vermuten. Ein weiterer Verlust an Humankapital würde – bei unverändertem Niveau der sozialstaatlichen Leistungen – zwangsläufig stärkere staatliche Haushaltsdefizite zur Folge haben, wobei sich der Staat zum Ausgleich ironischerweise vorwiegend bei denjenigen Geld leihen müsste, die aufgrund ihrer Kinderlosigkeit über genügend Realkapital verfügen, selbst aber nur wenig zur Anreicherung des gesellschaftlichen Humanvermögens beitragen.

Die Alternative lautet deshalb nicht unbedingt *Abbau des Staatsdefizits oder zusätzliche Bildungsausgaben*, sondern vermutlich eher *zusätzliche staatliche Defizite oder Besteuerung von Kinderlosen*.

- Die aktuelle Generation reproduziert sich nur noch zu Zwei-Dritteln. Auf diese Weise spart die jetzige Generation erhebliche Aufwände bei der Nachwuchsarbeit, während die kommende Generation einer zahlenmäßig größeren Elterngeneration den Lebensabend finanzieren muss.

Man könnte die Situation, vereinfacht ausgedrückt, mit einer Familie vergleichen, die lediglich ein Kind in die Welt setzt und diesem dann im Erwachsenenalter erklärt: *„Wir haben es uns einfach gemacht und nur dich großgezogen. Als Dank dafür darfst du doppelt so viel arbeiten und uns beide pflegen."*

Franz-Xaver Kaufmann meint denn auch[421]:

Was früher für den Familienverband galt, dass nämlich Kinderlosigkeit nicht nur ein persönliches, sondern auch ein ökonomisches Unglück darstellt, gilt unter den vorhandenen sozialstaatlichen Bedingungen in der Bundesrepublik zwar nicht mehr in jedem Einzelfall, wohl aber weiterhin mit Bezug auf das Kollektiv der Generationen.

Bei einer Nachwuchsarbeit deutlich unter bestandserhaltendem Niveau handelt es sich um eine erhebliche Verletzung des Nachhaltigkeitsprinzips, wodurch der

---

[419] Die aktuellen staatlichen Zuschüsse mögen zwar wesentlich durch gesetzliche Sonderverpflichtungen begründet sein, dies ändert aber nichts an der grundsätzlichen Aussage.

[420] Stern: Wie funktioniert die Rentenversicherung?, Stern-Journal, 22/2006, 24.05.2006, Seite 20

[421] Kaufmann, Franz-Xaver: Sozialpolitik und Sozialstaat: Soziologische Analysen, 2. erw. Auflage, 2005, Seite 177

kommenden Generation zu hohe Lasten aufgebürdet werden. Eine Generationengerechtigkeit ist dann aus ökonomischen Gründen nicht gegeben.

Ähnliche Gedanken wurden bereits von Franz-Xaver Kaufmann oder Herwig Birg geäußert[422] [423]. Andere Autoren wollen darin eine *„erstaunliche Unwissenheit in Bezug auf das Konzept der Generationengerechtigkeit"*[424] erkannt haben und fordern eine Beschränkung des Begriffs auf ökologische Sachverhalte[425]:

Bevölkerungspolitik ist ethisch vertretbar, wenn sie durchgeführt wird, um ökologische Generationengerechtigkeit zu erreichen.

Auch befürchten sie, eine Politik zur Bekämpfung der Bevölkerungsschrumpfung in den entwickelten Ländern könnte dem Ziel einer möglichst raschen globalen Bevölkerungsstabilisierung zuwider laufen[426]. Dagegen könnte allerdings eingewendet werden, dass eine sehr schnelle Bevölkerungsschrumpfung in den entwickelten Staaten einen erheblichen Sog von Fachkräften aus den wenig entwickelten und bevölkerungsseitig noch schnell wachsenden Ländern auslösen dürfte, wodurch diese in der eigenen Entwicklung und damit – gemäß ökonomisch-demographischem Paradoxon – auch bezüglich Maßnahmen zur Bevölkerungsstabilisierung behindert würden.

Daneben ist der Verdacht geäußert worden, kinderlose Gesellschaften operierten besonders unökologisch, nicht nur, weil Einzelpersonen pro Kopf generell mehr Ressourcen verbrauchen und einen verschwenderischeren Freizeitstil pflegen als Familien[427], sondern weil sie auch weniger Interesse an der Zukunft haben[428].

Generationengerechtigkeit muss immer im Kontext ökologischer und ökonomischer Gegebenheiten betrachtet werden. Setzt etwa eine Population von 1.000 Menschen nur 10 Kinder in die Welt, dann werden der nachfolgenden Generation offensichtlich zu hohe ökonomische Belastungen aufgebürdet, denen sie sich nur durch Kündigung des Generationenvertrags entziehen kann. Die Frage ist deshalb: Bei welchen Fertilitätsraten werden kritische Grenzen überschritten.

Vermehrt sich eine Population von 1.000 Menschen mit einer Fertilitätsrate von 3,0, dann wächst sie binnen 10 Generationen auf fast 60.000 Menschen an. Die

---

[422] ebenda

[423] Tremmel, Jörg: Bevölkerungspolitik im Kontext ökologischer Generationengerechtigkeit, 2005, Seite 197

[424] ebenda

[425] ebenda, Seite 6

[426] ebenda, Seite 201

[427] ebenda, Seite 255

[428] Bolz, Norbert: Die Helden der Familie, 2006, Seite 71

meisten Ökologen sind der Ansicht, dass hierdurch Prinzipien der ökologischen Nachhaltigkeit verletzt werden könnten.

Vermehrt sich die gleiche Population dagegen nur mit einer Fertilitätsrate von 1,33, schrumpft sie binnen 10 Generationen auf nur noch 18 Menschen. Die meisten Ökonomen sehen darin eine Verletzung der ökonomischen Nachhaltigkeit. Oder anders ausgedrückt: Ein solches gesellschaftliches Reproduktionsverhalten wäre ruinös.

Bestehen bereits offenkundige Probleme im Rahmen der ökologischen Nachhaltigkeit, dann kann eine langfristige Bevölkerungsschrumpfung angezeigt sein, allerdings stets auch unter Berücksichtigung von Kriterien der ökonomischen Nachhaltigkeit.

Ferner können sich ökologische Probleme durch eine zu starke Reduzierung von Humanressourcen auch verstärken, weil es dann an Kapazitäten zur Verbesserung der Situation oder generell für ein Einhalten eines ökologisch sinnvollen Verhaltens mangelt.

- Familien werden gegenüber Kinderlosen wirtschaftlich erheblich benachteiligt. Fachleute sprechen von einer Transferausbeutung der Familien durch Kinderlose. Auch das Bundesverfassungsgericht hat die Schlechterstellung von Familien mehrfach gerügt und Nachbesserungen gefordert.

Familien stehen indirekt für die nächste Generation, da sie die Kinder aufziehen. Aus diesem Grund handelt es sich bei einer Transferausbeutung von Familien um eine Verletzung des Nachhaltigkeitsprinzips und um eine Vernachlässigung der Generationengerechtigkeit (siehe dazu den Abschnitt Nachhaltigkeit auf Seite 137).

Aufgrund der wirtschaftlichen Benachteiligung von Familien wächst ein signifikanter Teil der Kinder in Armut oder gar unter Sozialhilfebedingungen auf und erhält nicht die Ressourcen, die ihm zustehen sollten. Ferner ist das familiale und häufig auch schulische Bildungsangebot unzureichend. Daneben sind weitere Mängel wie nährstoffarme Ernährung, Bewegungsarmut, fehlende Aufmerksamkeit und Erziehungsdefizite festzustellen (siehe dazu die Ausführungen im Kapitel *Kindererziehung* auf Seite 103).

Die wirtschaftliche Benachteiligung von Familien drückt sich aber auch in geringeren Rentenansprüchen der Eltern aus, die aufgrund der Elternarbeit auf erhebliche Teile des Einkommens verzichtet haben und folglich auch nur geringere Rentenbeiträge abführen konnten.

In wirtschaftswissenschaftlichen Darstellungen wird die Stärke der gesellschaftlichen Ungleichheit zwischen Arm und Reich über Equity-Faktoren ausgedrückt[429]. Gesellschaften, die sich – wie zum Beispiel die meisten Länder der Europäischen Union – auch intern gemäß dem demographisch-ökonomischen Paradoxon vermehren (das heißt: deutlich höhere Fertilitätsraten in Schichten mit niedriger Bildung und niedrigem Einkommen, niedrige Fertilitätsraten in der Mittel- und Oberschicht), laufen Gefahr, in verstärktem Maße Ungleichheit zu produzieren, da sie – auch und gerade unter wohlfahrtsstaatlichen Bedingungen – Armut reproduzieren[430], und sich dadurch langfristig die wohlfahrtsstaatliche Basis selbst entziehen (siehe dazu die Erläuterungen im Abschnitt *Die Produktion von Ungerechtigkeit* auf Seite 191). Für die entwickelten Staaten sind deshalb bei Fortbestand des aktuellen Reproduktionsverhaltens generell sinkende Equity-Faktoren zu erwarten. Auch dies dürfte ein Ausdruck einer nicht mehr gewährleisteten Generationengerechtigkeit sein.

Allerdings müssen bei einer vollständigen Bewertung der Generationengerechtigkeit den obigen nachteiligen Punkten die Errungenschaften früherer Generationen (zum Beispiel als technischer oder sozialer Fortschritt) entgegengehalten werden[431]. Dennoch deuten wirtschaftliche Trends seit einiger Zeit an, dass es der nächsten Generation einmal wirtschaftlich schlechter gehen wird, als der heutigen.

Familiengerechtigkeit

Die starke wirtschaftliche Benachteiligung von Familien ist den meisten Experten bewusst. Im Prinzip ist das Thema unstrittig. Und die niedrige Fertilität in Deutschland ist ein klarer Indikator für die Richtigkeit der Behauptung.

Allerdings scheint die Tatsache einigen Vertretern der Single-Szene bzw. feministischer Kreise, die in der Bekämpfung von „Kinder, Küche, Kirche" ihr Lebensziel erkannt zu haben scheinen, noch immer nicht transparent zu sein.

So schreibt Birgit Kofler etwa[432]:

Könne man sich also bitte statt ständig gegen Kinderlose zu polemisieren einfach damit abfinden, dass es so eben zugeht in der modernen arbeitsteiligen Gesellschaft: Die einen gebären, die anderen finanzieren. Und das eine funktioniert ohne das andere nicht.

Mal abgesehen davon, dass sich dies so anhört, als wolle hier ein gutverdienender Ehemann seiner Nurhausfrau-Ehefrau erklären, wie die Welt funktioniert (*„die einen*

---

[429] Radermacher, Franz J.: Balance oder Zerstörung – Ökosoziale Marktwirtschaft als Schlüssel zu einer weltweiten nachhaltigen Entwicklung, 2002, Seite 78 ff.

[430] Bolz, Norbert: Die Helden der Familie, 2006, Seite 36

[431] Radermacher, Franz J.: Balance oder Zerstörung – Ökosoziale Marktwirtschaft als Schlüssel zu einer weltweiten nachhaltigen Entwicklung, Seite 103 ff.

[432] Kofler, Birgit: Kinderlos, na und? Kein Baby an Bord, 2006, Seite 67

gebären, die anderen finanzieren"), könnte man das tatsächlich so sehen, wenn die Kinderlosen denn auch wirklich diejenigen, die gebären, finanzieren würden (wie es zum Teil in diesem Buch bzw. in *Land ohne Kinder*[433] vorgeschlagen wird), aber genau das tun sie ja zurzeit eben nicht.

Zur Verringerung der Transferausbeutung von Familien wurden in der Vergangenheit verschiedene Vorschläge gemacht bzw. Maßnahmen umgesetzt. Zu nennen sind unter anderem:

- Höhere Rentenansprüche für Eltern mit Kindern.

- Steuerentlastungen für Eltern mit Kindern, zum Beispiel in Form eines Familiensplittings, aber auch andere steuerliche Entlastungen bzw. Aufwandsanrechnungen.

- Stärkere Besteuerung der Kinderlosen.

- Zwangssparen (Riesterrente) für Kinderlose, gekoppelt mit höherer Rente für Eltern.

- Erziehungsgehalt als Anerkennung für die von Eltern geleistete Erziehungsarbeit.

- Direkte Zuwendungen, etwa in Form eines Kindergelds (sofern Steuerfreibeträge nicht ausgeschöpft werden).

- Ausgleichszahlungen für berufliche Fehlzeiten wie zum Beispiel das Elterngeld.

Auf einige der Punkte wurde bereits in den vorherigen Kapiteln bzw. sehr eingehend in *Land ohne Kinder* eingegangen. Dabei wurde gezeigt, dass die Punkte nicht geeignet sind, die Ungerechtigkeitslücke zwischen Familien und Kinderlosen zu schließen. Die wichtigsten Ergebnisse waren:

- Ein Erziehungsgehalt als Anerkennung für die von Eltern geleistete Erziehungsarbeit ist ohne ein konkretes Arbeitsverhältnis und einer definierten Leistungserwartung nicht vorstellbar. Außerdem würde ein solches Gehalt einen Baby-Boom in sozial schwachen Familien auslösen, während einkommensstarke Schichten weiterhin keinen Anreiz für einen eigenen Nachwuchs sehen würden. Für diese stellt ein Erziehungsgehalt keine ausreichende Verringerung der wirtschaftlichen Benachteiligung von Familien dar. Die Maßnahme wäre deshalb eher dazu angetan, weitere Sozialfälle unter Kindern zu produzieren[434].

---

[433] Mersch, P.: Land ohne Kinder – Wege aus der demographischen Krise, 2006
[434] ebenda, Seite 143 ff.

Dies wird auch von einigen Experten so eingeschätzt[435]:

Das Familiengeld [Erziehungsgehalt] wird nicht weniger, sondern mehr Menschen in der Sozialhilfe zurück lassen, weil es besonders für unqualifizierte und sehr junge Frauen eine geradezu magische Anziehungskraft haben wird. Früher oder später werden sie, mit den vermutlich mehreren Kindern, ohne Ausbildung umso weiter im Abseits stehen. Selbst wenn das Ergebnis ein steiler Anstieg der Geburtenrate sein sollte, wird das Humanvermögen mehr beschädigt als vermehrt.

- Das aktuelle Kindergeld deckt für die meisten Familien nicht die Kosten der Kindererziehung ab. Es ist deshalb in erster Linie für einkommensschwache Schichten interessant. Damit stellt es in der Regel keine ausreichende Verringerung der wirtschaftlichen Benachteiligung von Familien dar. Wie das Erziehungsgehalt fördert das Kindergeld eher Geburten in einkommensschwachen Schichten[436].

Dies wird von den Familienverbänden häufig ganz anders gesehen[437]:

Um den Forderungen aus Karlsruhe Genüge zu tun, hat die Bundesregierung die Steuerfreibeträge für Kinder kräftig erhöht. Im Vergleich dazu blieb das Kindergeld allerdings weit zurück. Die Folge: Ausgerechnet die Familien am oberen Ende der Einkommens-Skala bekamen von den Segnungen der letzten Jahre am meisten mit – die also, die es am wenigsten nötig haben. Daraus ergibt sich als logische erste Notwendigkeit: eine Erhöhung des Kindergelds, und zwar eine kräftige.

Im Kapitel Kosten/Nutzen von Kindern auf Seite 65 wurde dagegen aufgezeigt, dass einem Staat eher an Kindern aus Umgebungen, in denen man sich Kinder auch „leisten" kann, gelegen sein dürfte und sollte. Deshalb sind steuerliche Entlastungen für Eltern bzw. höhere Besteuerungen für Kinderlose aus gesamtgesellschaftlicher Sicht vorzuziehen. Alle sogenannten Gießkannenverfahren besitzen das bedenkliche Potenzial, verstärkt die Fälle zu produzieren, die sie zu verhindern vorgeben.

- Das Elterngeld ist maximal für Familien mit mittleren Einkommen interessant. Ferner ist die Anspruchszeit zu kurz, als dass es einen Ausgleich für die Benachteiligung von Familien darstellen könnte. Familien mit mehreren Kindern,

---

[435] Borchert, Jürgen: Irrweg Familiengeld – "Wiesbadener Entwurf" einer familienpolitischen Strukturreform des Sozialstaats, http://www.heidelberger-familienbuero.de/erziehungsgehalt/Borchert-Kritik-Familiengeld.htm

[436] Mersch, P.: Land ohne Kinder – Wege aus der demographischen Krise, 2006, Seite 95 ff.

[437] Pütz, Josef und Riegert, Carsten: Der Aufstand der Familien – Eltern und Kinder kämpfen um ihre Zukunft, 2002, Seite 100 f.

bei denen ein Elternteil wegen der Kinder zu Hause bleiben muss, werden durch das Elterngeld weiter benachteiligt[438].

- Ein Zwangssparen (Riesterrente) für Kinderlose würde zwar deren Wirtschaftskraft reduzieren, aber das Geld müsste aufgrund der demographischen Krise und des dadurch zu erwartenden Werteverfalls in Europa vermutlich im fernen Ausland angelegt werden. Dabei wird Geld der deutschen Konjunktur entzogen, was dann preiswert im Ausland für Investitionen zur Verfügung steht. Außerdem erhöht das Riestersparen nicht notwendigerweise die Fertilität, denkbar ist auch ein Rückgang der Geburtenraten[439].

Bleiben die Punkte:

- Höhere Rentenansprüche für Eltern

- Steuerentlastungen für Eltern

- Stärkere Besteuerung der Kinderlosen

Dabei sind die beiden letzten Punkte praktisch gleichzusetzen. Denn sie unterscheiden sich letztendlich darin, aus welchem Blickwinkel man das Problem betrachtet. Beispielsweise könnte man die Steuern generell anheben und dann Familien mit Kindern größere Freibeträge zugestehen, was in der Praxis dann einer höheren Besteuerung von Kinderlosen gleich käme. Möglicherweise wird die Maßnahme auf diese Weise verständlicher und verfassungskonformer[440].

Wenn also im Folgenden von einer Besteuerung der Kinderlosen gesprochen wird, dann ist eine Steuerentlastung für Eltern mit Kindern nach vorheriger genereller Steuererhöhung oder eine Steuererhöhung für Kinderlose oder eine Kombination aus beiden Maßnahmen gemeint.

In jedem Fall stellt eine höhere Besteuerung von Kinderlosen unter anderem sicher, dass diese sich an der gesellschaftlichen Reproduktion (finanziell) mitbeteiligen und somit kein Geld ausgeben, welches nicht ihnen, sondern der nächsten Generation gehört.

Die oben aufgeführten verbliebenen Punkte gehören zu den wenigen Maßnahmen, die die Benachteiligung von Familien in Schichten mit mittlerem bis hohem Einkommen gegenüber Kinderlosen reduzieren können, denn man muss Geld verdienen und Steuern abführen, um in den Genuss der Vorteile kommen zu können.

---

[438] Mersch, P.: Land ohne Kinder – Wege aus der demographischen Krise, 2006, Seite 97 ff.

[439] ebenda, Seite 149 ff.

[440] Kirchhof, Paul: Der Weg zu einem neuen Steuerrecht – klar, verständlich, gerecht, 2. Auflage, 2005, Seite 25 ff.

Das Thema „höhere Rentenansprüche für Eltern" wird im vorliegenden Buch nur am Rande gestreift, da der zentrale Familienmanager-Vorschlag auch zu eigenständigen Rentenansprüchen führt. Darüber hinaus zeigen alle Untersuchungen, dass die meisten Menschen in erster Linie an aktuell verfügbaren Finanzmitteln interessiert sind. Es darf deshalb nicht erwartet werden, dass zusätzliche Rentenansprüche, die zunächst jahrzehntelang mit einer durch die Familiengründung verursachten Reduzierung des Lebensstandards erkauft werden müssen, zu zusätzlichen Kindern führen werden. Dennoch bedarf auch dieses Thema grundsätzlich einer Klärung.

Kinderlosensteuer

Steuervorschlag von Longman

Ein sehr radikaler Steuervorschlag kommt von Phillip Longman, der anregt, Familien mit einem Kind unter 18 ein Drittel der Steuern zu erlassen, Familien mit zwei Kindern (wobei mindestens eins unter 18 ist) zwei Drittel, während Familien mit drei oder mehr Kindern keine Steuern zahlen, bis das jüngste Kind das Alter von 18 Jahren erreicht hat. Daneben schlägt er noch zusätzliche Rentenansprüche vor[441].

In der Tat handelt es sich hierbei um einen sehr diskussionswürdigen Vorschlag, der dazu geeignet ist, die Fertilitätsraten in Schichten mit mittleren oder höheren Einkommen signifikant anzuheben. Inwieweit er finanzierbar ist, ist eine andere Sache. Auch könnten sich dann Personen mit sehr hohem Einkommen Familien zulegen, wie sie sich heute an Abschreibungsobjekten beteiligen. Damit würde nicht nur eine sinnvolle Bevölkerungsplanung erschwert, auch würde der kommerzielle Aspekt des Kinderkriegens – bei gleichzeitig fehlender Qualitätskomponente – zu sehr in den Vordergrund treten.

Im Prinzip könnte die Höhe der vorgeschlagenen steuerlichen Erleichterungen auch als Zwang interpretiert werden[442]:

Bei finanziellen Steuerungsinstrumenten hängt vor allem von der Höhe dieser Maßnahmen ab, ob man von Zwang sprechen muss. Je stärker die durch Geburtenpolitik gesetzten Anreize oder Sanktionen, desto problematischer sind sie in ethischer Hinsicht. Die Grenze legt die Vier-Fünftel-Maxime fest: Die Wahl einer vom Staat nicht gewünschten Kinderzahl darf nicht zu einer Einkommens-Verschlechterung von mehr als 20 Prozent gegenüber der Einkommenssituation führen, die jemand hätte, wenn er die vom Staat gewünschte und am stärksten geförderte Kinderzahl wählen würde.

---

[441] Longman, Phillip: The Empty Cradle – How Falling Birthrates Threaten World Prosperity and What to Do about It, 2004, Seite 173

[442] Tremmel, Jörg: Bevölkerungspolitik im Kontext ökologischer Generationengerechtigkeit, 2005, Seite 185

Daneben ist denkbar, dass solche gravierenden Steuerreduzierungen (ein Top-Manager mit einem Jahreseinkommen von 10 Millionen Euro und einer Familie mit 3 Kindern würde unter diesen Umständen keine Steuern zahlen) nicht mehr verfassungskonform sind[443].

Neben dem Longman-Vorschlag sind andere Alternativen einer Besteuerung von Kinderlosen vorstellbar. Dazu wird zunächst aber die aktuelle Diskussion zur Besteuerung von Ehen und Familien aufgegriffen und dargestellt.

Ehegattensplitting

Beim in Deutschland zurzeit üblichen Ehegattensplitting[444] wird das Einkommen beider Eheleute addiert und anschließend halbiert. Sodann werden beide Teile gemäß dem dann gültigen Steuersatz besteuert. Die Summe beider Beträge ergibt die Steuerschuld.

Ein Ehegattensplitting macht nur bei einer progressiven Besteuerung Sinn.

Dies zeigt das folgende Beispiel mit einem gemeinsamen Jahreseinkommen beider Eheleute in Höhe von 95.000 Euro[445].

Familieneinkommen	Einkommen / Person	Steuer / Person
95.000	47.500	11.115

Abbildung 11: Ehegattensplitting

In diesem Fall hätten die Eheleute zusammen 22.230 Euro an Steuern zu zahlen, was ein Familieneinkommen von 72.770 Euro ergibt.

Arbeitet die Ehefrau nicht, so dass sich das Jahreseinkommen in Höhe von 95.000 Euro ausschließlich aus den Einkünften des Ehemanns zusammensetzt, dann hätte der Ehemann bei alternativer individueller Besteuerung 31.577 Euro an Steuern abzuführen, was einem Familieneinkommen von 63.423 Euro entspricht. Durch das Ehegattensplitting erhält die Familie in der genannten Konstellation folglich einen Steuervorteil in Höhe von 9.347 Euro.

Verschiedene Interessengruppen halten das in Deutschland geltende Ehegattensplitting für anachronistisch. Sie empfehlen zum Beispiel stattdessen, Ehepaare ohne

---

[443] Dies scheint gemäß Kirchhof, Paul: Der Weg zu einem neuen Steuerrecht – klar, verständlich, gerecht, 2. Auflage, 2005 durchaus fraglich zu sein.

[444] Wikipedia: Ehegattensplitting, http://de.wikipedia.org/wiki/Ehegattensplitting

[445] Siehe auch: Deutscher Juristinenbund: Huntergrundpapier zur aktuellen Diskussion über eine Reform der Besteuerung von Ehe und Familie,
http://www.djb.de/Kommissionen/kommission-recht-der-sozialen-sicherung-familienlastenausgleich/St-06-15-Famiiensplitting/

Kinder einer Individualbesteuerung zu unterziehen[446], wobei allerdings der zweiten – gegebenenfalls nicht erwerbstätigen Person – ein zusätzlicher Grundfreibetrag zugestanden wird.

Dies wäre dann ein weiterer Schritt in Richtung Individualisierung und Deinstitutionalisierung von Ehe und Familie. Wie die Vergangenheit gezeigt hat, sind solche Maßnahmen in der Regel mit einer Reduzierung der Fertilitätsraten verbunden.

Familiensplitting

In Frankreich wird im Steuerrecht das alternative Familiensplitting[447] angewendet. Dazu wird das zu versteuernde gemeinsame Einkommen der Familie gemäß einer Gewichtung der Personen („Divisor") auf die einzelnen Familienmitglieder verteilt und dann einzeln versteuert. Die sich aus den Einzelbeträgen ergebende Summe bestimmt dann die Steuerschuld der Familie.

In Frankreich wird die folgende Gewichtung angesetzt:

- für jedes Elternteil der Divisor 1,0

- für das erste und zweite Kind der Divisor 0,5

- für jedes weitere Kind der Divisor 1,0.

Allerdings wird die mögliche Ersparnis limitiert. Das erste Kind spart zum Beispiel maximal 2.159 Euro.

Ein Familiensplitting macht ähnlich wie das Ehegattensplitting nur bei einer progressiven Besteuerung Sinn.

Dies zeigt das folgende Beispiel einer Familie mit 2 Kindern mit einem zu versteuernden gemeinsamen Einkommen in Höhe von 95.000 Euro pro Jahr und einer angenommenen Gleichgewichtung aller Familienmitglieder (der Divisor ist grundsätzlich 1,0)[448].

Familieneinkommen	Einkommen / Person	Steuer / Person
95.000	23.750	3.900

Abbildung 12: Familiensplitting bei einer Familie mit 2 Kindern

In diesem Fall hätte die Familie zusammen 15.600 Euro an Steuern zu zahlen, was ein Familieneinkommen von 79.400 Euro ergibt.

---

[446] ebenda

[447] Wikipedia: Familiensplitting, http://de.wikipedia.org/wiki/Familiensplitting

[448] Deutscher Juristinenbund: Huntergrundpapier zur aktuellen Diskussion über eine Reform der Besteuerung von Ehe und Familie, http://www.djb.de/Kommissionen/kommission-recht-der-sozialen-sicherung-familienlastenausgleich/St-06-15-Famiiensplitting/

Allerdings können im geltenden deutschen Steuerrecht Freibeträge für Kinder geltend gemacht werden, so dass sich im Fall eines Ehemanns mit einem Jahreseinkommen von 95.000 Euro, einer nicht arbeitenden Ehefrau und 2 Kindern ein Familieneinkommen von 75.314 Euro ergibt. Dazu käme – sofern die Steuerfreibeträge nicht ausgeschöpft werden – noch das Kindergeld.

Familienrealsplitting

Eine andere diskutierte und konzeptionell sehr interessante Alternative zur Familienbesteuerung ist das Familienrealsplitting[449]. Dabei wird geltendes Unterhaltsrecht angewendet und beispielsweise so getan, als sei ein alleinverdienender Ehemann gegenüber seiner Ehefrau und seinen Kindern unterhaltspflichtig. Diese virtuellen Aufwände könnte er dann steuerlich geltend machen.

Anbei eine Beispielrechnung mit einer Familie mit zwei Kindern, bei der der alleinverdienende Ehemann ein Jahreseinkommen von 95.000 Euro hat.

---

[449]   ebenda

Beispielrechnung Familienrealsplitting	In Euro
Einkünfte Ehemann	95.000,00
Abzüglich Unterhalt für Ehefrau (gemäß Düsseldorfer Tabelle)	27.181,28
Abzüglich Unterhalt für 2 Kinder (gemäß Düsseldorfer Tabelle)	12.000,00
Zu versteuerndes Einkommen Ehemann	55.818,72
Steuerschuld Ehemann	15.353,00
Zu versteuerndes Einkommen Ehefrau (als virtueller Unterhalt)	27.181,28
Steuerschuld Ehefrau	4.926,00
Zu versteuerndes Einkommen pro Kind (als virtueller Unterhalt)	6.000,00
Steuerschuld pro Kind	0,00
Gesamtsteuerschuld der Familie	20.279,00
Familieneinkommen	74.721,00

Abbildung 13: Familienrealsplitting bei einer Familie mit 2 Kindern

Die Kalkulationen des deutschen Unterhaltsrechts basieren ganz wesentlich auf der sogenannten Düsseldorfer Tabelle, die hier auszugsweise wiedergegeben werden soll:

Alter des Kindes / Nettoeinkommen in Euro	bis 5	6-11	12-17	ab 18
bis 1300	204	247	291	335
1300-1500	219	265	312	359
1500-1700	233	282	332	382
1700-1900	247	299	353	406
1900-2100	262	317	373	429
2100-2300	276	334	393	453
2300-2500	290	351	414	476
2500-2800	306	371	437	503
2800-3200	327	396	466	536
3200-3600	347	420	495	570
3600-4000	368	445	524	603
4000-4400	388	470	553	637
4400-4800	408	494	582	670
über 4800	Nach den Umständen des Falles			

Abbildung 14: Düsseldorfer Tabelle

Allerdings ist die Düsseldorfer Tabelle sehr komplex, so dass sie vor einer Anwendung im deutschen Steuerrecht zunächst durch ein einfacheres Verfahren ersetzt werden sollte.

Besteuerung von Kinderlosen

Die bisher aufgeführten Steuermodelle beinhalten zwar alle irgendwelche Steuererleichterungen für Familien mit Kindern, allerdings bleiben davon Kinderlose völlig unberührt. Auch kann eine Familie grundsätzlich nur die Steuern sparen, die sie maximal zu zahlen hätte. Da aber in größeren Familien ein Elternteil in der Regel vollständig und in anderen Familien immerhin teilweise auf eine Berufstätigkeit verzichten muss, haben Familien sehr häufig bereits verringerte Einkommen gegenüber kinderlosen Paaren. Folglich können sie auch nur eingeschränkt von steuerlichen Einsparungen profitieren.

Dieses Manko sollte ein wenig durch die Zahlung eines zusätzlichen Kindergeldes ausgeglichen werden. Immerhin stehen Familien damit nicht nur Steuerersparnisse, sondern auch echte zusätzliche Leistungsausgleichszahlungen zur Verfügung. Aufgrund der Unabhängigkeit der Höhe des Kindergeldes von der steuerlichen Leistungsfähigkeit, ist dieses jedoch in erster Linie für Familien mit niedrigen bis maximal mittleren Einkommen von Interesse.

Damit Kinderlose stärker an der gesellschaftlichen Reproduktion beteiligt werden, könnte man einerseits die Steuern generell erhöhen, um dann anschließend Familien mit Kindern erhöhte Freibeträge und andere Steuerentlastungen zu gewähren, so dass diese letztendlich nicht mehr Steuern abzuführen hätten wie vor der Erhöhung.

Möglicherweise ist es aber sinnvoller, stattdessen eine zusätzliche Kinderlosen- oder Demographiesteuer zu erheben, von der man sich durch das Aufziehen eigener Kinder befreien kann. Dieses Vorgehen entspräche auch mehr dem Longman-Vorschlag, nur dass – anders als bei Longman – eigene Kinder nicht zur völligen Steuerbefreiung führen, sondern nur gegenüber einer eingeschränkten Kinderlosensteuer[450].

Auch andere Autoren haben längst eine höhere Besteuerung von Kinderlosen in der einen oder anderen Form gefordert[451] [452].

Gleichfalls kommt der von einigen Experten gemachte Vorschlag eines zusätzlichen Zwangsansparens von Kinderlosen (Kapitaldeckungsverfahren für Kinderlose) letztendlich einer höheren Besteuerung gleich[453] [454] [455] [456]. Auch die Begründungen dafür zielen in die gleiche Richtung: Wer nicht ausreichend Humankapital bildet,

---

[450] Es werden im vorliegenden Buch keine Aussagen über die genauen Modalitäten der Steuererhebung gemacht. Beispielsweise könnte man sich eine Erhebung erst ab einem Alter von 35 Jahren für eine maximale Dauer von 25 Jahren vorstellen. Wer zu einem späteren Zeitpunkt als 35 mit einer Familiengründung beginnt, könnte mit einer Teilrückerstattung von Steuerbeträgen rechnen. Ferner sollten Jahre, in denen eine Erziehungsberechtigung gegenüber Kindern vorlag, bei der steuerlichen Erhebung angerechnet werden. Dies könnte den positiven Effekt einer beschleunigten Anerkennung von Stiefkindern haben. Alle diese Punkte liegen aber außerhalb des Umfangs dieser Arbeit.

[451] Bolz, Norbert: Die Helden der Familie, 2006, Seite 71

[452] Mayer, Susanne: Strafsteuer für Kinderlose? Angela Merkel hat Recht: Familien müssen entlastet werden, DIE ZEIT, 44, Nr. 15, 03. April 2003

[453] Kaufmann, Franz-Xaver: Schrumpfende Gesellschaft – Vom Bevölkerungsrückgang und seinen Folgen, 2005, Seite 196

[454] Sinn, Hans-Werner: Ist Deutschland noch zu retten? 3. Auflage, 2005, Seite 409 ff.

[455] Miegel, Meinhard: Die deformierte Gesellschaft – Wie die Deutschen ihre Wirklichkeit verdrängen, 5. Auflage, 2006, Seite 148 ff.

[456] Mersch, P.: Land ohne Kinder – Wege aus der demographischen Krise, 2006, Seite 149 ff.

muss zum Ausgleich vermehrt in Produktivkapital investieren[457]. Die im vorliegenden Buch in Kombination mit dem Familienmanager-Konzept vorgeschlagene Kinderlosensteuer ist eine Investition in Humankapital[458], die im Gegensatz zu Sparprogrammen vorteilhafterweise auch noch unmittelbar konsumtiv wirksam werden kann. Sie muss aber in jedem Fall von den gleichen Einkommen erbracht werden, die in den alternativen Vorschlägen für den zusätzlichen Aufbau von Produktivkapital vorgesehen sind.

Und ähnlich zu bewerten ist auch der bereits 1957 von den Vätern des umlageorientierten Rentensystems gemachte Vorschlag einer Kinderversicherung, bei der jeder Erwerbstätige ab dem 35. Lebensjahr einen prozentualen Anteil seines Lohneinkommens an Familien mit Kindern in der Erziehungsphase zahlen sollte[459]. Diese Abgaben wurden nicht als Strafsteuer[460],

sondern als Äquivalent für die normalerweise zu erwartende Erziehungsleistung, ohne die eine Gesellschaft ebenso wenig eine Zukunft hat wie eine Familie,

verstanden.

Solche zusätzlichen Steuern – auch wenn sie generell erhoben werden, dann aber bei Nachweis von Leistungsmerkmalen zu Abschlägen berechtigen (zum Beispiel über Freibeträge) – sind unter Steuerexperten sehr umstritten.

Der Rechts- und Steuerexperte Paul Kirchhof meint gar, Steuern sollen finanzieren und nicht lenken (steuern)[461]. Dies überrascht, denn damit entzöge man dem Staat eines der leistungsfähigsten und doch sanftesten Steuerungsmittel. Im Prinzip müsste sich der Staat andernfalls zur Durchsetzung übergeordneter Interessen auf Verbote bzw. Anordnungen beschränken. Will man etwa dafür sorgen, dass die Menschen weniger rauchen bzw. trinken, dann kann man entsprechende Suchtmittel verbieten, oder sie durch Besteuerung künstlich so verteuern, dass der Konsum in Grenzen bleibt und die Volksgesundheit nicht zu sehr gefährdet ist. Ähnliches gilt für sogenannte Ökosteuern. Dass dem Staat auf solche Weise nicht unerhebliche Geldmengen zufließen und er diese auch bereits regelmäßig in den Haushalten einplant, mag zwar richtig sein, ändert aber nichts an dem grundsätzlich richtigen

---

[457] Miegel, Meinhard: Die deformierte Gesellschaft – Wie die Deutschen ihre Wirklichkeit verdrängen, 5. Auflage, 2006, Seite 148

[458] Durch die Familienmanager wird Humankapital gebildet, durch das Riestersparen dagegen Realkapital.

[459] Tremmel, Jörg: Bevölkerungspolitik im Kontext ökologischer Generationengerechtigkeit, 2005, Seite 273

[460] Kaufmann, Franz-Xaver: Sozialpolitik und Sozialstaat: Soziologische Analysen, 2. erw. Auflage, 2005, Seite 179

[461] Kirchhof, Paul: Der Weg zu einem neuen Steuerrecht – klar, verständlich, gerecht, 2. Auflage, 2005, Seite 5 ff.

Gedanken, den Menschen eher eine gewisse Entscheidungsfreiheit zuzugestehen, unerwünschte Optionen dabei aber gezielt zu verteuern.

Natürlich sollte der Staat nicht unnötig Steuern erheben, um bestimmte Wirtschaftstätigkeiten zu subventionieren. Aber im vorliegenden Fall ist es genau umgekehrt: Der Staat subventioniert Kinderlosigkeit durch Nichtbesteuerung („Transferausbeutung von Familien durch Kinderlose"). Die Wirkung dieser Vorgehensweise kann an den jährlich vom Statistischen Bundesamt veröffentlichten Geburtenzahlen abgelesen werden.

Konzeptionell könnte ein Kinderloser ähnlich wie ein Unterhaltspflichtiger behandelt werden. Der Unterhaltspflichtige hat beispielsweise ein uneheliches Kind gezeugt, für dessen Aufziehung er nun aber nicht verantwortlich sein möchte. Ein Kinderloser verhält sich kaum anders. Damit die Gesellschaft auch in Zukunft funktionieren kann und der zukünftigen Generation keine zu hohen Lasten zugemutet werden, muss jede Person für einen Nachfolger der eigenen Person sorgen. Wenn man dies nicht tut, erwartet man die Erfüllung dieser Aufgabe implizit von jemand anderem. Um im Kontext des Beispiels zu bleiben, könnte man salopp sagen: Ein Unterhaltspflichtiger hat das Aufziehen seines Kindes an seine frühere Geliebte outgesourct, ein Kinderloser an eine Familie in der Nachbarschaft.

Beispielsweise könnte im Rahmen des Besteuerungsprozesses zunächst das zur Verfügung stehende Einkommen (nach Abzug von Steuern, Rentenbeiträgen usw.) einer Einzelperson oder eines Paares ermittelt werden. Anschließend käme die Düsseldorfer Tabelle oder ein einfacheres, möglicherweise sogar progressiv wirkendes Verfahren zur Anwendung, wodurch die Kinderlosensteuer zu ermitteln wäre. Eine kinderlose Einzelperson würde für ein Kind zahlen, ein kinderloses Paar für zwei Kinder, und ein Paar mit einem Kind für ein Kind.

Damit hätte man insbesondere im Fall eines kinderlosen Singles eine mit einem getrennt lebenden Vater mit einem Kind vergleichbare Situation, die sich wie dort nach dem Einkommen ausrichtet. Wer nichts hat, der bezahlt auch weiterhin nichts, wer viel hat, der muss für ein Kind zahlen, was von jemand anderem aufgezogen wird.

Häufig wird eingewendet, dass absichtslos Kinderlose nicht besteuert werden können, da sie sonst quasi bestraft würden. Dies gelte in besonderem Maße für Paare, die sich zwar ein Kind wünschen, aber leider keins bekommen können. Allerdings lässt sich ein solcher Einwand auf praktisch alle sozialstaatlichen Regelungen, bei denen individuelle Risiken sozialisiert werden, ausweiten. Auch ein Erwerbstätiger, dessen Eltern seit seinem 20. Lebensjahr verstorben sind, muss in die Rentenkasse einzahlen. Auch er könnte im Prinzip argumentieren, für ihn seien Rentenbeiträge eine doppelte Bestrafung, da sie sofort der älteren Generation zu Gute kommen würden, er seine Eltern aber längst verloren habe.

Mehr-Kind-Familien

Bedauerlicherweise wird selbst eine Kombination aus steuerlicher Entlastung von Familien und zusätzlicher Besteuerung von Kinderlosen – wie sie oben beschrieben wurde – in vielen Fällen zu keinem restlosen Lastenausgleich für Familien mit mehreren Kindern führen. Natürlich könnten die Kinderlosensteuer und die steuerliche Entlastung von Familien so substanziell angesetzt werden, dass sich Kinder insbesondere für sehr einkommensstarke Gruppen unmittelbar „rechnen", mit der Gefahr, dass Familien als Abschreibungsobjekt betrieben werden könnten. Eine solche Entwicklung sollte aber nach Möglichkeit vermieden werden.

Hinzu kommt, dass für sehr einkommensstarke Schichten keine finanziellen Anreize für Kinder gegeben werden müssen. Wer sich aus zeitlichen bzw. arbeitsorganisatorischen Gründen keine Familie leisten kann oder auch sonst nicht an ihr interessiert ist, wird sich auch bei stärkeren finanziellen Anreizen nicht für eine solche entscheiden, es sei denn, die finanziellen Anreize sind so hoch, dass ein Verzicht auf Familie geradezu ökonomisch töricht wäre. Dies könnte dann zu den bereits erwähnten unerwünschten Nebeneffekten führen.

Gegenüber einem beiderseitig beruflich erfolgreichen Paar ist eine Familie mit einem Haupternährer und vier Kindern auch unter den aufgeführten steuerlichen Maßnahmen wirtschaftlich benachteiligt, selbst dann, wenn der Haupternährer ähnlich beruflich erfolgreich ist[462].

Es ist deshalb fraglich, ob auch die bislang diskutierten Steueranreize bei mittleren bis hohen Einkommen ausreichen werden, um eine größere Zahl an Kindern in die Welt zu setzen und aufzuziehen, zumal alle anderen Bedingungen wie Individualisierung oder Einschränkungen in der Freizeitgestaltung ja immer noch wirkmächtig in Bezug auf eine Limitierung der Kinderzahl sind.

Staatlicherseits könnte es deshalb Sinn machen, durch steuerliche Maßnahmen und finanzielle Anreize für einen fairen Familienlastenausgleich von berufstätigen Familien mit zwei Kindern zu sorgen. Wer eine größere Familie haben möchte, der übernimmt entweder einen Teil der zusätzlichen Kosten auf eigene Rechnung[463], oder entscheidet sich für die hier vorgeschlagene Familienmanager-Alternative.

---

[462] Kaufmann, Franz-Xaver: Zukunft der Familie – Stabilität, Stabilitätsrisiken und Wandel der familialen Lebensformen sowie ihre gesellschaftlichen und politischen Bedingungen, 1990, Seite 109 ff.

[463] Ebert, Thomas: Beutet der Sozialstaat die Familien aus? Darstellung und Kritik einer politisch einflussreichen Ideologie, in: Butterwegge, Christoph und Klundt, Michael (Hrsg.): Kinderarmut und Generationengerechtigkeit – Familien- und Sozialpolitik im demografischen Wandel, 2. Auflage, 2003, Seite 106

Die Notwendigkeit der Familienmanagerin

Im Kapitel *Kosten/Nutzen von Kindern* auf Seite 65 wurde gezeigt, dass aktuell nur noch diejenigen aus Kindern Einkommens- bzw. Sicherheitsnutzen ziehen können, die über kein eigenes Einkommen verfügen. Der bei allen anderen noch verbleibende Konsumnutzen ist aber nicht ausreichend, um große Familienstärken ohne weitere Nutzenarten begründen zu können. Stattdessen sorgt er in Kombination mit den höheren Kosten von Kindern für eher kleinere Familiengrößen.

Im Kapitel *Bevölkerungspolitik* auf Seite 119 wurde darüber hinaus deutlich gemacht, dass eine signifikante Anhebung der Fertilitätsraten weniger durch eine Reduzierung der Kinderlosigkeit als eher durch eine Förderung von Großfamilien zu erreichen ist. Dies wird umso bedeutender, je geringer die Anzahl der gebärfähigen Frauen wird. Es wurde deshalb prognostiziert, dass es in Zukunft zu einer stärkeren Spezialisierung im Rahmen der gesellschaftlichen Reproduktion kommen muss.

Eine solche Spezialisierung scheint aber auch eine Anforderung von Wissensgesellschaften zu sein. Da die Reproduktion und Mehrung des Humanvermögens in Wissensgesellschaften zu einem entscheidenden Standortvorteil generiert, steigen automatisch auch die beim Aufziehen von Kindern erforderlichen Qualifikationen, speziell dann, wenn es um die Erziehungsarbeit in größeren Familien geht.

All diese unterschiedlichen Ziele lassen sich durch einen neuen Beruf erreichen, der im vorliegenden Buch (und in *Land ohne Kinder*[464]) den Namen „*Familienmanager/in*" trägt. Noch einmal auf einen Punkt gebracht: Eine Familienmanagerin ist eine professionelle Erzieherin (bzw. ein Erzieher) mit entsprechender Ausbildung und Arbeitsvertrag, die in vielen Aspekten etwa einer staatlich beschäftigten dänischen Tagesmutter[465] entspricht, anders als diese aber nicht ausschließlich für das Betreuen fremder, sondern in erster Linie für das Aufziehen eigener Kinder bezahlt wird. Je mehr Kinder eine Familienmanagerin betreut, desto mehr verdient sie.

Finanziert werden könnten die Familienmanagerinnen über die bereits erwähnte Kinderlosensteuer. Kinderlose würden also auf diese Weise ihre eigentlich gesellschaftlichen Aufziehleistungen an Familienmanagerinnen outsourcen. Im Abschnitt *Selbstregulierendes Steuersystem* auf Seite 132 wurde gezeigt, dass der Regelkreis zwischen Familienmanagerinnen und Kinderlosensteuer in der Lage ist, sich selbst auszubalancieren.

Allerdings haben ja auch Unternehmen ein fundamentales Interesse an einer nachhaltigen Bevölkerungspolitik, einer Sicherung des Humanvermögens und einem

---

[464]　Mersch, P.: Land ohne Kinder – Wege aus der demographischen Krise, 2006, Seite 99 ff.

[465]　Otto, Jeannette: Aufgepasst! – Warum auch Erzieherinnen eine akademische Ausbildung brauchen. DIE ZEIT, 47, Nr. 28, 06. Juli 2006, Seite 71, http://www.zeit.de/2006/28/C-Erzieherinnen

demographischen Gleichgewicht. Diese Punkte ließen sich durch den Beruf der Familienmanagerin relativ gesichert gewährleisten. Deshalb könnte eine finanzielle Unterstützung eines Familienmanagerinnen-Programms auch für Unternehmen Sinn machen, jedenfalls häufig mehr, als etwa in zusätzliche Betriebskindergärten zu investieren. Auch sind freiwillige Leistungen wie etwa Spenden oder ähnliche Maßnahmen denkbar. Für Unternehmen würden sich hierbei gleichzeitig Werbepotenziale ergeben.

In *Land ohne Kinder* wird auf Basis des Erziehungsgehalt-2000-Konzeptes[466] ein rudimentärer Vorschlag für eine konkrete Bezahlung von Familienmanagerinnen unterbreitet[467]. Die Berechnungen ergeben zum Beispiel für eine Familienmanagerin mit sieben Kindern ein monatliches Einkommen von 5.178 EUR (inkl. Kindergeld), zusätzlich gibt es ein 13. Monatsgehalt in Höhe von 4.000 EUR.

Eine Familienmanagerin könnte aber auch mit einem Familienmanager verheiratet sein, der selbst sieben Kinder adoptiert hat (Waisenkinder, zum Teil aus der Dritten Welt, zum Teil Kinder aus einer erfolgreichen Beratung im Rahmen eines geplanten Schwangerschaftsabbruchs). In diesem Fall würde die Familie zusammen 14 Kinder aufziehen und dafür ein monatliches Gehalt von über 10.000 EUR erhalten.

Eine solche Familie würde genauso viele Kinder aufziehen wie 14 Familien mit einem Kind oder sieben Familien mit jeweils zwei Kindern, was das Potenzial des Familienmanager-Berufs zur Behebung der demographischen Krise unserer Gesellschaft unmittelbar verdeutlicht. Gestützt wird diese Aussage durch die biographische Fertilitätstheorie: Eine Familienmanagerin kann wesentlich leichter für das Aufziehen von sieben eigenen Kindern gewonnen werden, als sieben Singles für jeweils ein Kind.

Außerdem würden die Kinder in einer solchen Familie mit hoher Wahrscheinlichkeit sehr liebevoll aufgezogen werden. Die Eltern sind auf die Aufgabe des Erziehens fokussiert, es liegen hervorragende Bildungsvoraussetzungen vor und eine optimale Förderung aller Kinder kann praktisch garantiert werden. Ferner könnte bei den Kindern frühzeitig ein solidarisches Verhalten eingeübt werden. Genau diese Effekte dürfen aber auch erwartet werden, wenn eine Aufgabe, für die üblicherweise keinerlei Voraussetzungen erforderlich sind, professionalisiert wird (ähnlich wie dies in der Medizin geschehen ist).

---

[466]　Leipert, Christian und Opielka, Michael: Erziehungsgehalt 2000 – Ein Weg zur Aufwertung der Erziehungsarbeit, 1998

[467]　Mersch, P.: Land ohne Kinder – Wege aus der demographischen Krise, 2006, Seite 108 ff.

Jürgen Borchert äußert sich dagegen kritisch zum Thema Professionalisierung der Familienarbeit (allerdings bezogen auf das etwas anders gelagerte Erziehungsgehalt)[468]:

Dass die Idee eines Erziehungsgehalts im übrigen ein beträchtliches Zerstörungspotential für den Teil der Welt hat, den Familie definiert, beweist das von manchen Befürwortern angeführte Honorierungsargument, dass es nämlich ungerecht oder nicht nachzuvollziehen sei, dass Grundschullehrerinnen und Kindergärtnerinnen für ihre Arbeit entlohnt würden, nur die eigenen Eltern nicht. Dabei wird nämlich das Wesentliche der Familie vollkommen aus den Augen verloren: Ihre wechselseitige Einstandspflicht in allen Lebenslagen. Lehrerinnen und Kinderpflegerinnen erwerben gegen die Kinder keine unmittelbaren genuinen und originären Unterhaltsansprüche. Genau darin, in dieser vollkommen unmarktlichen Bedingungslosigkeit, liegen aber Ursprung und Ziel von Familie. Wenn dieser Bereich kommerzialisiert wird, die Abstraktion des Geldwesens auch in diese letzte Gegenwelt eindringt, dann wird das Leben für die Kinder nicht nur schon von Kindesbeinen an wegen eines grenzenlosen Individualismus unerträglich, sondern dann scheitern Familie und Staat gemeinsam.

Historisch gesehen hat Familie noch nie in einer „vollkommen unmarktlichen Bedingungslosigkeit" bestanden. Familie hatte immer auch das Ziel, zusätzliche Einkommens- und Sicherheitsnutzen zu erzielen. Zu keinem Zeitpunkt waren geringere Einkommen und Sicherheiten eine Option, wie dies tatsächlich heute der Fall ist.

Aber Jürgen Borchert liefert selbst die besten Argumente für eine Professionalisierung der Familienarbeit[469]:

Es muss darum gehen, die Familien in die Lage zu versetzen, ihre Kinder aus dem selbst erwirtschafteten Einkommen zu unterhalten, statt dies aus einer Position eines Almosenempfängers heraus zu tun.

Ein Familienmanager ist dazu in der Lage.

Die oben beschriebene Konstellation mit einem Paar aus zwei Familienmanagern dürfte nicht der Regelfall sein, sie ist aber möglich. Daneben sind aber auch ganz andere Familienformen mit Beteiligung von Familienmanagern vorstellbar bis wahrscheinlich (siehe dazu auch den Abschnitt *Zukünftige Familienformen* auf Seite 40).

Um einer weiteren Deinstitutionalisierung von Ehe und Familie durch den Familienmanager-Beruf entgegenzuwirken, könnte der Staat – ähnlich dem heutigen Ehegattensplitting – zusätzliche finanzielle Anreize setzen. Beispielsweise könnte entschie-

---

[468]   Borchert, Jürgen: Irrweg Familiengeld – "Wiesbadener Entwurf" einer familienpolitischen Strukturreform des Sozialstaats, http://www.heidelberger-familienbuero.de/erziehungsgehalt/Borchert-Kritik-Familiengeld.htm

[469]   ebenda

den werden, ein mit einer Familienmanagerin verheirateter Ehemann müsse sehr wohl Kinderlosensteuer für ein Kind abführen, da seine Familie ja keine Kinder auf eigene Rechnung aufzieht, sondern sogar daran verdient. Die vom Ehemann entrichtete Kinderlosensteuer könnte aber unmittelbar seiner Familienmanager-Ehefrau zugeteilt werden, mit dem Ziel, solche klassischen Familienkonstellationen gezielt zu fördern.

Das Familienmanager-Konzept könnte gleich auf mehrere Arten für mehr Generationengerechtigkeit sorgen:

- Durch die Sicherstellung einer bestandserhaltenden Fertilität werden der nachfolgenden Generation nicht zu hohe Lasten aufgebürdet.

- Durch die Bezahlung professioneller Familienmanager wird familienorientierten Menschen eine wirtschaftlich attraktive Option zur Gründung einer Großfamilie geboten. Solche Menschen können dann wirtschaftlich abgesichert das tun, was eigentlich ohnehin ihr Lebensziel war, ihre Kinder sind nicht der Gefahr von Armut ausgesetzt und die Gesellschaft profitiert als Ganzes davon. Auf diese Gesichtspunkte wird in den beiden Abschnitten *Einkommensnutzen für Familienmanager* auf Seite 179 und *Sicherheitsnutzen für Familienmanager* auf Seite 180 noch näher eingegangen.

Im Abschnitt *Vereinbarkeit von Familie und Beruf* auf Seite 82 wurde dargelegt, dass der heute üblicherweise fehlende Einkommens- und Sicherheitsnutzen von Kindern auch die Berechtigung für die Kommerzialisierbarkeit des Aufziehens eigener Kinder in einer sonst arbeitsteiligen Welt begründet: Eine Familienmanagerin zieht im Rahmen der Erziehungsarbeit einen Konsumnutzen aus ihren Kindern, ähnlich wie andere Berufstätige eine Befriedigung aus ihrer Arbeit erhalten. Gleichzeitig erzielt sie ein Einkommen aufgrund der geleisteten professionellen Arbeit. Das schließlich nach ca. 20 Jahren der Gesellschaft übergebene Endprodukt („der erzogene und gebildete erwachsene Mensch") gehört aber nicht länger ihr, so dass sie aus der Elternbeziehung keinen direkten Vorteil schlagen kann[470]:

Eine realistische Familienpolitik muss die Einsicht ernst nehmen, dass Kinder angesichts der heute dominierenden unselbständigen Beschäftigungsverhältnisse und der verlängerten Kindheits- und Jugendphase für Eltern lediglich immaterielle Nutzen, aber erhebliche ökonomische Nachteile mit sich bringen. Kinder sind – ökonomisch gesprochen – zu einem ‚öffentlichen Gut' geworden, an dessen ‚Produktion' zwar ein erhebliches öffentliches, aber im Regelfall keinerlei privates ökonomisches Interesse mehr besteht.

---

[470] Kaufmann, Franz-Xaver: Zukunft der Familie – Stabilität, Stabilitätsrisiken und Wandel der familialen Lebensformen sowie ihre gesellschaftlichen und politischen Bedingungen, 1990, Seite 11

- Durch die zusätzliche Besteuerung von Kinderlosen und weitere Steuerentlastungen für Familien werden die Unterschiede in der wirtschaftlichen Leistungsfähigkeit zwischen Kinderlosen und Familien reduziert.

Ein X für ein V

Sollte die Familienmanager-Maßnahme greifen, werden in Deutschland bald wieder mehr Kinder geboren. Bedauerlicherweise war man sich nicht zu schade dafür, auch dagegen Gründe vorzubringen.

Ruprecht Jaenicke weist beispielsweise darauf hin, dass der jahrzehntelang andauernde Geburtenrückgang die Bevölkerungspyramide in Deutschland bereits in eine V-Form verwandelt habe: Viele alte Menschen und wenige junge. Daraus folgert er dann[471]:

Nun ist Deutschland bei der Veränderung des Bevölkerungsaufbaus von einem O zu einem V schon so weit fortgeschritten, dass es politisch und ökonomisch dumm wäre, wenn man es denn für geboten hielte, die Bevölkerung wieder zum Wachstum durch Geburten anzuregen. Einwanderung verändert die aktuelle Struktur kaum, bei „mehr Geburten" verbreitert sich die Basis: Dann ergäbe sich ein X, mit einer schmalen Taille, breitem Fuß und breitem Oberteil.

Der Aufbau der Bevölkerung in Form eines X bedeutete aber eine unerträgliche Belastung für die wenigen „Erwachsenen" (die Taille), die dann arbeiteten. Sie müssen viele Senioren und mehr und mehr Junge unterhalten. Kriege haben eine solche Form erzeugt, das haben die Überlebenden zu spüren bekommen. Machen wir uns daher nicht ein X für ein U vor, planen wir den einfachen Realitäten entsprechend.

Im Prinzip wird hier gesagt: Befindet sich eine Bevölkerung einmal im Zustand des Schrumpfens, dann gibt es keinen Ausstieg mehr, weil der sonst zu einer zu hohen Belastung der aktuellen Bevölkerung führen würde.

Dies wird mit der folgenden Abbildung verdeutlicht, welche 3 Bevölkerungspyramiden zu unterschiedlichen Zeitpunkten zeigt. Der helle Bereich in der Mitte repräsentiert die erwerbstätige Bevölkerung, der untere Teil die Jugend und der obere die Alten. Das Verhältnis der Erwerbstätigen zur Summe aus Jugend und Alten ergibt das sogenannte Unterstützungsverhältnis.

---

[471]   Jaenicke, Ruprecht. Bevölkerungsentwicklung: A-H-O-V-X,
       http://www.faz.net/s/RubFC06D389EE76479E9E76425072B196C3/Doc%7EE6E52DF498
       7844F3EB129FBEF49DB7D6A%7EATpl%7EEcommon%7EScontent.html

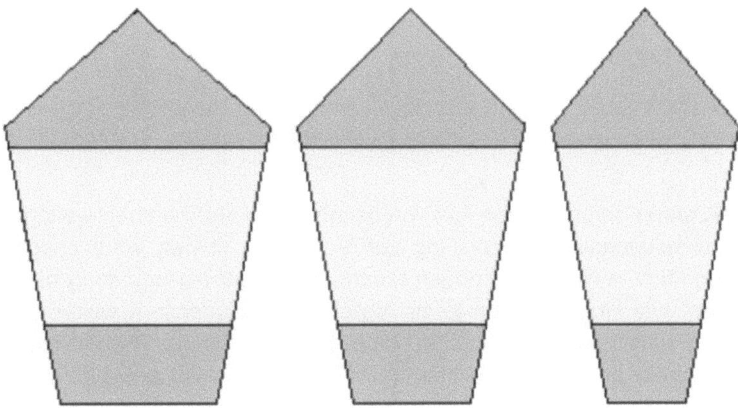

Abbildung 15: Schrumpfende Bevölkerungspyramiden

Bleibt die Fertilitätsrate einer Gesellschaft konstant unter bestandserhaltendem Niveau, geht mit der sinkenden Zahl an gebärfähigen Frauen auch die Zahl der jährlichen Geburten zurück. Die Gesellschaft schrumpft folglich ganz ähnlich, wie es in der obigen Abbildung zu sehen ist, was unter anderem eine Verjüngung der Alterspyramiden zur Folge hat.[472]

Positiv daran ist: Das Unterstützungsverhältnis bleibt für die Erwerbstätigen zu jedem Zeitpunkt relativ konstant, für sie erhöhen sich also – unveränderte ökonomische Verhältnisse vorausgesetzt – die sozialen Lasten auf Dauer nicht, so dass der Lebensstandard erhalten bleiben kann[473].

Ähnlich argumentiert auch Nicholas Strange[474], indem er vorrechnet, wie durch

- frühere Einschulung

- Verkürzung der Ausbildungszeiten

- Mobilisierung von Arbeitslosen

- Verlängerung von Arbeitszeiten

- Reduzierung von Frühverrentungen

---

[472] Und nicht der Gesellschaft selbst, wie es gelegentlich irrtümlich in der Presse zu lesen war.

[473] Erke, Burkhard, Grundlagen der modernen Makroökonomik – Bestimmungsgründe gesamtwirtschaftlicher Größen, 2001, Seite 10

[474] Strange, Nicholas: Keine Angst vor Methusalem! Warum wir mit dem Altern unserer Bevölkerung gut leben können, 2006

das Unterstützungsverhältnis auch bei deutlich zurückgehenden Nachwuchszahlen und ansteigendem Altenanteil an der Gesamtbevölkerung konstant gehalten werden kann. Denn seine Kernannahme ist[475]:

Das wichtigste Ergebnis der Altersstrukturveränderung wird sein, dass der Anteil der 20- bis 60-Jährigen – der Kern der arbeitenden Bevölkerung – an der Gesamtbevölkerung sinkt.

Ob dem Arbeitsmarkt durch die von ihm vorgeschlagenen Maßnahmen weiterhin die gleiche Humankapitalqualität wie bislang zur Verfügung stehen wird, erläutert er nicht, denn Begriffe wie Humanvermögen tauchen in seiner Ausarbeitung nicht auf. Auch ist fraglich, wie Hochqualifizierte ihr tägliches Arbeitspensum weiter steigern können, wenn sie üblicherweise bereits heute deutlich überdurchschnittlich lange arbeiten. Aber genau an solchen Fachkräften ist die Wirtschaft besonders interessiert. In manchen Berufen fehlt es längst an qualifiziertem Fachpersonal, und mit sinkenden Geburtenzahlen werden diese Probleme nicht geringer werden.

Die Reduzierung der Bevölkerungsfrage auf Unterstützungsverhältnisse verkennt die eigentliche Tragweite des Problems. Auch wird ein ganz wesentlicher Punkt ignoriert: Ohne ausreichenden Nachwuchs vergeht die Gesellschaft, sie schrumpft sich langfristig zu Tode.

Aus diesem Grunde wurde bereits im Abschnitt *Die erste demographische Frage (Quantität)* auf Seite 2 die Frage aufgeworfen, wie dieser Prozess letztendlich zu stoppen ist. Und dies geht nun einmal nur durch mehr Kinder.

Es liegt deshalb nahe, einer bislang von den Vorteilen einer vernachlässigten Nachhaltigkeit profitierenden Gesellschaft auch die Kosten zusätzlicher Kinder aufzubürden. Jedenfalls ist nicht nachvollziehbar, warum die von Ruprecht Jaenicke erwähnten „unerträglichen Belastungen" kommenden Generationen zugemutet werden sollen.

Oswald Metzger führt in Bezug auf die sozialen Sicherungssysteme ganz richtig aus[476]:

Wenn die Ausgaben der Renten- und Pensionsleistungen nicht unverzüglich reduziert werden, dann werden auf Dauer umso brutalere Einschnitte nötig. Jedes Jahr, das die Politik Einschnitte früher durchsetzt, erspart weitere Sozialschnitte und ihre unsozialen Konsequenzen. Nur wer heute soziale Besitzstände entschlossen beschneidet, wird überhaupt in der Lage sein, in Zukunft eine sozialstaatliche Mindestabsicherung gegen existenzielle Lebensrisiken zu gewährleisten.

---

[475]   Strange, Nicholas: Keine Angst vor Methusalem! Warum wir mit dem Altern unserer Bevölkerung gut leben können, 2006, Seite 38

[476]   Metzger, Oswald: Einspruch! Wider den organisierten Staatsbankrott, 2004, Seite 133

Konkret heißt dies: Wenn jetzt nicht mit einer Beschneidung sozialer Besitzstände begonnen wird, wird es später umso schlimmer. Eine solche Beschneidung kann aber einerseits in einer – wie von Metzger vorgeschlagenen – Reduzierung von Ansprüchen, andererseits in höheren Belastungen im Sinne der Zukunftssicherung bestehen. Und da Kinderlose für Letztere bislang keinen ausreichenden Beitrag geleistet haben, liegt es nahe, diese nun zur Kasse zu bitten.

Einkommensnutzen für Familienmanager

Im Kapitel *Kosten/Nutzen von Kindern* auf Seite 65 wurde dargelegt, dass ein Einkommensnutzen von Kindern lediglich noch für sehr einkommensschwache bzw. von der Sozialhilfe lebende Bevölkerungsschichten besteht. Gleichzeitig wurde deutlich gemacht, dass der einzig noch vorhandene Konsumnutzen in Verbindung mit den hohen Opportunitäts- und direkten Kosten von Kindern unter normalen Einkommensverhältnissen fast automatisch zu einer Beschränkung auf kleine Familiengrößen führt. Dies wird verstärkt durch den gesellschaftlichen Trend zur Individualisierung und Pluralisierung der Lebensformen, der entscheidend zu einem Anstieg des Anteils lebenslänglich Kinderloser beiträgt. Hieraus ergeben sich zwangsläufig sehr niedrige Fertilitätsraten, von denen auch in Zukunft kein signifikanter Anstieg erwartet werden darf.

Für die Teilgruppe der Familienmanager sind alle diese Regeln außer Kraft gesetzt.

Denn ein Familienmanager entscheidet sich für eine Ausbildung und dann entsprechend für diesen Beruf, ähnlich wie das ein Arzt in seinem Falle tut. Hat ein Familienmanager noch keinen Partner gefunden, kann er seine berufliche Karriere mit der Fremdbetreuung von Kindern oder als Springer für andere Familienmanager beginnen. Die biographischen Opportunitätskosten eines Familienmanagers für ein zusätzliches Kind sind also praktisch Null. Gleichfalls dürften die meisten anderen Opportunitätskosten sehr niedrig anzusetzen sein.

Da ein Familienmanager pro aufgezogenes Kind vergütet wird, und diese Vergütung höher sein sollte als die direkten Kosten für die Kindererziehung, erzielt er pro Kind zusätzliche Einnahmen. Ein Kind liefert dann nicht nur einen Konsumnutzen, sondern tatsächlich auch einen Einkommensnutzen. Mit jedem zusätzlichen Kind bessern sich die wirtschaftliche Situation und vermutlich auch das gesellschaftliche Ansehen eines Familienmanagers. Alle Mechanismen, die zurzeit eine Beschränkung auf kleine Familiengrößen bewirken, sind bei Familienmanagern außer Kraft gesetzt: Der Beruf des Familienmanagers erlaubt eine „verantwortete Elternschaft" [477] pro Kind.

---

[477] Kaufmann, Franz-Xaver: Zukunft der Familie – Stabilität, Stabilitätsrisiken und Wandel der familialen Lebensformen sowie ihre gesellschaftlichen und politischen Bedingungen, 1990, Seite 39

Es kann deshalb auch in Übereinstimmung mit der Individualisierungsthese von Beck und der biographischen Fertilitätstheorie von Birg et al. eine Tendenz von Familienmanagern zu großen Familienstärken prognostiziert werden.

Dies bestätigt auch Susanne Mayer[478]:

Wer Sehnsucht nach einem dritten oder vierten Kind verspürt (...), würde sicherlich in seinen Hoffnungen ermutigt, wenn es einen Familienlohn gäbe, der die Bereitschaft zu höherer Belastung honoriert.

Sicherheitsnutzen für Familienmanager

Zusätzlich zum Einkommensnutzen liegt bei Familienmanagern auch ein Sicherheitsnutzen pro Kind vor: Mit jedem Kind erhöht sich dessen Einkommen, folglich auch der Rentenanspruch. Auch diese Tatsache wird die Bereitschaft von Familienmanagern für große Familienstärken fördern.

Adoption

Eine Familienmanagerin kann leibliche oder adoptierte Kinder aufziehen. In beiden Fällen wird der gleiche Leistungsbetrag pro Kind gezahlt.

Da Familienmanagerinnen ausgewiesene Fachkräfte sind, könnte für sie der Adoptionsprozess drastisch vereinfacht werden. Allerdings sollten bevorzugt kleine Kinder bis zum Alter von ein oder maximal 2 Jahren adoptiert werden, damit diese in den Genuss ihrer vollen Zuwendung kommen.

Für eine Adoption kommen insbesondere in Frage

- Waisenkinder,

- Kinder, die sonst einem Schwangerschaftsabbruch zum Opfer gefallen wären. (siehe nächsten Abschnitt) und

- Kinder aus der Dritten Welt, deren Eltern gestorben oder in Not geraten sind.

Der letzte Punkt stellt eine aus humanitären Gesichtspunkten wesentlich günstigere Variante zur klassischen Zuwanderungspolitik dar: Ein so wohlhabendes Land wie Deutschland würde damit deutlich machen, dass es gewillt ist, das Aufziehen von zukünftigen Arbeitskräften nach Möglichkeit selbst vorzunehmen, anstatt diese zeitaufwendige Arbeit anderen Ländern aufzubürden. Außerdem könnte ein späterer

---

[478] Mayer, Susanne: Deutschland armes Kinderland – Wie die Ego-Gesellschaft unsere Zukunft verspielt, 2002, Seite 198

Integrationsaufwand völlig entfallen und die Kinder würden von vornherein mit einem freiheitlich-demokratischen Weltbild aufwachsen.

Allerdings sind Auslandsadoptionen zum gegenwärtigen Zeitpunkt äußerst komplex. Oft ist die Herkunft des Kindes nicht gesichert, so dass eine Adoptionsfreigabe aus kommerziellen Gründen nicht ausgeschlossen werden kann. Schon jetzt gibt es viel mehr adoptionswillige Familien als zur Adoption freigegebene Kinder. Eine Verbesserung der Situation kann deshalb nur durch Kooperationen mit verlässlichen Regierungen und in Zusammenarbeit mit humanitären Organisationen erzielt werden.

Eine weitere, zurzeit noch sehr theoretische Option, besteht in der Unterstützung zukünftiger Gebärtechniken, zum Beispiel das vollständige und nebenwirkungsfreie Aufwachsen von Embryos außerhalb des Mutterleibs (als Retortenbabies). Wenn solche Techniken einmal beherrscht und aus ethischen Gründen nicht abgelehnt werden, bleibt trotzdem immer noch die eigentliche Leistung des Erziehens und Bildens von Kindern. Auch für diesen – zurzeit noch sehr futuristischen – Fall bieten sich die Familienmanagerinnen als ideale Adoptiveltern an.

Eine explizite Ermunterung von Familienmanagern, einen Teil der Kinder zu adoptieren, kann einige Vorteile haben:

- Sie ermöglicht eine relativ schnelle Geburtenfolge. Die Einnahmen der Familien verbessern sich relativ schnell, ohne dass die beteiligten Frauen unter Druck geraten, durch frühzeitiges Abstillen für eine beschleunigte Geburtenfolge sorgen zu müssen.

- Der Beruf des Familienmanagers könnte auf eine höhere Akzeptanz in der Bevölkerung stoßen, da die Bezahlung in der Regel nicht ausschließlich für das Aufziehen leiblicher Kinder erfolgt. Die Familienmanager tun also wichtige Dienste für andere. So etwas wird in unserer Gesellschaft besonders gern akzeptiert.

- Der Beruf bekäme neben der offenkundigen Relevanz für die Zukunft der Gesellschaft etwas Humanitäres. Dafür sind Menschen eher bereit, auf einen Teil ihrer Einkünfte zu verzichten.

- Die Maßnahme würde von jeglichem „Lebensborn"-Verdacht befreit[479].

Schwangerschaftsabbruch

Von 1996 bis 2004 wurden in Deutschland gemäß den offiziellen Zahlen des Statistischen Bundesamtes jährlich durchschnittlich 130.000 Schwangerschaften

---

[479] Mersch, P.: Land ohne Kinder – Wege aus der demographischen Krise, 2006, Seite 138 ff.

abgebrochen[480]. In 2005 ist diese Zahl auf 124.000 bei gleichzeitig nur noch 686.000 Lebendgeburten gesunken[481] [482].

Setzt man diese Zahlen allerdings in Relation zu den Geburtenzahlen, dann ist im genannten Zeitraum ein leichter Anstieg der Abtreibungshäufigkeit pro Lebendgeburt festzustellen. Zuletzt wurden ca. 180 Schwangerschaftsabbrüche pro 1.000 Lebendgeburten registriert[483].

Bereits gemäß den Zahlen des Statistischen Bundesamtes kommt also heute in der Bundesrepublik Deutschland auf weniger als sechs Geburten ein Schwangerschaftsabbruch. Experten gehen allerdings von einer beträchtlichen Dunkelziffer aus, so dass bereits auf drei Geburten eine Abtreibung kommen könnte[484].

Weltweit sollen rund 22 Prozent der 210 Millionen Schwangerschaften pro Jahr (das heißt: 45 Millionen pro Jahr) mit einer Abtreibung enden[485].

Daneben gibt es auch in Deutschland Indikationen für den beträchtlichen Einsatz von Schwangerschaftsabbrüchen als Mittel der Familienplanung:

- Über 97% der gemeldeten Schwangerschaftsabbrüche wurden nach der Beratungsregelung vorgenommen. Medizinische und kriminologische Indikationen waren in weniger als 3% der Fälle die Begründung für den Abbruch[486].

- Mehr als 45 Prozent der Frauen, die ihr Kind im Jahr 2003 zur Abtreibung freigegeben haben, waren zum Zeitpunkt des Schwangerschaftsabbruchs verheiratet[487].

- Rund 60 Prozent der Mütter, die in 2003 ein Kind abtreiben ließen, hatten zuvor ein oder mehrere Kinder geboren.

---

[480] Rehder, Stefan und Blasel, Veronika: Jedes vierte gezeugte Kind wird abgetrieben; in: Büchner, Bernhard und Kaminski, Claudia (Hrsg.): Lebensschutz oder kollektiver Selbstbetrug? 10 Jahre Neuregelung des § 218, 2006, Seite 107

[481] Statistisches Bundesamt: 124 000 Schwangerschaftsabbrüche im Jahr 2005, http://www.destatis.de/presse/deutsch/pm2006/p1080093.htm

[482] Innovationsreport: 2005: Weniger Eheschließungen und Geburten, mehr Sterbefälle, http://www.innovations-report.de/html/berichte/statistiken/bericht-69059.html

[483] Rehder, Stefan und Blasel, Veronika: Jedes vierte gezeugte Kind wird abgetrieben; in: Büchner, Bernhard und Kaminski, Claudia (Hrsg.): Lebensschutz oder kollektiver Selbstbetrug? 10 Jahre Neuregelung des § 218, 2006, Seite 110

[484] ebenda

[485] Leisinger, Klaus M.: Die sechste Milliarde, 2. Auflage, 1999, Seite 279

[486] Statistisches Bundesamt: 124 000 Schwangerschafts-abbrüche im Jahr 2005, http://www.destatis.de/presse/deutsch/pm2006/p1080093.htm

[487] Rehder, Stefan und Blasel, Veronika: Jedes vierte gezeugte Kind wird abgetrieben; in: Büchner, Bernhard und Kaminski, Claudia (Hrsg.): Lebensschutz oder kollektiver Selbstbetrug? 10 Jahre Neuregelung des § 218, 2006, Seite 111

Es könnte deshalb Sinn machen, Mütter und Väter bei der Beratung im Vorfeld des Schwangerschaftsabbruchs gezielt auf die Alternative eines Austragens des Kindes zwecks späterer Freigabe zur Adoption durch eine Familienmanagerin hinzuweisen. Eventuell könnten Familienmanagerinnen sogar direkt in den Beratungsprozess integriert werden.

Diese Maßnahme hätte nicht nur erhebliche ethische Vorzüge, sondern könnte zusätzlich dazu beitragen, die Geburtenrate in Deutschland anzuheben. Allerdings müssten dabei wohl zunächst auch normative Einschränkungen überwunden bzw. gesellschaftlich umgedeutet werden, denn als ein Grund für die niedrige Fertilität gilt die Wirksamkeit des Normenkomplexes „verantwortete Elternschaft", welcher es nur erlaubt, Kinder in die Welt zu bringen, wenn man glaubt, dieser Verantwortung tatsächlich gerecht zu werden[488].

Ob man für das Austragen von Kindern auch zusätzliche monetäre Anreize setzt, sollte sich allerdings genau überlegt werden. Denn wie immer in solchen Fällen könnten diese zu einer Geschäftstätigkeit missbraucht werden. Eventuelle Anreize müssten also so gewählt werden, dass sie die Entscheidung für das Austragen des Kindes erleichtern, nicht aber dazu führen, schwanger zu werden, um mit dem Austragen des Kindes einen finanziellen Vorteil zu erlangen. Eine Variante könnte zum Beispiel darin bestehen, den Müttern einen maximal 6-wöchigen Gehaltsausfall zu finanzieren.

Eventuell könnte man auch Müttern, die ein Kind nicht abgetrieben, sondern ausgetragen und zur Adoption freigegeben haben, ein Umgangsrecht mit dem Kind gewähren, so dass der Kontakt zwischen der leiblichen Mutter (bzw. auch dem leiblichen Vater) und dem Kind nicht ganz verloren geht. Dies kann auch für das Kind von Vorteil sein. Möglicherweise entscheidet sich eine ursprünglich abtreibungswillige 13-jährige Mutter zu einem späteren Zeitpunkt selbst für den Beruf der Familienmanagerin. Dann wäre es nur natürlich, darüber nachzudenken, ob das Kind nicht wieder zur leiblichen Mutter zurückkehren möchte und kann.

Betreuung von fremden Kindern

Familienmanagerinnen wären in der Lage, besonders leistungsfähige Dienstleistungen für berufstätige bzw. nichtberufstätige Mütter anzubieten. Dazu gehören:

- Elternberatungen

- Schulungsmaßnahmen für berufstätige Eltern

- Ganztags-Kinderkrippen

---

[488] Nave-Herz, Rosemarie: Familie heute – Wandel der Familienstrukturen und Folgen für die Erziehung, 2. Auflage, 2002, Seite 33 f.

- Ganztags-Kindergärten

- Ganztägige Aufenthalte von Kindern (24-Stunden-Service) bei Erkrankung oder beruflicher Abwesenheit der regulären Eltern

- Tagesmütter-Dienste

- Super-Nanny-Dienste

Auf diese Weise könnten Familienmanagerinnen bereits einen nennenswerten Anteil ihres potenziellen Einkommens realisieren, während sie selbst noch keine oder nur wenige Kinder haben.

Gleichzeitig würden sie damit einen entscheidenden Beitrag zur Verbesserung der Vereinbarkeit von Familie und Beruf für die übrigen Familien leisten.

8 Schlussbemerkung

Die Deutschen werden immer älter und bekommen gleichzeitig viel zu wenig Nachwuchs. Die sich daraus ergebenden Konsequenzen werden mannigfaltig sein, worunter der zwingend erforderliche Umbau oder gar der Zusammenbruch der sozialen Sicherungssysteme noch das kleinste Übel sein dürften.

In der öffentlichen Diskussion werden fortlaufend Vorschläge zur Verbesserung der Situation unterbreitet. Naturgemäß sind diese in der Regel von verschiedenen Interessen getragen, die aber nicht immer deutlich werden.

- Jüngere Menschen haben das ganze Leben noch vor sich und fordern vor allem eine Lastenreduzierung, insbesondere bezüglich Staatsverschuldung und gegen sie gerichtete Renten- und Pensionsansprüche.

- Größere Familien wünschen sich eine Verringerung ihrer ökonomischen Benachteiligung bzw. eine Verbesserung ihrer wirtschaftlichen Situation und erwarten weitere energische Maßnahmen im Rahmen des Familienlastenausgleichs, etwa in Form der Erhöhung des Kindergelds oder gar eines Erziehungsgehalts für alle Eltern.

- Frauenverbänden, Kleinfamilien und Unternehmen liegt vor allem etwas an einer noch stärkeren und leichteren Erwerbsbeteiligung der Frauen, weshalb weitere erhebliche Maßnahmen zur Verbesserung der Vereinbarkeit von Familie und Beruf, zum Beispiel in Form von flächendeckenden Ganztagsbetreuungseinrichtungen, gefordert werden.

- Kirchenverbänden geht es in erster Linie um die Stärkung der Ehe und der klassischen Kernfamilie aus Vater, Mutter und Kindern.

- Finanzdienstleister spekulieren auf die Sparsummen, die sie im Rahmen von gesetzlich vorgeschriebenen zusätzlichen privaten Vorsorgemaßnahmen verwalten könnten, und die sie zu Key-Playern auf den internationalen Finanzmärkten machen dürften.

Dies sind sicherlich alles interessante Gesichtspunkte, jedoch gehen dabei die eigentlichen zentralen Fragestellungen unter:

- *Wie können in Gesellschaften unseres Zuschnitts (Wissensgesellschaften) bestandserhaltende Fertilitätsraten erzielt werden?*

- *Wie kann dabei die Qualität des Nachwuchses in Bezug auf Bildung, kognitive Fähigkeiten, Gesundheit, Selbstbewusstsein und Motivation angehoben werden?*

Oder ökonomischer ausgedrückt:

- *Wie kann in einer Wissensgesellschaft eine Nachhaltigkeit bezüglich des Humanvermögens erreicht werden?*

Denn über eins sollten wir uns im Klaren sein: Man kann sicherlich das eine oder andere tun, aber ohne eine Lösung dieser entscheidenden Fragen wird Deutschland unweigerlich sehr schweren Zeiten entgegensteuern.

Das vorliegende Buch ist nicht politisch motiviert. Stattdessen wird eine Lösung für ein gravierendes gesellschaftliches Problem gesucht und für sonst nichts, schon gar nicht für jede erdenkliche Ungerechtigkeit der Welt.

Natürlich steht dabei auch die Frage im Raum, ob unsere Gesellschaft konsensfähig ist, ob wir es diesmal auf eine vorausschauende Weise hinbekommen werden, oder ob es wie Mitte des letzten Jahrhunderts wieder die harte Tour sein muss, bei der sich Neues erst auf den Trümmern vergangener Gesellschaftsstrukturen aufbauen lässt.

Aussagen wie: *„Der Staat muss endlich für eine bessere Vereinbarkeit von Familie und Beruf und insbesondere für ein flächendeckendes kostenfreies Angebot an Ganztagskrippen und -kindergärten sorgen, vorher werden nicht mehr Kinder geboren!"* zeugen beispielsweise nicht von einer Konsensfähigkeit, sondern versuchen eine politisch motivierte Maßnahme durchzusetzen, welche – unter Berücksichtigung ihres Umsetzungszeitraums – dann vielleicht greifen könnte, wenn Deutschland längst zusammengebrochen ist. Wobei es nicht einmal für diese späte Wirkung Belege gibt, denn schließlich könnte die Reaktion der potenziellen Interessenten darauf ja auch sein: *„Schön, dass wir jetzt überall Kinderkrippen haben. Ich setze aber trotzdem kein Kind in die Welt, denn nach dem ich den ganzen Tag Alte betreut habe, will ich abends in der Disco abtanzen und nicht schon wieder infantile Gespräche führen."*

In diesem Buch werden verschiedene neue und schon länger diskutierte Maßnahmen darauf hin untersucht, ob und inwieweit sie einen Beitrag zur Lösung des zentralen demographischen Problems leisten können.

Dabei werden unter anderem die folgenden Ergebnisse erzielt:

- Die aktuellen und angestoßenen Maßnahmen zur Nachwuchsförderung werden auch in Zukunft zu keinen bestandserhaltenden Fertilitätsraten führen.

- Zurzeit fördert unsere Gesellschaft ein „Survival of the Unfittest": Kinder lohnen sich in erster Linie für beruflich wenig erfolgreiche Menschen.

- Aktuell werden nicht nur zu wenige Kinder geboren, sondern der Nachwuchs weist zum Teil erhebliche familienbedingte Defizite auf.

- Eine Gesellschaft, in der die Beteiligung an einer gesellschaftlich relevanten Aufgabe zwar völlig freiwillig ist (die Nichtbeteiligung führt zu keinerlei Nachteilen), aber hohe Lasten bzw. Kosten verursacht, wird eine zufriedenstellende Ausführung der Aufgabe nicht sicherstellen können.

- Ein demographisches Gleichgewicht wird sich wohlfahrtsstaatlich nur schwerlich allein durch Verringerung von Opportunitätskosten oder zusätzliche finanzielle Anreize und ohne substanzielle finanzielle Beteiligung derer, die sich bislang aus diversen Gründen der Aufgabe entzogen haben, erreichen lassen. Anders ausgedrückt: Eine einkommensabhängige Besteuerung von Kinderlosen scheint eine unerlässliche Voraussetzung für die Lösung des demographischen Problems in modernen Wissensgesellschaften zu sein. Ein Familienlastenausgleich durch zusätzliche finanzielle Anreize für Familien setzt dagegen die falschen Signale.

- Eine Hauptaufgabe des Staates liegt in der gesellschaftlichen Reproduktion. Dazu gehören insbesondere die quantitative und qualitative Nachwuchssicherung, die Erhaltung und Mehrung des Humanvermögens sowie die Sicherstellung der Generationengerechtigkeit, oder allgemeiner ausgedrückt, die Reproduktion erneuerbarer (humaner) Ressourcen.

  Eine Kernaufgabe des Staates wäre folglich die Erhaltung des Lebens- und Wirtschaftsstandorts Deutschland und seiner wichtigsten Ressourcen (insbesondere: Humankapital).

  Stattdessen sorgen sich Staat und Regierungen zurzeit vorwiegend um die aktuelle Produktion (Wirtschaft, Konjunktur). Seit vielen Jahren werden dafür sogar zunehmend Anleihen zu Lasten der nächsten Generation aufgenommen (Staatsschulden). Deutschland verhält sich zurzeit wie ein Unternehmen, welches auf Kosten von Forschung und Entwicklung in die Produktion investiert, um kurzfristige Einnahmen zu realisieren. Der Grund dafür ist vermutlich ein zu begrenzter Planungs- und Vorstellungszeitraum.

  Staat und Regierungen vernachlässigen also ihre primären Aufgaben, und das schon seit vielen Jahren.

- Bei dauerhaft zu niedrigen Fertilitätsraten handelt es sich um eine Verletzung des Prinzips der Generationengerechtigkeit, weil hierdurch der zukünftigen Generation zu hohe Lasten aufgebürdet werden. Es gehört zu den Aufgaben des Staates, ausreichend bestandserhaltende und nicht-ruinöse Fertilitätsraten sicherzustellen.

- Das Missverhältnis zwischen den staatlichen Reproduktions- und Produktionsaufgaben führt zu Mängeln in der Nachhaltigkeit, zu Einbußen bei der Generationengerechtigkeit und zu hoher Staatsverschuldung. Hohe Verluste beim Humanvermögen als Folge der Verletzung des Nachhaltigkeitsprinzips können nur durch Wohlstandseinschränkungen oder eine Aufnahme zusätzlicher staatlicher Anleihen (das heißt eine Zunahme der Staatsverschuldung) ausgeglichen werden. Nichtbestandserhaltende Fertilitätsraten begünstigen folglich Staatsverschuldungen (bzw. bewirken sie sogar).

- Das aktuelle Reproduktionsverhalten in den entwickelten Gesellschaften produziert zunehmende gesellschaftliche Ungleichheit und Armut.

- Aktuell ist die Produktion (Wirtschaft) professionalisiert, die Reproduktion dagegen weitestgehend nicht. Dies bewirkt einen „Fachkräftemangel" in der Reproduktion. Oder anders ausgedrückt: Das Reproduktionskapital wird empfindlich beschädigt. Um ausreichende Ressourcen für die Reproduktion gewinnen zu können, müsste der Staat in diesem Sektor konkurrenzfähige Angebote unterbreiten können. Die Konsequenz: Die Reproduktion müsste analog zur Produktion stärker professionalisiert werden.

- Aus den zum Teil gegenläufigen Trends

  - Unattraktivität der Reproduktion aufgrund fehlender Vergütung

  - Bedeutungszuwachs der Reproduktion als Folge der starken Gewichtung von Wissen und kognitiven Fähigkeiten in Wissensgesellschaften

  - zunehmender Zwang zur Spezialisierung bei der Nachwuchsproduktion aufgrund des Rückgangs der Zahl gebärfähiger Frauen

  ergibt sich die Notwendigkeit zur zunehmenden Professionalisierung der gesellschaftlichen Reproduktion, und zwar ganz explizit bezüglich der Erziehung eigener Kinder, denn nur dann werden über den zusätzlichen Nutzen ausreichende Anreize für weitere Kinder gesetzt, und nur dann dürfte die Motivation hoch genug sein, den Kindern eine optimale Erziehung zukommen zu lassen.

- Eine der stärksten Triebfedern für die aktuelle gesellschaftliche Entwicklung ist der Individualisierungstrend. Letztendlich wird dieser maßgeblich durch die sich verändernden Anforderungen der Wirtschaft (Produktion) angetrieben. Zunehmende Individualisierung führt aber gleichzeitig zu zunehmender Pluralisierung der Lebensformen, Spezialisierung, Professionalisierung und Ökonomisierung. Maßnahmen zur Verbesserung der „Vereinbarkeit von Familie und Beruf" sind dagegen integrativ und verfolgen eine genau umgekehrte Zielrichtung. Sie versuchen folglich dem Trend zur Individualisierung entgegenzuwirken, was nicht gelingen kann.

Kurz: Die These von der Vereinbarkeit von Familie und Beruf steht im Widerspruch zur Individualisierungsthese.

- Individualisierung und wohlfahrtsstaatliche Entwicklung bedingen sich gegenseitig.

  Eine Zunahme der Individualisierung ist meist mit einer individuellen Vernachlässigung von Kollektivaufgaben verbunden, die dann Dritte, zum Beispiel der Wohlfahrtsstaat, übernehmen müssen.

- Das fertige Endprodukt von Familien ist der erzogene und gebildete Erwachsene. Dieser wird der Gesellschaft gegen Ende der Erziehungsphase ohne weitere Kosten „überstellt". Die Familie besitzt keine Urheberrechte an ihrem Produkt und kann auch sonst keinen ökonomischen Nutzen daraus ziehen. Es dürfte deshalb kaum zu rechtfertigen sein, einer qualifizierten Tagesmutter für die Betreuung fremder Kinder ein Gehalt zuzugestehen, für das Aufziehen eigener Kinder dagegen nicht.

- Aus der biographischen Fertilitätstheorie von Birg et al. wird in der Regel die Empfehlung abgeleitet, den Anteil der Kinderlosen zu reduzieren. Genau dieser Schluss lässt sich aber aus der Theorie nicht ziehen. Die folgerichtige Empfehlung wäre dagegen, gezielt Großfamilien zu fördern.

  Kurz: Die biographische Fertilitätstheorie ist vermutlich zutreffend, die üblichen Folgerungen daraus dagegen nicht.

- Der zu erwartende Rückgang der Zahl der gebärfähigen Frauen und damit indirekt des Reproduktionskapitals wird eine stärkere Spezialisierung bei der gesellschaftlichen Reproduktion erforderlich machen. Mit anderen Worten: Ohne eine Professionalisierung von qualifizierten Großfamilien dürfte das demographische Problem kaum lösbar sein.

- Die zunehmende Individualisierung und die damit einhergehende Pluralisierung der Lebensformen werden für eine weitere Destabilisierung der Familienformen sorgen. Dabei wird sich eine Struktur aus einem erziehungsberechtigten Erwachsenen und den dazugehörigen Kindern als einzig dauerhaft verlässliche Form herauskristallisieren. Solche Strukturen werden temporäre und häufig wenig dauerhafte Bindungen mit anderen und insbesondere ähnlichen Strukturen eingehen. Familienpolitische Maßnahmen sollten sich deshalb verstärkt an den Anforderungen solcher Basisstrukturen ausrichten.

  Konkret heißt dies zum Beispiel: Bei der Verbesserung der Vereinbarkeit von Familie und Beruf ist die Messlatte nicht die Kernfamilie mit Vater, Mutter und Kindern, sondern die/der Alleinerziehende mit Kindern.

- Maßnahmen, die darauf angelegt sind, aus Singles Eltern zu machen, dürften kaum von Erfolg gekrönt sein.

Schlussbemerkung

Die guten Nachrichten sind also:

- Das deutsche demographische Problem ist lösbar.

- Es besteht kein demographischer Wandel, sondern ein Wandel in den Reproduktionsanforderungen. Auf diesen muss nur angemessen reagiert werden.

Die schlechten Nachrichten sind:

- Der Staat wird seinen Fokus völlig verschieben müssen. Nicht mehr die Belange von Wirtschaft und Arbeitnehmern können im Rahmen von Globalisierung und Individualisierung allein im Vordergrund stehen, sondern Themen wie gesellschaftliche Reproduktion, Nachwuchsförderung, Nachhaltigkeit und Generationengerechtigkeit.

- Erfolgt dies nicht rechtzeitig, droht Deutschland der demographische, wirtschaftliche und kulturelle Abstieg.

- Ob „rechtzeitiges" Handeln noch möglich ist, ist nicht gewiss.

9 Anhang

Die Produktion von Ungerechtigkeit

Die Europäische Union definiert Menschen als arm, wenn sie über weniger als das halbe Durchschnittseinkommen der Gesamtbevölkerung verfügen[489].

Die Autoren Kämpke, Pestel und Radermacher haben auf dieser Basis eine mathematische Theorie der Gerechtigkeit entworfen, mit der unterschiedliche Grade an gesellschaftlicher Ungerechtigkeit erfasst und dargestellt werden können[490]. Ausgangspunkt dabei ist ein sogenannter Equity-Faktor, der schließlich in einer Lorenzfunktion Eingang findet.

Betrachten wir in Anlehnung daran einmal das folgende Beispiel: Eine Bevölkerung aus insgesamt 100.100 Personen sei in 1.001 Gruppen mit jeweils 100 Personen gegliedert. Die Gruppen seien mit den Ziffern 0 bis 1.000 gekennzeichnet.

Nehmen wir nun an, die Mitglieder der Gruppe 0 hätten ein monatliches Einkommen von 0 EUR, die Mitglieder der Gruppe 1 von 1 EUR, bis schließlich zur Gruppe 1.000, in der jedes Mitglied monatlich 1.000 EUR verdient. Insgesamt ergibt dies ein monatliches Gesamteinkommen von 50.050.000 EUR, woraus sich ein monatliches Durchschnittseinkommen von 500 EUR errechnet. Gemäß der Definition der Europäischen Union würden alle Personen mit einem Einkommen niedriger als 250 EUR als arm gelten. In unserem Beispiel wären dies 25.000 Personen, das heißt fast 25 Prozent der Bevölkerung.

Nehmen wir nun zusätzlich an, die obige Bevölkerung verhielte sich gemäß dem demographisch-ökonomischen Paradoxon, das heißt, die ärmeren Bevölkerungsgruppen würden mehr, die reicheren weniger Kinder in die Welt setzen. Einfachheitshalber sei angenommen, die einzelnen Bevölkerungsgruppen G reproduzierten sich von einer Generation zur nächsten gemäß der Formel[491]:

- $1,5 - G/1000$

---

[489] Radermacher, Franz J.: Balance oder Zerstörung – Ökosoziale Marktwirtschaft als Schlüssel zu einer weltweiten nachhaltigen Entwicklung, 2002, Seite 78

[490] ebenda, Seite 78 ff.

[491] Dass diese Annahme nicht abwegig ist, zeigt: Hoem, Jan M. Warum bekommen die Schweden mehr Kinder als die Deutschen?
http://www.zdwa.de/zdwa/debatten/20060127_23051974_debatte.php

Mit anderen Worten: Die Gruppe 0 (die Ärmsten) vervielfältigt sich mit dem Faktor 1,5 (besteht also in der nächsten Generation nicht mehr aus 100 sondern aus 150 Personen), während die Gruppe 1.000 (die Reichsten) nur einen Erneuerungsfaktor von 0,5 besitzt (und ist dann nur noch 50 Personen stark).

Insgesamt würde dabei die Bevölkerungszahl unverändert bleiben: Auch die nächste Generation hätte insgesamt 100.100 Mitglieder.

Allerdings würde nun das monatliche Gesamteinkommen der Bevölkerung auf 41.691.650 EUR schrumpfen. Nimmt man dagegen einen Produktivitätsfaktor durch technische Erneuerungen und andere Errungenschaften von 2,0 an, dann ergibt sich ein monatliches Gesamteinkommen der Bevölkerung von 83.383.300 EUR.

Auf Basis dieser Daten würde das monatliche Durchschnittseinkommen der Bevölkerung auf 833 EUR steigen. Als arm würden nun alle Menschen gelten, die weniger als 416,50 EUR im Monat verdienen. Dies wären 29.176 Personen bzw. fast 30 Prozent der Bevölkerung.

Oder anders ausgedrückt: Relative Armut breitet sich aus und die Gesellschaft wird zunehmend ungerechter.

Ähnliche Überlegungen ließen sich mit zahlreichen anderen Kennzahlen, zum Beispiel dem Intelligenzquotienten, anstellen.

Natürlich wird die Realität nicht ganz so einfach sein, schließlich können Menschen aus einer Schicht in eine andere wechseln (allerdings in beide Richtungen). Empirische Untersuchungen zeigen aber, dass dies keineswegs sehr häufig der Fall ist, auch aufgrund der in zahlreichen Ländern schon feststellbaren zunehmenden Gettoisierung der Armut.

Es wäre wünschenswert, wenn hierzu einmal eine stringentere mathematische Theorie entwickelt würde, die die langfristigen Wirkungen vermittelbarer simulieren kann. Denn bislang konzentrieren sich viele demographische Arbeiten fast ausschließlich auf das Problem der Kinderlosigkeit (Quantitätsproblem). Wie das obige Beispiel aber zeigt: Das Qualitätsproblem des Nachwuchses ist mindestens genauso gravierend, die langfristigen Wirkungen können nur noch als fatal bezeichnet werden. Denn schließlich eliminieren sich ja durch solche Entwicklungen auch alle bisherigen Errungenschaften des Wohlstandsstaates, oder mit den Worten von Meinhard Miegel und Stefanie Wahl: „Die Kultur des Westens zerstört sich selbst"[492].

---

[492] Miegel, Meinhard und Wahl, Stefanie: Das Ende des Individualismus – Die Kultur des Westens zerstört sich selbst, 3. Auflage, 2005

10 Literatur

[1] Aanderud, Catharina: "Schatz, wie war dein Tag auf dem Sofa?" Hausfrau – die unterschätzte Familien-Managerin, 2006

[2] Adrian, Hermann: Die demografische, wirtschaftliche und soziale Lage Deutschlands – Problemanalyse und Lösungswege, März 2005, http://www.uni-mainz.de/FB/Physik/AG_Adrian/adrian/cd/2-Lage.pdf

[3] Albrow, Martin: Abschied vom Nationalstaat, 1998

[4] Alexy U, Sichert-Hellert W, Kersting M: Fifteen-year time trends in energy and macronutrient intake in German children and adolescents: results of the DONALD study, Br J Nutr 2002;87:595-604

[5] Altvater, Elmar: Das Ende des Kapitalismus wie wir ihn kennen – Eine radikale Kapitalismuskritik, 3. Auflage, 2006

[6] Arbeitsgemeinschaft der Familienverbände (AGF): Offener Brief der AGF zum "Erziehungsgehalt", http://www.paritaet.org/vamv/agf.html

[7] Austen, Jane: Verstand und Gefühl (Sinn und Sinnlichkeit), 2000

[8] Bachmann, Dieter: Wer hat Angst vor Alice S.? Begegnung mit dem "Schreckgespenst" Alice Schwarzer, Weltwoche, 8.10.1975, http://www.aliceschwarzer.de/632092572792423.html

[9] Baier, Stephan: Kinderlos – Europa in der demographischen Falle, 2004

[10] Barbaresi WJ et. al.: Archives of Pediatrics and Adolescent Medicine, How Common is Attention-Deficit/Hyperactivity Disorder? Incidence in a Population-Based Birth Cohort in Rochester, Minn. Arch Pediatr Adolesc Med 2002 Mar;156(3):217-24

[11] Beck, Ulrich: Risikogesellschaft – Auf dem Weg in eine andere Moderne, 18. Auflage, 2006

[12] Beck, Ulrich: Was zur Wahl steht, 2. Auflage, 2005

[13] Becker, A. et al. (Hrsg.): Gene, Meme und Gehirne – Geist und Gesellschaft als Natur, 8. Auflage, 2006

[14] Becker, Gary S.: Die Bedeutung der Humanvermögensbildung in der Familie für die Zukunft von Wirtschaft und Gesellschaft; in: Leipert, Christian (Hrsg.): Demographie und Wohlstand – Neuer Stellenwert für Familie in Wirtschaft und Gesellschaft, 2003

[15] Beck-Gernsheim, Elisabeth: Die Kinderfrage – Frauen zwischen Kinderwunsch und Unabhängigkeit, 3. Auflage, 1997

[16] Beck-Gernsheim, Elisabeth: Was kommt nach der Familie? Einblicke in neue Lebensformen, 2. Auflage 2000

[17] Berlin-Institut für Bevölkerung und Entwicklung: Deutschland weltweit Schlusslicht bei Geburtenrate, http://www.berlin-institut.org/newsletter/Newsletter_20_20._Maerz_2006.html

[18] Bertelsmann Stiftung (Hrsg.): Demographie konkret – Handlungsansätze für die kommunale Praxis, 2005

[19]   Bertelsmann Stiftung (Hrsg.): Demographie konkret – Seniorenpolitik in den Kommunen, 2006

[20]   Bertelsmann Stiftung (Hrsg.): Wegweiser Demographischer Wandel 2020 – Analysen und Handlungskonzepte für Städte und Gemeinden, 2006

[21]   Bertram, Hans: Nachhaltige Familienpolitik und die Zukunft der Kinder, in: Bertram H, Krüger H, Spieß CK (Hrsg.): Wem gehört die Familie der Zukunft? Expertisen zum 7. Familienbericht der Bundesregierung, 2006

[22]   Bertram H, Krüger H, Spieß CK (Hrsg.): Wem gehört die Familie der Zukunft? Expertisen zum 7. Familienbericht der Bundesregierung, 2006

[23]   Bertram H, Rösler W, Ehlert N: Nachhaltige Familienpolitik – Zukunftssicherung durch einen Dreiklang von Zeitpolitik, finanzieller Transferpolitik und Infrastrukturpolitik, Gutachten für das Bundesministerium für Familie, Senioren, Frauen und Jugend, 2005

[24]   Betzig, Laury L.: Despotism and Differential Reproduction – A Darwinian View of History, 1986

[25]   BiB: The Demographic Future of Europe – Facts, Figures, Policies: Ergebnisse der Population Policy Acceptance Study (PPAS), http://www.bib-demographie.de/dialog_ppas_d.pdf

[26]   Biddulph, Steve: Wer erzieht Ihr Kind? Kinderbetreuung – eine wichtige Entscheidung, 2005

[27]   Biedenkopf, Kurt H.: Arbeit ist mehr als Erwerbsarbeit; in: Leipert, Christian (Hrsg.): Aufwertung der Erziehungsarbeit – Europäische Perspektiven einer Strukturreform der Familien- und Gesellschaftspolitik, 1999

[28]   Biedenkopf, Kurt H.: Die Ausbeutung der Enkel – Plädoyer für die Rückkehr zur Vernunft, 2006

[29]   Birg, Herwig (Hrsg.): Auswirkungen der demographischen Alterung und der Bevölkerungsschrumpfung auf Wirtschaft, Staat und Gesellschaft, 2005

[30]   Birg, Herwig: Auswirkungen und Kosten der Zuwanderung nach Deutschland, 2001, http://www.herwig-birg.de/downloads/dokumente/Gutachten-Muenchen.pdf

[31]   Birg, Herwig: Die ausgefallene Generation – Was die Demographie über unsere Zukunft sagt, 2005

[32]   Birg, Herwig: Die demographische Zeitenwende – Der Bevölkerungsrückgang in Deutschland und Europa, 4. Auflage, 2005

[33]   Birg, Herwig: Die Weltbevölkerung – Dynamik und Gefahren, 2. Auflage, 2004

[34]   Birg, Herwig: Strategische Optionen der Familien- und Migrationspolitik in Deutschland und Europa; in: Leipert, Christian (Hrsg.): Demographie und Wohlstand – Neuer Stellenwert für Familie in Wirtschaft und Gesellschaft, 2003

[35]   Birg H., Flöthmann EJ, Reiter I: Biographische Theorie der demographischen Reproduktion, 1991

[36]   Blackmore, Susan: Evolution und Meme – Das menschliche Gehirn als selektiver Imitationsapparat, in: Becker, A. et al. (Hrsg.): Gene, Meme und Gehirne – Geist und Gesellschaft als Natur, 8. Auflage, 2006

[37]   Boelling, Anemon Constanze: Generationengerechtigkeit im Grundgesetz? Eine Untersuchung des Grundgesetzes auf Gewährleistungen von intergenerationeller Ge-

rechtigkeit, in: Stiftung für die Rechte zukünftiger Generationen (Hrsg.): Handbuch Generationengerechtigkeit, 2003

[38] Bollmann, Ralph: Lob des Imperiums – Der Untergang Roms und die Zukunft des Westens, 2006

[39] Bolz, Norbert: Die Helden der Familie, 2006

[40] Borchert, Jürgen: Irrweg Familiengeld – "Wiesbadener Entwurf" einer familienpolitischen Strukturreform des Sozialstaats, http://www.heidelberger-familienbuero.de/erziehungsgehalt/Borchert-Kritik-Familiengeld.htm

[41] Borchert, Jürgen: Wie Juristen Flüsse bergauf fließen lassen – Zur Semantik in der Sozial- und Familienpolitik und ihre Folgen für das Recht; in: Birg, Herwig (Hrsg.): Auswirkungen der demographischen Alterung und der Bevölkerungsschrumpfung auf Wirtschaft, Staat und Gesellschaft, 2005

[42] Börsch-Supan A, Heiss F, Winter J: Akzeptanzprobleme bei Rentenreformen – Wie die Bevölkerung überzeugt werden kann, 2004

[43] Bosbach, Gerd: Demografische Entwicklung – kein Anlass zur Dramatik, 2004, http://www.memo.uni-bremen.de/docs/m0404.pdf

[44] Bouthoul, Gaston: Kindermord aus Staatsräson – Der Krieg als bevölkerungspolitischer Ausgleich, 1982

[45] Brandt, Michael: Wie alt ist die Menschheit? Demographie und Steinwerkzeuge mit überraschenden Befunden, 2006

[46] Brost, Hauke und Kroetz-Relin, Marie Theres: Wie Frauen ticken – Über 100 Fakten, die aus jedem Mann einen Frauenversteher machen, 2006

[47] Bruneau, Christine: Für einen neuen Feminismus; in: Leipert, Christian (Hrsg.): Demographie und Wohlstand – Neuer Stellenwert für Familie in Wirtschaft und Gesellschaft, 2003

[48] Büchner, Bernhard und Kaminski, Claudia (Hrsg.): Lebensschutz oder kollektiver Selbstbetrug? 10 Jahre Neuregelung des § 218, 2006

[49] Bundesministerium für Bildung und Forschung: Ganztagsschulen – Zeit für mehr, http://www.ganztagsschulen.org/

[50] Bundeszentrale für politische Bildung: Erwerbsbeteiligung von Frauen und Männern ab 50 Jahren, http://www.bpb.de/wissen/ID1JU4,0,Erwerbsbeteiligung_von_Frauen_und_M%E4nnern_ab_50_Jahren.html

[51] Bundeszentrale für politische Bildung: Integration und Arbeitsmarkt, http://www.bpb.de/themen/544H4S,2,0,Integration_und_Arbeitsmarkt.html

[52] Burkhart, Günter: Die Entscheidung zur Elternschaft, 2000

[53] Burkhart, Günter: Kultur des Zweifels, ZEIT online, 08. Juni 2006, http://www.zeit.de/online/2006/25/demografie-burkart

[54] Butterwegge, Christoph und Klundt, Michael (Hrsg.): Kinderarmut und Generationengerechtigkeit – Familien- und Sozialpolitik im demografischen Wandel, 2. Auflage, 2003

[55] Carl, Christine: Leben ohne Kinder – Wenn Frauen keine Mütter sein wollen, 2002

[56]   CESifo: Auswirkungen familienpolitischer Instrumente auf Fertilität: Internationaler Vergleich für ausgewählte Länder, http://www.cesifo-group.de/link/_proj/proj-sam-fam-pol-instru.htm

[57]   Clar G, Doré J, Mohr H (Hrsg.): Humankapital und Wissen – Grundlagen einer nachhaltigen Entwicklung, 1997

[58]   Connolly V, Unwin N, Sherriff P, Bilous R, Kelly W.: Diabetes prevalence and socioeconomic status: a population based study showing increased prevalence of type 2 diabetes mellitus in deprived areas, J Epidemiol Community Health. 2000 Mar;54(3):173-7

[59]   Cornelißen, Waltraud (Hrsg.): Gender-Datenreport – 1. Datenreport zur Gleichstellung von Frauen und Männern in der Bundesrepublik Deutschland, 2005

[60]   Dawkins, Richard: Das egoistische Gen, 2007

[61]   D'Eaubonne, Francoise: Feminismus oder Tod, 1975

[62]   De Beauvoir, Simone: Das andere Geschlecht – Sitte und Sexus der Frau, 6. Auflage, 2006

[63]   Der SPIEGEL: Britische Studie – Deutsche sollen intelligenteste Europäer sein, 27.03.2006, http://www.spiegel.de/wissenschaft/mensch/0,1518,408084,00.html

[64]   Der SPIEGEL: Intelligenz – "Frühstücken macht klug", 03.04.2006, 14/2006, Seite 163

[65]   Der SPIEGEL special: Jung im Kopf – Die Chancen der alternden Gesellschaft, Nr. 8/2006

[66]   Der SPIEGEL: TV-Programm – Kinderfreie Zone, 15.04.2006, 16/2006, Seite 102

[67]   Deutscher Juristinenbund: Huntergrundpapier zur aktuellen Diskussion über eine Reform der Besteuerung von Ehe und Familie, http://www.djb.de/Kommissionen/kommission-recht-der-sozialen-sicherung-familienlastenausgleich/St-06-15-Famiiensplitting/

[68]   Diamond, Jared: Der dritte Schimpanse – Evolution und Zukunft des Menschen, 2006

[69]   Diamond, Jared: Kollaps – Warum Gesellschaften überleben oder untergehen, 7. Auflage, 2006

[70]   Dierks, Marianne: Karriere! – Kinder, Küche? Zur Reproduktionsarbeit in Familien mit qualifizierten berufsorientierten Müttern, 2005

[71]   Dießenbacher, Hartmut: Kriege der Zukunft – Die Bevölkerungsexplosion gefährdet den Frieden, 1998

[72]   DIE ZEIT: Wissen – Demografie, http://www.zeit.de/demografie

[73]   Di Fabio, Udo: Die Kultur der Freiheit – Der Westen gerät in Gefahr, weil eine falsche Idee der Freiheit die Alltagsvernunft zerstört, 2005

[74]   Dinklage, Meike: Der Zeugungsstreik – Warum die Kinderfrage Männersache ist, 2005

[75]   Dorn, Thea: Die neue F-Klasse – Wie die Zukunft von Frauen gemacht wird, 2006

[76]   Dubois, Lise: Diet in childhood – A social and behavioural perspective, http://www.stat.gouv.qc.ca/publications/sante/pdf_colloques/ISSBD_2002_Ottawa/ISSBD_3-08-02/ISSBD02_QLSCD_LDubois_et-al.pdf

[77]   Durkheim, Emile: Über soziale Arbeitsteilung – Studie über die Organisation höherer Gesellschaften, 4. Auflage, 2004

[78]   Duschek, Klaus-Jürgen und Wirth, Heike: Kinderlosigkeit von Frauen im Spiegel des Mikrozensus – Eine Kohortenanalyse der Mikrozensen 1987 bis 2003, 8/2005, http://www.destatis.de/download/d/wista/kinderlosigkeit.pdf

[79]   E+Z: In den meisten Ländern altert die Bevölkerung, http://www.inwent.org/E+Z/content/archiv-ger/06-2005/schwer_art1.html

[80]   Ebert, Thomas: Beutet der Sozialstaat die Familien aus? Darstellung und Kritik einer politisch einflussreichen Ideologie, in: Butterwegge, Christoph und Klundt, Michael (Hrsg.): Kinderarmut und Generationengerechtigkeit – Familien- und Sozialpolitik im demografischen Wandel, 2. Auflage, 2003

[81]   Ekardt, Felix: Das Prinzip Nachhaltigkeit – Generationengerechtigkeit und globale Gerechtigkeit, 2005

[82]   Ehlers, Kai: Grundeinkommen für alle – Sprungbrett in eine integrierte Gesellschaft, 2006

[83]   Ehmer, Josef: Bevölkerungsgeschichte und historische Demographie 1800-2000, 2004

[84]   Ehrenberg, Birgit: Die Mami-Falle – Das etwas andere Handbuch für glückliche Mütter, 2006

[85]   Eibl-Eibesfeldt, Irenäus: Die Biologie des menschlichen Verhaltens – Grundriss der Humanethologie, 5. Auflage, 2004

[86]   Eisler, Rudolf: Wörterbuch – Reproduktion, http://www.textlog.de/5016.html

[87]   Eltern im Netz: Minderjährige Mütter, http://www.elternimnetz.de/cms/paracms.php?site_id=5&page_id=124

[88]   Elterngeld.net: Alle Infos zum Elterngeld 2007, http://www.elterngeld.net/

[89]   Engelhardt, Henriette und Prskawetz, Alexia: Beruf und Familie immer noch schwer zu vereinbaren – Europäische Länder unterstützen Frauen unterschiedlich, Demografische Forschung, 2005, Jahrgang 2, Nr. 3, http://www.demografische-forschung.org/archiv/defo0503.pdf

[90]   Erke, Burkhard, Grundlagen der modernen Makroökonomik – Bestimmungsgründe gesamtwirtschaftlicher Größen, 2001

[91]   Falk Armin: The Intergenerational Transmission of Risk and Trust Attitudes, 2006, http://ftp.iza.org/dp2380.pdf

[92]   Fasshauer, Stephan: Die Folgen des demographischen Wandels für die gesetzliche Rentenversicherung; in: Kerschbaumer J, Schroeder W (Hrsg.): Sozialstaat und demographischer Wandel – Herausforderungen für Arbeitsmarkt und Sozialversicherung, 2005

[93]   FAZ.NET: Kinderwünsche, http://www.faz.net/s/Rub5A6DAB001EA2420BAC082C25414D2760/Doc~E12BB1928E4 3F437D95A112F10E4B3B8D~ATpl~Ecommon~Scontent.html

[94]   FAZ.NET: Nur das Patriarchat kann die Menschheit retten, 03.04.2006, http://www.faz.net/s/RubCF3AEB154CE64960822FA5429A182360/Doc~E2C2975B76F A04296A771F847ADC0D9EA~ATpl~Ecommon~Scontent.html

[95]   FAZ.NET: Unsere Regierung ist hirntot – Interview mit Thomas L. Friedman, 08.09.2006, http://www.faz.net/s/Rub117C535CDF414415BB243B181B8B60AE/Doc~E1F8B5CA31 D49467E89C3E4FB9BA9E952~ATpl~Ecommon~Scontent.html

[96]　Fellner, Uschi: Wir Rabenmütter – Kinder und Beruf. Wie viele Frauen es doch schaffen, 1994

[97]　Friedman, Thomas L.: Die Welt ist flach – Eine kurze Geschichte des 21. Jahrhunderts, 2006

[98]　Friesen, Astrid von: Schuld sind immer die anderen! Die Nachwehen des Feminismus: frustrierte Frauen und schweigende Männer, 2006

[99]　Gaschke, Susanne: Die Emanzipationsfalle – Erfolgreich, einsam, kinderlos, 2005

[100]　Gaschke, Susanne: Die Erziehungskatastrophe – Kinder brauchen starke Eltern, 2003

[101]　Gaschke, Susanne: Es ist die Wirtschaft, meine Damen. DIE ZEIT, 47, Nr. 38, 14. September 2006, Seite 3

[102]　Gaschke, Susanne: "Fragt die Frauen!" – Ein aktuelles Gutachten empfiehlt der Regierung, alles dafür zu tun, dass es in Deutschland mehr Kinder gibt, DIE ZEIT, 46, Nr. 19, 04. Mai 2005, http://www.zeit.de/2005/19/FamilienPolitik

[103]　Gaschke, Susanne: Ihr Verlierer! – Die Männer sind in Not: In der Schule, auf dem Arbeitsmarkt und im Familienleben. Eine Schadensbilanz, DIE ZEIT, 47, Nr. 25, 16. Juni 2006, http://www.zeit.de/2006/25/Maenner_Verlierer

[104]　Gaschke, Susanne: Wenn Männer dröhnen – Die Propaganda für Fortpflanzung könnte die letzen Reste von Familienbegeisterung zerstören, DIE ZEIT, 47, Nr. 13, 23. März 2006, Seite 1

[105]　Gerhardt U, Hradil S, Lucke D, Nauck B (Hrsg.): Familie der Zukunft – Lebensbedingungen und Lebensformen, 1995

[106]　Gerlach, Irene: Familienpolitik, 2004

[107]　Gerlinger, Johannes: Die Demographische Alterung in Deutschland und die Folgen für Wirtschaft und Gesellschaft, http://www.joejoe.de/examen/Die_demographische_Alterung_in_Deutschland.pdf

[108]　Gerster, Petra und Nürnberger, Christian: Der Erziehungsnotstand – Wie wir die Zukunft unserer Kinder retten, 2. Auflage, 2004

[109]　Gerster, Petra und Nürnberger, Christian: Stark für das Leben – Wege aus dem Erziehungsnotstand, 2004

[110]　Gilbert, Daniel: Ins Glück stolpern – Über die Unvorhersehbarkeit dessen, was wir uns am meisten wünschen, 2006

[111]　Global Marshall Plan Initiative (Hrsg.): Welt in Balance – Zukunftschance Ökosoziale Marktwirtschaft, 2004

[112]　GMX: Amerikaner geht mit 100 in den Ruhestand – Keinen Tag krank gewesen, http://www.gmx.net/de/themen/beruf/karriere/business/2094728.html

[113]　Göbel, Hartmut: Die zehn Hauptregeln für Migränepatienten – damit es funktioniert, http://www.migraene-schule.de/html/hauptregeln.html

[114]　Göbel, Hartmut: Experten, http://www.atkins-risiko.de/experten.html

[115]　Graf, Daniela und Zaun, Fritz (Hrsg.): Zur Rolle des Staates im Spannungsfeld zwischen Nationalstaat und Globalisierung, 2003

[116]　Groll, Franz: Wie das Kapital die Wirtschaft ruiniert – Der Weg zu einer ökologisch-sozialen Gesellschaft, 2. Auflage, 2004

[117] Grunwald, Armin und Kopfmüller, Jürgen: Nachhaltigkeit, 2006

[118] Hakim, Catherine: Work-Lifestyle Choices in the 21st Century – Preference Theory, 2005

[119] Harford, Tim: Ökonomics – Warum die Reichen reich sind und die Armen arm und Sie nie einen günstigen Gebrauchtwagen bekommen, 2006

[120] Heinsohn, Gunnar: Söhne und Weltmacht – Terror im Aufstieg und Fall der Nationen, 3. Auflage, 2006

[121] Heinsohn, Gunnar und Steiger, Otto: Eigentum, Zins und Geld – Ungelöste Rätsel der Wirtschaftswissenschaft, 3. Auflage, 2004

[122] Henke, Winfried und Rothe, Hartmut: Menschwerdung, 2003

[123] Henn, Wolfram: Warum Frauen nicht schwach, Schwarze nicht dumm und Behinderte nicht arm dran sind – Der Mythos von den guten Genen, 2. Auflage, 2004

[124] Herman, Eva: Das Eva-Prinzip – Für eine neue Weiblichkeit, 2006

[125] Herman, Eva: Die Emanzipation – ein Irrtum? Mai 2006, http://www.cicero.de/97.php?ress_id=7&item=1111

[126] Hettlage, Robert: Familienreport – Eine Lebensform im Umbruch, 2. Auflage, 1998

[127] Hill, Paul B. und Kopp, Johannes: Familiensoziologie – Grundlagen und theoretische Perspektiven, 3. überarb. Auflage, 2004

[128] Hoem, Jan M.: Warum bekommen die Schweden mehr Kinder als die Deutschen? http://www.zdwa.de/zdwa/debatten/20060127_23051974_debatte.php

[129] Höffe, Otfried: Demokratie im Zeitalter der Globalisierung, 2002

[130] Höhler, Getrud: Jenseits der Gier – Vom Luxus des Teilens, 2. Auflage, 2005

[131] Höhler, Gertrud: Vorwort, in: Ludwig C., Mannes A. (Hrsg.): Mit der Spaßgesellschaft in den Bildungsnotstand – 17 streitbare Beiträge für einen Aufbruch aus der Bildungsmisere, 2. Auflage, 2004

[132] Holland-Cunz, Barbara: Die alte neue Frauenfrage, 8. Auflage, 2006

[133] Hopcroft, Rosemary L.: Sex, status, and reproductive success in the contempory United States, Evolution and Human Behaviour, 27 (2006), 104-120

[134] Horx, Matthias: "Das 21. Jahrhundert ist das Jahrhundert der Frauen.", 2/2004, http://www.frauen-aktiv.de/aktiv/24/seite7.php

[135] Houellebecq, Michel: Elementarteilchen, 2001

[136] Hradil, Stefan: Auf dem Wege zur "Single-Gesellschaft", in: Gerhardt U, Hradil S, Lucke D, Nauck B (Hrsg.): Familie der Zukunft – Lebensbedingungen und Lebensformen, 1995

[137] Hüther, Michael: Bevölkerungsorientierte Familienpolitik – Wachstumspolitische Vorsorge, in: Zimmermann, Klaus F. (Hrsg.): Deutschland – was nun? Reformen für Wirtschaft und Gesellschaft, 2006

[138] Hutter, Claus-Peter und Troge, Andreas (Hrsg.): Bevölkerungsrückgang – Konsequenzen für Flächennutzung und Umwelt, 2004

[139] INET Gerichte: Düsseldorfer Tabelle, http://www.olg-duesseldorf.nrw.de/service/ddorftab/intro.htm

[140] Innovationsreport: 2005: Weniger Eheschließungen und Geburten, mehr Sterbefälle, http://www.innovations-report.de/html/berichte/statistiken/bericht-69059.html

[141] Jäckel, Karin: Deutschland frisst seine Kinder – Familie heute: Ausgebeutet – ausge-brannt, 2000

[142] Jaenicke, Ruprecht: Bevölkerungsentwicklung: A-H-O-V-X, http://www.faz.net/s/RubFC06D389EE76479E9E76425072B196C3/Doc%7EE6E52DF4 987844F3EB129FBEF49DB7D6A%7EATpl%7EEcommon%7EScontent.html

[143] Joffe, Josef: Kinderschwund – na und? Deutschland ist überbevölkert, DIE ZEIT, 47, Nr. 13, 23. März 2006, Seite 55

[144] Jung, Irene: Wo bleiben die Kinder? Hamburger Abendblatt, 19.02.2005, http://www.abendblatt.de/daten/2005/02/19/400565.html

[145] Junge, Matthias: Individualisierung, 2002

[146] Junker, Thomas: Die Evolution des Menschen, 2006

[147] Junker, Thomas und Hoßfeld, Uwe: Die Entdeckung der Evolution – Eine revolutionäre Theorie und ihre Geschichte, 2001

[148] Kanazawa, Satoshi: Can evolutionary psychology explain reproductive behavior in the contempory United States? Sociological Quaterly, 44 (2003), 291-301

[149] Kanter, Olaf: Frauen und Kinder zuerst!, http://www.mare.de/mare/hefte/beitrag-buend.php?id=760&&heftnummer=41

[150] Karsch, Margret: Feminismus für Eilige, 2004

[151] Kasemir, Helga: Der Beitrag der Familie zur Bildung von Human- und Sozialkapital, in: Clar G, Doré J, Mohr H (Hrsg.): Humankapital und Wissen – Grundlagen einer nachhal-tigen Entwicklung, 1997

[152] Kaufmann, Franz-Xaver: Schrumpfende Gesellschaft – Vom Bevölkerungsrückgang und seinen Folgen, 2005

[153] Kaufmann, Franz-Xaver: Sozialpolitik und Sozialstaat: Soziologische Analysen, 2. erw. Auflage, 2005

[154] Kaufmann, Franz-Xaver: Sozialpolitisches Denken, 2003

[155] Kaufmann, Franz-Xaver: Varianten des Wohlfahrtsstaats – Der deutsche Sozialstaat im internationalen Vergleich, 4. Auflage, 2003

[156] Kaufmann, Franz-Xaver: Wie überlebt das Christentum? 2. Auflage, 2000

[157] Kaufmann, Franz-Xaver: Zukunft der Familie – Stabilität, Stabilitätsrisiken und Wandel der familialen Lebensformen sowie ihre gesellschaftlichen und politischen Bedingungen, 1990

[158] Kernig, Claus D.: Und mehret euch? Deutschland und die Weltbevölkerung im 21. Jahrhundert, 2006

[159] Kerschbaumer J, Schroeder W: Demographischer Wandel ist gestaltbar; in: Kerschbau-mer J, Schroeder W (Hrsg.): Sozialstaat und demographischer Wandel – Herausforde-rungen für Arbeitsmarkt und Sozialversicherung, 2005

[160] Kerschbaumer J, Schroeder W (Hrsg.): Sozialstaat und demographischer Wandel – Herausforderungen für Arbeitsmarkt und Sozialversicherung, 2005

[161] Kirchhof, Paul: Das Gesetz der Hydra – Gebt den Bürgern ihren Staat zurück!, 2006

[162] Kirchhof, Paul: Der Staat – eine Erneuerungsaufgabe, 2005

[163] Kirchhof, Paul: Der Weg zu einem neuen Steuerrecht – klar, verständlich, gerecht, 2. Auflage, 2005

[164] Kistler, Ernst: Demographischer Wandel und Arbeitsmarkt; in: Kerschbaumer J, Schroeder W (Hrsg.): Sozialstaat und demographischer Wandel – Herausforderungen für Arbeitsmarkt und Sozialversicherung, 2005

[165] Kistler, Ernst: Die Methusalem-Lüge – Wie mit demographischen Mythen Politik gemacht wird, 2006

[166] Kittlaus, Bernd: Die Single-Lüge – Eine Kritik der Argumentationsmuster im Zeitalter der Demografiepolitik, 2006

[167] Klein, Thomas: Sozialstrukturanalyse – Eine Einführung, 2005

[168] Klonovsky, Michael und Scherer, Martin: Die Hermansschlacht, FOCUS, Nr. 37, 11. September 2006

[169] Knaul, Eckart: Das biologische Massenwirkungsgesetz – Ursache von Aufstieg und Untergang der Kulturen, 1985

[170] Knaul, Eckart: Rom – Weltmacht biologisch gesteuert, 1977

[171] Koch, Klaus: Ernährungsempfehlungen ohne Gewähr, http://www.evibase.de/texte/rahmen_text.htm?/texte/sz/texte/ernaehrungsempfehlungen _ohne.htm

[172] Kofler, Birgit: Kinderlos, na und? Kein Baby an Bord, 2006

[173] Kopp, Johannes: Geburtenentwicklung und Fertilitätsverhalten – Theoretische Modellierungen und empirische Erklärungsansätze, 2002

[174] Koslowski, Rey: Migrants and Citizens – Demographic Change in the European State System, 2000

[175] Kösters, Winfried: Weniger, bunter, älter, 2006

[176] Kreissl, Reinhard: Die ewige Zweite – Warum die Macht den Frauen immer eine Nasenlänge voraus ist, 2000

[177] Kricheldorf, Beate: Verantwortung – Nein danke! Weibliche Opferhaltung als Strategie und Taktik, 3. Auflage 2006

[178] Kröhnert Steffen und Klingholz, Reiner: Emanzipation oder Kindergeld? Der europäische Vergleich lehrt, was man für höhere Geburtenraten tun kann, http://www.berlin-institut.org/pdfs/Emanzipation%20oder%20Kindergeld_1512.pdf

[179] Kröhnert S, Medicus F, Klingholz R: Die demographische Lage der Nation – Wie zukunftsfähig sind Deutschlands Regionen, 2006

[180] Kröhnert S, van Olst N, Klingholz R: Emanzipation oder Kindergeld – Wie sich die unterschiedlichen Kinderzahlen in den Ländern Europas erklären, http://www.berlin-institut.org/pdfs/emanzipation_oder_kindergeld.pdf

[181] Kroetz-Relin, Marie Theres: If pigs could fly – Die Hausfrauenrevolution, 2004

[182] Lakoff, George: Don't think of an elephant! Know your values and frame the debate, 2004

[183] Lambeck, Silke und Zylka, Regine: Das große Jein – Zwanzig Frauen reden über die Kinderfrage, 2006

[184] land-ohne-kinder.de: Für viele sind Kinder eher eine Last als eine Bereicherung, http://www.land-ohne-kinder.de/index.php?molgo=kinderlast

[185] land-ohne-kinder.de: USA: Ein Sechstel der Wirtschaftskraft für die Gesundheit, http://www.land-ohne-kinder.de/index.php?molgo=usagesund

[186] Landesamt für Datenverarbeitung und Statistik Nordrhein-Westfalen: NRW – Der Lehrerberuf wird weiblicher, http://www.lds.nrw.de/presse/pressemitteilungen/2003/pres_129_03.html

[187] Lange, Stefan und Braun, Dietmar: Politische Steuerung zwischen System und Akteur, 2000

[188] Lederer, Iris: Mama ist im Meeting, 2005

[189] Leibfried, Stephan und Zürn, Michael (Hrsg.): Transformation des Staates? 2006

[190] Leipert, Christian (Hrsg.): Aufwertung der Erziehungsarbeit – Europäische Perspektiven einer Strukturreform der Familien- und Gesellschaftspolitik, 1999

[191] Leipert, Christian (Hrsg.): Demographie und Wohlstand – Neuer Stellenwert für Familie in Wirtschaft und Gesellschaft, 2003

[192] Leipert, Christian (Hrsg.): Familie als Beruf: Arbeitsfeld der Zukunft, 2001

[193] Leipert, Christian und Opielka, Michael: Erziehungsgehalt 2000 – Ein Weg zur Aufwertung der Erziehungsarbeit, 1998

[194] Leisinger, Klaus M.: Die sechste Milliarde, 2. Auflage, 1999

[195] Leisinger, Klaus M.: Hoffnung als Prinzip – Bevölkerungspolitik mit menschlichem Antlitz, 1994

[196] Lexas Information Network: Medianalter, http://www.lexas.net/laenderinfos/daten/bevoelkerung/medianalter.asp

[197] Liminski, Martine und Liminski, Jürgen: Abenteuer Familie – Erfolgreich erziehen: Liebe und was sonst noch nötig ist, 2002

[198] Löffler, Georg und Petrides, Petro E.: Biochemie und Pathobiochemie, 7. Auflage, 2003

[199] Löhr, Mechthild: Argumente zur Familienförderung aus Unternehmenssicht; in: Leipert, Christian (Hrsg.): Demographie und Wohlstand – Neuer Stellenwert für Familie in Wirtschaft und Gesellschaft, 2003

[200] Longman, Phillip: The Empty Cradle – How Falling Birthrates Threaten World Prosperity and What to Do about It, 2004

[201] Löwenstein, Stephan: Demographie: "Im Jahr 2015 Schock in Ostdeutschland", http://www.faz.net/s/Rub594835B672714A1DB1A121534F010EE1/Doc~E0E9BE8C889 9644539A7F8F7829C5D197~ATpl~Ecommon~Sspezial.html

[202] Ludwig C., Mannes A. (Hrsg.): Mit der Spaßgesellschaft in den Bildungsnotstand – 17 streitbare Beiträge für einen Aufbruch aus der Bildungsmisere, 2. Auflage, 2004

[203] Luks, Fred: Nachhaltigkeit, 2002

[204] Lüth, Erik und Raffelhüschen, Bernd: Die Finanzierung des Erziehungsgehalts 2000 – eine langfristige Herausforderung; in: Leipert, Christian (Hrsg.): Aufwertung der Erziehungsarbeit – Europäische Perspektiven einer Strukturreform der Familien- und Gesellschaftspolitik, 1999

[205] Lutz W, Skirbekk V, Testa MR: The Low Fertility Trap Hypothesis – Three mechanisms that can produce a downward spiral in the future number of births in very low fertility settings, http://www.oeaw.ac.at/vid/download/pce/dec01/pm/Low_Fertility_Trap_01_12.pdf

[206] Lutz-Bachmann, Matthias und Bohman, James (Hrsg.): Weltstaat oder Staatenwelt? Für und wider die Idee einer Weltrepublik, 2002

[207] Lux-Wesener, Christina: Generationengerechtigkeit im Grundgesetz? Eine Untersuchung des Grundgesetzes auf Gewährleistungen von intergenerationeller Gerechtigkeit, in: Stiftung für die Rechte zukünftiger Generationen (Hrsg.): Handbuch Generationengerechtigkeit, 2003

[208] Maaz, Hans-Joachim: Der Lilith Komplex – Die dunklen Seiten der Mütterlichkeit, 3. Auflage, 2006

[209] Mankiw, N. Gregory: Grundzüge der Volkswirtschaftslehre, 3. Auflage, 2004

[210] Mannes, Astrid Luise: Nach PISA ist vor PISA – die ehrliche Fehlersuche blieb aus, in: Ludwig C., Mannes A. (Hrsg.): Mit der Spaßgesellschaft in den Bildungsnotstand – 17 streitbare Beiträge für einen Aufbruch aus der Bildungsmisere, 2. Auflage, 2004

[211] Martin, Marty: Die Demontage der modernen Frau, 2006

[212] Matussek, Matthias: Die vaterlose Gesellschaft – Eine Polemik gegen die Abschaffung der Familie, 2006

[213] Mayer, Susanne: Deutschland armes Kinderland – Wie die Ego-Gesellschaft unsere Zukunft verspielt, 2002

[214] Mayer, Susanne: Strafsteuer für Kinderlose? Angela Merkel hat Recht: Familien müssen entlastet werden, DIE ZEIT, 44, Nr. 15, 03. April 2003

[215] Mayer, Tilman: Die demographische Krise – Eine integrative Theorie der Bevölkerungsentwicklung, 1999

[216] Mayr, Ernst: Das ist Evolution, 2. Auflage, 2005

[217] Meinhardt, Volker: Finanzierungsstrategien zur strukturellen Besserstellung der Familien; in: Leipert, Christian (Hrsg.): Aufwertung der Erziehungsarbeit – Europäische Perspektiven einer Strukturreform der Familien- und Gesellschaftspolitik, 1999

[218] MensHealth: Es kommt also doch auf die Größe an – Ein großes Gehirnvolumen weist auf gute sprachliche Fähigkeiten hin, 2005, http://www.menshealth.de/news/health/intelligenz_hirngroesse_bestimmt_sprachliche_kompetenz.43731.htm

[219] MerckMedicus Modules: Migraine – Epidemiology, http://www.merckmedicus.com/pp/us/hcp/diseasemodules/migraine/epidemiology.jsp

[220] Mersch, Peter: Land ohne Kinder – Wege aus der demographischen Krise, 2006

[221] Mersch, Peter: Migräne – Heilung ist möglich, 2006

[222] Metzger, Oswald: Einspruch! Wider den organisierten Staatsbankrott, 2004

[223] Meyer, Heinz: Emanzipation von der Männlichkeit – Genetische Dispositionen und gesellschaftliche Stilisierungen der Geschlechtsstereotype, 1993

[224] Miegel, Meinhard: Die deformierte Gesellschaft – Wie die Deutschen ihre Wirklichkeit verdrängen, 5. Auflage, 2006

[225] Miegel, Meinhard: Epochenwende – Gewinnt der Westen die Zukunft? 5. Auflage, 2006

[226]   Miegel, Meinhard und Wahl, Stefanie: Das Ende des Individualismus – Die Kultur des Westens zerstört sich selbst, 3. Auflage, 2005

[227]   Mikutta, Petra: Die bessere Hälfte schenk ich mir – Single aus Leidenschaft, 2000

[228]   Mitscherlich, Margarete: Die Zukunft ist weiblich. 2. Auflage, 1990

[229]   Mohr, Hans: Die Bedeutung des demographischen Wandels, in: Clar G, Doré J, Mohr H (Hrsg.): Humankapital und Wissen – Grundlagen einer nachhaltigen Entwicklung, 1997

[230]   Mohr, Hans: Die Bedeutung des Sozialkapitals, in: Clar G, Doré J, Mohr H (Hrsg.): Humankapital und Wissen – Grundlagen einer nachhaltigen Entwicklung, 1997

[231]   Morris AAM: Cerebral ketone body metabolism, Journal of Inherited Metabolic Disease, Volume 28, Issue 2, Apr 2005, Pages 109 – 121

[232]   Morris, Craig: Zukunftsenergien – Die Wende zum nachhaltigen Energiesystem, 2006

[233]   Mulack, Christa: Der Mutterschaftsbetrug – Vom UnWert zum MehrWert des Mutterseins, 2006

[234]   Müller, Albrecht: Die Reformlüge – 40 Denkfehler, Mythen und Legenden, mit denen Politik und Wirtschaft Deutschland ruinieren, 2005

[235]   Müller, Reinhard: Leitartikel – Unterhalt, FAZ, 04.09.2006, http://www.faz.net/s/Rub7FC5BF30C45B402F96E964EF8CE790E1/Doc~E43EE0F5F9A FC419DA92DBC1D2C17590D~ATpl~Ecommon~Scontent.html

[236]   Müller-Beck, Hansjürgen: Die Steinzeit – Der Weg der Menschen in die Geschichte, 3. Auflage, 2004

[237]   Müller-Kirschbaum, Thomas: Wirtschaftliche Zukunft braucht Familien; in: Leipert, Christian (Hrsg.): Demographie und Wohlstand – Neuer Stellenwert für Familie in Wirtschaft und Gesellschaft, 2003

[238]   Nave-Herz, Rosemarie: Ehe- und Familiensoziologie – Eine Einführung in Geschichte, theoretische Ansätze und empirische Befunde, 2004

[239]   Nave-Herz, Rosemarie: Familie heute – Wandel der Familienstrukturen und Folgen für die Erziehung, 2. Auflage, 2002

[240]   Neirynck, Jacques: Der göttliche Ingenieur – Die Evolution der Technik, 6. Auflage, 2006

[241]   Netzzeitung.de: Viele Deutsche beklagen "Überfremdung", 13.07.2005, http://www.netzeitung.de/deutschland/348393.html

[242]   Neufeld, Gordon und Maté, Gabor: Unsere Kinder brauchen uns! Die entscheidende Bedeutung der Kind-Eltern-Bindung, 2006

[243]   n-tv: Immer weniger Kinder – Rückgang beschleunigt sich, 15.03.2006, http://www.n-tv:de/644879.html

[244]   Odierna, Simone: Die heimliche Rückkehr der Dienstmädchen – Bezahlte Arbeit im prvaten Haushalt, 2000

[245]   OECD: Wie funktioniert das Gehirn? Auf dem Weg zu einer neuen Lernwissenschaft, 2005

[246]   OECD PISA: Schülerleistungen im internationalen Vergleich, 2001, http://unimut.fsk.uni-heidelberg.de/unimut/media/2001-pisa.pdf

[247]   Opdenhövel, Patrick: Die demografische Herausforderung für Politik und Wirtschaft in Hessen – Daten, Fakten, Handlungsoptionen; in: Vereinigung der hessischen Unter-

nehmerverbände e.V. (Hrsg). Zukunft Hessen, Zukunft Deutschland – Chancen der demografischen Herausforderung. 2005

[248] Opel, Anna: Guten Morgen, du Müde – Berufstätige Mütter erzählen, 2005

[249] Opielka, Michael: Die Idee einer Grundeinkommensversicherung – Analytische und politische Erträge eines erweiterten Konzepts der Bürgerversicherung, in: Strengmann-Kuhn, Wolfgang (Hrsg.): Das Prinzip Bürgerversicherung – Die Zukunft im Sozialstaat, 2005

[250] Opielka, Michael: Familienpolitik und Lebenslauf; in: Rehberg, Karl-Siegbert (Hrsg.): Differenz und Integration: Die Zukunft moderner Gesellschaften, 1997

[251] Opielka, Michael: Zur Debatte um ein Erziehungsgehalt in Deutschland; in: Leipert, Christian (Hrsg.): Aufwertung der Erziehungsarbeit – Europäische Perspektiven einer Strukturreform der Familien- und Gesellschaftspolitik, 1999

[252] Otto, Jeannette: Aufgepasst! – Warum auch Erzieherinnen eine akademische Ausbildung brauchen. DIE ZEIT, 47, Nr. 28, 06. Juli 2006, Seite 71, http://www.zeit.de/2006/28/C-Erzieherinnen

[253] Peuckert, Rüdiger: Familienformen im sozialen Wandel, 6. Auflage, 2005

[254] Pfeil, Elisabeth: Die Berufstätigkeit von Müttern, 1961

[255] PHPAB: ADHD – Attention Deficit Hyperactivity Disorder, http://phpab.org/ADHDReport/ADHDReport.htm

[256] Pütz, Josef und Riegert, Carsten: Der Aufstand der Familien – Eltern und Kinder kämpfen um ihre Zukunft, 2002

[257] Querdenken: Vorwerk macht wütend – Familienmanagerin voll daneben, 10.03.2006, http://querdenken.twoday.net/stories/1678580/

[258] Radermacher, Franz J.: Balance oder Zerstörung – Ökosoziale Marktwirtschaft als Schlüssel zu einer weltweiten nachhaltigen Entwicklung, 2002

[259] Radermacher, Franz J.: Global Marshall Plan – A Planetary Contract. For a worldwide Eco-Social Market Economy, 2004

[260] Radermacher, Franz J.: Globalisierung gestalten – Die neue zentrale Aufgabe der Politik, 2006

[261] Rehder, Stefan und Blasel, Veronika: Jedes vierte gezeugte Kind wird abgetrieben; in: Büchner, Bernhard und Kaminski, Claudia (Hrsg.): Lebensschutz oder kollektiver Selbstbetrug? 10 Jahre Neuregelung des § 218, 2006

[262] Remy, Volker: Die Imagefalle – Identitätsmarketing für Städte und Regionen im Zeichen der soziodemografischen Zeitenwende, 2006

[263] Ridley, Matt: Eros und Evolution – Die Naturgeschichte der Sexualität, 1995

[264] Rifkin, Jeremy: Der europäische Traum – Die Vision einer leisen Supermacht, 2006

[265] Rifkin, Jeremy: Die H2-Revolution – Mit neuer Energie für eine gerechte Weltwirtschaft, 2005

[266] Rifkin, Jeremy: Entropie – Ein neues Weltbild, 1985

[267] Röbbel, Nathalie: Familie in Italien an der Schwelle zum 21. Jahrhundert – Familie zwischen sozialem Konstrukt, kulturellem Muster und kontingenter Wirklichkeit, 2006

[268]   Robert Bosch Stiftung: Demographie als Chance. Demographische Entwicklung und Bildungssystem – finanzielle Spielräume und Reformbedarf, 2006

[269]   Robert Bosch Stiftung: Unternehmen Familie, 2006

[270]   Roloff, Juliane: Demographischer Faktor, 2003

[271]   Rowland AS, Umbach DM, Catoe KE, Stallone L, Long S, Rabiner D, Naftel AJ, Panke D, Faulk R, Sandler DP: Studying the Epidemiology of Attention-Deficit Hyperactivity Disor-der: Screening Method and Pilot Results. Can J Psychiatry 2001 Dec;46(10):931-40

[272]   Rutschky, Katharina: Emma und ihre Schwestern – Ausflüge in den real existierenden Feminismus, 1999

[273]   Rux, Johannes: Der ökologische Rat – Ein Vorschlag zur Änderung des Grundgesetzes, in: Stiftung für die Rechte zukünftiger Generationen (Hrsg.): Handbuch Generationenge-rechtigkeit, 2003

[274]   Sabet, Huschmand: Globale Maßlosigkeit – Der (un)aufhaltbare Zusammenbruch des weltweiten Mittelstands, 2005

[275]   Schenk, Herrad: Wieviel Mutter braucht der Mensch? Der Mythos von der guten Mutter, 6. Auflage, 2005

[276]   Schimany, Peter: Die Alterung der Gesellschaft – Ursachen und Folgen des demogra-phischen Umbruchs, 2004

[277]   Schirrmacher, Frank: Das Methusalem-Komplott – Die Menschheit altert in unvorstellba-rem Ausmaß. Wir müssen das Problem unseres eigenen Alterns lösen, um das Problem der Welt zu lösen, 36. Auflage, 2004

[278]   Schirrmacher, Frank: Minimum – Vom Vergehen und Neuentstehen unserer Gemein-schaft, 2006

[279]   Schlaffer, Hannelore: Das Alter – Ein Traum von Jugend, 3. Auflage, 2003

[280]   Schmid, Josef: Wohlfahrtsstaaten im Vergleich – Soziale Sicherung in Europa: Organi-sation, Finanzierung, Leistungen und Probleme, 2. Auflage, 2006

[281]   Schmid J, Heigl A, Mai R: Sozialprognose – Die Belastung der nachwachsenden Generation, 2000

[282]   Schmidt, Renate: S.O.S. Familie – Ohne Kinder sehen wir alt aus, 2003

[283]   Schnitzer E, Isserstedt W, Middendorff E: Die wirtschaftliche und soziale Lage der Studierenden in der Bundesrepublik Deutschland 2000 – 16. Sozialerhebung des Deut-schen Studentenwerks durchgeführt durch HIS Hochschul-Informations-System, 2001, http://www.his.de/Abt2/Foerderung/hb.soz16/pdf/Soz16Ges.pdf

[284]   Schödlbauer, Ulrich et al. (Hrsg): IABLIS. Jahrbuch für europäische Prozesse – Demographie als Schicksal: Klimawandel in der Gesellschaft, 2006, http://www.iablis.de/iablis_t/2006/inhalt2006.html

[285]   Schrenk, Friedemann: Die Frühzeit des Menschen – Der Weg zum Homo sapiens, 4. Auflage, 2003

[286]   Schütt, Corinna E. A.: Ausverkauf Familie – Der wahre Preis des Wohlstands, 2003

[287]   Schwarzer, Alice: Alice im Männerland – Eine Zwischenbilanz, 2004

[288]   Schwarzer, Alice: Der große Unterschied – Gegen die Spaltung von Menschen in Männer und Frauen, 2. Auflage, 2005

[289]   Schwarzer, Alice: Der kleine Unterschied und seine großen Folgen – Frauen über sich – Beginn einer Befreiung, 2002

[290]   Schwarzer, Alice (Hrsg.): Man wird nicht als Frau geboren, 2. Auflage, 2002

[291]   Schwerdt, Kai: Demokratie und Globalisierung – Zur Zukunft der territorial verfassten Demokratie in einer globalisierten Welt, 2003

[292]   Seul, Shirley: Goodbye Baby – Glücklich ohne Kinder, 2003

[293]   Shell Deutschland Holding (Hrsg.): Jugend 2006 – Eine pragmatische Generation unter Druck, 2006

[294]   Simonis, Heide: Was Familien und der "Dritte Sektor" für die Zukunft des Sozialstaats tun; in: Leipert, Christian (Hrsg.): Aufwertung der Erziehungsarbeit – Europäische Perspektiven einer Strukturreform der Familien- und Gesellschaftspolitik, 1999

[295]   Simonsohn, Barbara: Das ADS – Syndrom, http://www.balance-online.de/texte/116.htm

[296]   Sinn, Hans-Werner: Das demographische Defizit – die Fakten, die Folgen, die Ursachen und die Politikimplikationen; in: Birg, Herwig (Hrsg.): Auswirkungen der demographischen Alterung und der Bevölkerungsschrumpfung auf Wirtschaft, Staat und Gesellschaft, 2005

[297]   Sinn, Hans-Werner: Ist Deutschland noch zu retten? 3. Auflage, 2005

[298]   Sinn, Hans-Werner und Übelmesser, Silke: Wann kippt Deutschland um? http://www.cesifo-group.de/link/SD28-29-00Text1.pdf

[299]   Speth JD, Spielmann KA: Energy source, protein metabolism, and hunter-gatherer subsistence strategies, Journal of Anthropological Archaeology 1983/2/pages 1-32

[300]   Spiegel, Peter: Faktor Mensch: Ein humanes Weltwirtschaftswunder ist möglich, 2005

[301]   Statistisches Bundesamt: 10. koordinierte Bevölkerungsvorausberechnung, http://www.destatis.de/basis/d/bevoe/bev_svg_var.php

[302]   Statistisches Bundesamt: 124 000 Schwangerschaftsabbrüche im Jahr 2005, http://www.destatis.de/presse/deutsch/pm2006/p1080093.htm

[303]   Statistisches Bundesamt: Bevölkerung, http://www.destatis.de/basis/d/bevoe/bevoetab1.php

[304]   Statistisches Bundesamt: Bevölkerung Deutschlands bis 2050 – 10. koordinierte Bevölkerungsvorausberechnung, http://www.destatis.de/presse/deutsch/pk/2003/Bevoelkerung_2050.pdf

[305]   Statistisches Bundesamt: Eheschließungen, Ehescheidungen, http://www.destatis.de/indicators/d/lrbev06ad.htm

[306]   Statistisches Bundesamt: Geborene, Gestorbene, Geburten-/Sterbeüberschuss, http://www.destatis.de/indicators/d/lrbev04ad.htm

[307]   Statistisches Bundesamt: Haushalte nach Haushaltsgrößen, http://www.destatis.de/indicators/d/lrbev05ad.htm

[308]   Statistisches Bundesamt: Kinderlosigkeit von Frauen im Spiegel des Mikrozensus, http://www.destatis.de/download/d/wista/kinderlosigkeit.pdf

[309]   Steingart, Gabor: Deutschland – Abstieg eines Superstars, 2. Auflage, 2005

[310]   Steingart, Gabor: Weltkrieg um Wohlstand – Wie Macht und Reichtum neu verteilt werden, 2006

Literatur

[311] STERN: Wie funktioniert die Rentenversicherung?, Stern-Journal, 22/2006, 24.05.2006, Seite 20

[312] Stewens, Christa: Familie ist unsere Zukunft – die bayerische Familienpolitik; in: Leipert, Christian (Hrsg.): Demographie und Wohlstand – Neuer Stellenwert für Familie in Wirtschaft und Gesellschaft, 2003

[313] Stiegler, Barbara: Mutter-Vater-Kind-Los – Eine Analyse des Geburtenrückgangs aus der Geschlechterperspektive, 2006, http://library.fes.de/pdf-files/asfo/03850.pdf

[314] Stiftung für die Rechte zukünftiger Generationen (Hrsg.): Handbuch Generationengerechtigkeit, 2003

[315] Strange, Nicholas: Keine Angst vor Methusalem! Warum wir mit dem Altern unserer Bevölkerung gut leben können, 2006

[316] Strengmann-Kuhn, Wolfgang (Hrsg.): Das Prinzip Bürgerversicherung – Die Zukunft im Sozialstaat, 2005

[317] Teusch, Ulrich: Die Staatengesellschaft im Globalisierungsprozess – Wege zu einer antizipatorischen Politik, 2003

[318] Tibi, Bassam: Islamische Zuwanderung – Die gescheiterte Integration, 2002

[319] Tichy, Roland und Tichy, Andrea: Die Pyramide steht Kopf – Die Wirtschaft in der Altersfalle und wie sie ihr entkommt, 2003

[320] Thränhardt, Dietrich und Hunger, Uwe (Hrsg.): Migration im Spannungsfeld von Globalisierung und Nationalstaat, 2003

[321] Tremmel, Jörg: Bevölkerungspolitik im Kontext ökologischer Generationengerechtigkeit, 2005

[322] Tremmel, Jörg: Generationengerechtigkeit – Versuch einer Definition, in: Stiftung für die Rechte zukünftiger Generationen (Hrsg.): Handbuch Generationengerechtigkeit, 2003

[323] Tremmel, Jörg: Positivrechtliche Verankerung der Rechte nachrückender Generationen, in: Stiftung für die Rechte zukünftiger Generationen (Hrsg.): Handbuch Generationengerechtigkeit, 2003

[324] Ulrich, Ralph E.: Kontrazeption in Europa, http://www.berlin-institut.org/pages/buehne/buehne_beventw_ulrich_kontrazeption.html

[325] vffm – Verband der Familienfrauen und -männer: Familienarbeit heute. Gehalt für Familienarbeit – der Weg zur Emanzipation. http://www.dhg-vffm.de/p/modules/news/article.php?storyid=35

[326] Vining, Daniel R. Jr.: Social versus Reproductive Success – The Central Theoretical Problem of Human Sociobiology, Behavioral and Brain Sciences, 9 (1986), 167-216

[327] Vogel, Christian: Anthropologische Spuren – Zur Natur des Menschen, 2000

[328] Vogelskamp, Stephan Alexander und Günter, Roland: Das süße Leben – Der neue Blick auf das Alter und die Chancen schrumpfender Städte, 2005

[329] Voland, Eckart: Grundriss der Soziobiologie, 2. Auflage, 2000

[330] Vom Lehn, Birgitta: Kindeswohl, ade! Gesundheitsverhütung im Wohlstandsland – PISA war auch eine physische Pleite, 2004

[331] Vorwerk: Familien-Managerin, http://www.vorwerk.com/de/html/familien-managerin.html

[332] Wahl, Stefanie: Folgen der Bevölkerungsentwicklung für Wirtschaft und Gesellschaft, in: Hutter, Claus-Peter und Troge, Andreas (Hrsg.): Bevölkerungsrückgang – Konsequenzen für Flächennutzung und Umwelt, 2004

[333] Waidfeld, Johannes M.: Wachstum, der Irrtum – Wohlstand, eine gesellschaftliche Betrachtung, 2005

[334] Warner, Judith: Perfect Madness – Motherhood in the Age of Anxiety, 2006

[335] wdr.de: Faktencheck. Kinder – nein danke! Aussagen auf dem Prüfstand, 23.03.2006, http://www.wdr.de/themen/politik/1/hart_aber_fair/faktencheck_060322/index.jhtml

[336] Weber, Thomas P.: Soziobiologie, 2003

[337] Wefing, Heinrich: Im Zweifel für den Mann, http://www.faz.net/s/Rub867BF88948594D80AD8AB4E72C5626ED/Doc~E1FCC3EAC1 D934357B510CC82A0F69002~ATpl~Ecommon~Scontent.html

[338] Weiss, Hans und Schmiederer, Ernst: Asoziale Marktwirtschaft – Insider aus Politik und Wirtschaft enthüllen, wie die Konzerne den Staat ausplündern, 5. Auflage, 2006

[339] Weiss, Volkmar: Bevölkerungsqualität: Der demographische Übergang in den Untergang, 2006, http://www.volkmar-weiss.de/zyklisch.html

[340] Weiss, Volkmar: Die IQ-Falle – Intelligenz, Sozialstruktur und Politik, 2000

[341] Werner, Götz W.: Ein Grund für die Zukunft: das Grundeinkommen – Interviews und Reaktionen, 2. Auflage, 2006

[342] Werner, Götz W.: Konsum ist bessere Geldquelle – Interview von Hannes Koch, http://www.taz.de/pt/2006/08/09/a0110.1/textdruck

[343] Wickler, Wolfgang und Seibt, Ute: Männlich-Weiblich – Der große Unterschied und seine Folgen, 1983

[344] Wiesenthal, Helmut: Gesellschaftssteuerung und gesellschaftliche Selbststeuerung – Eine Einführung, 2006

[345] Wikipedia: Bedingungsloses Grundeinkommen, http://de.wikipedia.org/wiki/Grundeinkommen

[346] Wikipedia: Beruf, http://de.wikipedia.org/wiki/Beruf

[347] Wikipedia: Berufsbeschreibung, http://de.wikipedia.org/wiki/Berufsbeschreibung

[348] Wikipedia: Bevölkerungsrückgang, http://de.wikipedia.org/wiki/Bev%C3%B6lkerungsr%C3%BCckgang

[349] Wikipedia: Bundesministerium für Familie, Senioren, Frauen und Jugend, http://de.wikipedia.org/wiki/Familienministerium

[350] Wikipedia: Demografie Deutschlands, http://de.wikipedia.org/wiki/Demografie_Deutschlands

[351] Wikipedia: Demografische Entwicklung, http://de.wikipedia.org/wiki/Demografische_Entwicklung

[352] Wikipedia: Demographie, http://de.wikipedia.org/wiki/Demographie

[353] Wikipedia: Dienstvertrag, http://de.wikipedia.org/wiki/Dienstvertrag

[354] Wikipedia: Düsseldorfer Tabelle, http://de.wikipedia.org/wiki/D%C3%BCsseldorfer_Tabelle

[355] Wikipedia: Ehegattensplitting, http://de.wikipedia.org/wiki/Ehegattensplitting

[356] Wikipedia: Einwanderungsland, http://de.wikipedia.org/wiki/Einwanderungsland

[357] Wikipedia: Emanzipation, http://de.wikipedia.org/wiki/Emanzipation

[358] Wikipedia: Eugenik, http://de.wikipedia.org/wiki/Eugenik

[359] Wikipedia: Familie, http://de.wikipedia.org/wiki/Familie

[360] Wikipedia: Familiensplitting, http://de.wikipedia.org/wiki/Familiensplitting

[361] Wikipedia: Fertilitätsrate, http://de.wikipedia.org/wiki/Fertilit%C3%A4tsrate

[362] Wikipedia: Frau, http://de.wikipedia.org/wiki/Frau

[363] Wikipedia: Generationengerechtigkeit,
http://de.wikipedia.org/wiki/Generationengerechtigkeit

[364] Wikipedia: Gerontokratie, http://de.wikipedia.org/wiki/Gerontokratie

[365] Wikipedia: Kinderlosigkeit, http://de.wikipedia.org/wiki/Kinderlosigkeit

[366] Wikipedia: Nachhaltigkeit, http://de.wikipedia.org/wiki/Nachhaltigkeit

[367] Wikipedia: Opportunitätskosten, http://de.wikipedia.org/wiki/Opportunit%C3%A4tskosten

[368] Wikipedia: Rassenhygiene, http://de.wikipedia.org/wiki/Rassenhygiene

[369] Wikipedia: Russland, http://de.wikipedia.org/wiki/Russland

[370] Wikipedia: Schwangerschaftsabbruch,
http://de.wikipedia.org/wiki/Schwangerschaftsabbruch

[371] Wikipedia: Social Engineering (Gesellschaftswissenschaft),
http://de.wikipedia.org/wiki/Social_Engineering_%28Gesellschaftswissenschaft%29

[372] Wikipedia: Subsidiarität, http://de.wikipedia.org/wiki/Subsidiarit%C3%A4t

[373] Wikipedia: Überalterung, http://de.wikipedia.org/wiki/%C3%9Cberalterung

[374] Wikipedia: Überfremdung, http://de.wikipedia.org/wiki/%C3%9Cberfremdung

[375] Wikipedia: Unterhalt, http://de.wikipedia.org/wiki/Unterhalt

[376] Wikipedia: Wissensgesellschaft, http://de.wikipedia.org/wiki/Wissensgesellschaft

[377] Wikipedia: Zahlvater, http://de.wikipedia.org/wiki/Zahlvater

[378] Winkler, Manfred: Die 9b-Situation – So ist Deutschland noch zu retten: mit der Beendigung der Entvölkerungspolitik, 2004

[379] Wippermann, Peter: Weniger Kinder – andere Welt: das Vordringen der "Ich-AG"; in: Leipert, Christian (Hrsg.): Demographie und Wohlstand – Neuer Stellenwert für Familie in Wirtschaft und Gesellschaft, 2003

[380] Wuketits, Franz M.: Bioethik – Eine kritische Einführung, 2006

[381] Wuketits, Franz M.: Darwin und der Darwinismus, 2005

[382] Wuketits, Franz M.: Der Affe in uns – Warum die Kultur an unserer Natur zu scheitern droht, 2002

[383] Wuketits, Franz M.: Evolution – Die Entwicklung des Lebens, 2. Auflage, 2005

[384] Wuketits, Franz M.: Was ist Soziobiologie? 2002

[385] Wuketits, Maria und Wuketits, Franz M.: Humanität zwischen Hoffnung und Illusion – Warum uns die Evolution einen Strich durch die Rechnung macht, 2001

[386] Wulff, Christian: Deutschland kommt voran, 2006

[387] Zander, Margherita (Hrsg.): Kinderarmut – Einführendes Handbuch für Forschung und soziale Praxis, 2005

[388] Zimmermann, Klaus F.: Bildung – Humankapital statt Konsumgut, in: Zimmermann, Klaus F. (Hrsg.): Deutschland – was nun? Reformen für Wirtschaft und Gesellschaft, 2006

[389] Zimmermann, Klaus F. (Hrsg.): Deutschland – was nun? Reformen für Wirtschaft und Gesellschaft, 2006

[390] Zuanna, Gianpiero Dalla und Micheli, Giuseppe A. (Hrsg.): Strong Family and Low Fertility: A Paradox? New Perspectives in Interpreting Contempory Family and Reproductive Behaviour, 2004

[391] Zürn, Michael: Regieren jenseits des Nationalstaates, 2. Auflage, 2005

Über den Autor

Peter Mersch ist Systemanalytiker und Zukunftsforscher. Seine Forschungsschwerpunkte liegen in den Gebieten Migräne, Evolutionstheorie, soziokulturelle Evolution, Demografie und Soziologie.

Von ihm stammen die Systemische Evolutionstheorie, das Familienmanager-Konzept und die energetische Migränetheorie.

Daneben beschäftigt er sich mit den Ursachen der Übergewichts- und Demenzepidemie. Auch dazu hat er eigene theoretische und praktische Konzepte vorgelegt.

Seit 2004 betreibt er das Migräneportal www.migraeneinformation.de.

Ebenfalls von Peter Mersch:

Systemische Evolutionstheorie. Eine systemtheoretische Verallgemeinerung der Darwin'schen Evolutionstheorie

Bei der Systemischen Evolutionstheorie (Systemic Theory of Evolution) handelt es sich um eine Verallgemeinerung der Darwin'schen Evolutionstheorie, die auf der allgemeinen Systemtheorie, der Kommunikationstheorie, der Soziobiologie, der Ökonomie und der modernen Demografie basiert und mit der Ontologie des systemischen Materialismus vereinbar ist. Sie stellt den Versuch dar, alle eigendynamischen Evolutionen – inklusive der biologischen und soziokulturellen Evolution – mit den gleichen einheitlichen Evolutionsprinzipien zu beschreiben.

Die Theorie ist interdisziplinär angelegt und weder der Biologie noch den Gesellschaftswissenschaften zurechenbar.

Mit einem Vorwort von Prof. Dr. Dr. Klaus Rohde.

Stimmen:

Prof. Dr. Jochen Oehler (Neuro- und Verhaltensbiologe):

Eine Reihe von interessanten Ansätzen vonseiten der Molekularbiologie, der Verhaltens- und Soziobiologie einschließlich der Memtheorie haben für bestimmte Bereiche das evolutionäre Erklärungspotenzial zwar erweitert, aber noch nicht zu der erhofften übergeordneten neuen Theorie geführt. Peter Mersch legt nun als Systemtheoretiker mit seiner Systemischen Evolutionstheorie einen umfassenden, vor allem übergeordneten Ansatz vor, der höchste Beachtung verdient.

Prof. Dr. Dr. Franz Josef Radermacher (Mathematiker/Informatiker; Mitglied des Club of Rome):

Dies ist ein großartiges Werk. Es ist eine umfassende Darstellung des Gedankens der Evolution unter Einschluss allgemeiner Superorganismen, damit auch von Unternehmen, Staaten und der ganzen Menschheit, was mir thematisch immer schon ein besonderes Anliegen war und ist.

Prof. Dr. Dr. Klaus Rohde (Zoology, UNE, Australia; Clarke Medal Winner):

Mir scheint, dass die Systemische Evolutionstheorie vor allem neues Licht auf die Evolution menschlicher Kulturen im weitesten Sinne, inklusive der Technik und staatlicher Organisation werfen kann, und eingehende kritische Berücksichtigung verdient. Ihre Terminologie ist klar und leicht verständlich, was vor allem auch für die Diskussion des Sozialdarwinismus wichtig ist. Die Annahme von die Evolution vorantreibenden eigendy-

namischen Evolutionsakteuren im Gegensatz zu rein passiv selektierten Einheiten steht im Einklang mit neueren theoretischen Erkenntnissen, die die Selbstorganisation komplexer Systeme für einen wesentlichen Evolutionsfaktor halten.

Prof. Dr. Jürgen Tautz (Biologe; Communicatorpreisträger 2012):

Unter den Büchern, die sich mit dem Prozess und den Resultaten von Evolution befassen, ist dieses Buch für mich eines der originellsten seit Langem.

Prof. Dr. Dr. Gerhard Vollmer (Physiker und Philosoph; Mitbegründer der Evolutionären Erkenntnistheorie):

Die Frage liegt nahe, ob es vielleicht eine übergreifende Evolutionstheorie gibt, die alle oder wenigstens viele evolutive Prozesse umfasst. Peter Mersch legt eine solche Theorie vor. Mit großer Umsicht, wenn auch in eigenwilliger Terminologie, in die man sich hineindenken muss, formuliert er die Prinzipien seiner Systemischen Evolutionstheorie und belegt ihre Anwendbarkeit auf verschiedenen Systemebenen. Es ist geradezu verblüffend, wie sich dabei nichtbiologische Systeme in seine Begrifflichkeit und in seine Prinzipien einpassen. Auch die Unterschiede zur Darwin'schen Evolutionstheorie werden deutlich. Einige Probleme dieser Theorie lassen sich dabei elegant darstellen, teilweise auch lösen.

Norderstedt: Books on Demand, 2012, ISBN 978-3-8482-2738-9, 19,90 €
North Charleston, SC: CreateSpace, 2012, ISBN 978-1480071315, 15,80 €

Die egoistische Information. Eine Theorie des Lebens

Prof. Dr. Dr. Gerhard Vollmer (Mitbegründer der Evolutionären Erkenntnistheorie): *„Mir scheint, dass hier die bisher beste Verallgemeinerung des Evolutionsgedankens vorliegt."*

Alles Leben ist absolute und komparative Kompetenzverlustvermeidung, oder anders gesagt: Lebewesen und sonstige Evolutionsakteure verhalten sich informationsegoistisch.

Aus dieser mit dem Zweiten Hauptsatz der Thermodynamik begründbaren Verallgemeinerung der Theorie der egoistischen Gene wird im Laufe des Buches ein Großteil der uns umgebenden belebten Welt evolutionär rekonstruiert, von einfachsten Lebensformen bis hin zu aktuellen sozialen Phänomenen und Problemstellungen moderner menschlicher Gesellschaften. Mehr ist nicht erforderlich. So gesehen ist die Welt einfach.

Als Verhaltensmodell stellt die *Theorie der egoistischen Information* eine Alternative zum Modell des Homo oeconomicus dar: Menschen und sonstige Lebewesen sind gemäß ihr keine einfachen Nutzenmaximierer, sondern primär darum bemüht, ihre Kompetenzen mit der Zeit und in Relation zu ihrer Umwelt und anderen nicht schwächer werden zu lassen.

Zudem werden einige wesentliche Theorien und Theoreme auf sie zurückgeführt. Dazu zählen:

- Charles Darwins biologische Selektionstheorie

- Ricardos Theorem der komparativen Vorteile in einer verallgemeinerten kompetenzbasierten Formulierung

- Die Population Ecology of Organizations Theory

Für die Eusozialität im Tierreich, die sozialen Phänomene demografischer Wandel und demografisch-ökonomisches Paradoxon und die Begriffe Sozialdarwinismus und Zivilisation werden neue, sich unmittelbar auf die *Theorie der egoistischen Information* stützende Erklärungen und Definitionen vorgestellt.

Das Paradigma der *egoistischen Information* ist Weltbild und Welterklärung zugleich.

Norderstedt: Books on Demand, 2016, ISBN 978-3-8423-4383-2, 26,75 €
North Charleston, SC: CreateSpace, 2016, ISBN 978-1530351251, 26,75 €

Evolution, Zivilisation und Verschwendung. Über den Ursprung von Allem

Seit den bahnbrechenden Arbeiten Charles Darwins wird allgemein angenommen, es sei das Prinzip der natürlichen Auslese, welches die Evolution des Lebens und die Vielfalt der Arten bewirke: Besser an ihren Lebensraum angepasste Individuen hinterlassen durchschnittlich mehr Nachkommen als weniger gut angepasste.

Peter Mersch weist dagegen nach, dass es sich bei der natürlichen Selektion um das Ergebnis der Wirkungen grundlegenderer, auf den Selbsterhaltungs- und Reproduktionsinteressen von Individuen beruhender Prinzipien handelt, die er unter dem Namen *Systemische Evolutionstheorie* zusammenfasst. Damit kann er nicht nur die biologische, kulturelle, soziale, wissenschaftliche und technische Evolution aus wenigen einheitlichen Mechanismen heraus erklären, sondern auch das *Central Theoretical Problem of Human Sociobiology* lösen.

Gemäß der Systemischen Evolutionstheorie können nur selbsterhaltende, selbstreproduktive Systeme eigendynamisch evolvieren. Daraus folgt aber, dass – anders als von Richard Dawkins vermutet – weder *egoistische* Gene noch Meme Gegenstand der Selektion sein können. Auch widerspricht die Theorie wesentlichen Grundannahmen der Luhmannschen Systemtheorie.

Mit der sexuellen Selektion gelang der Natur eine ganz entscheidende Innovation, nämlich die Einführung der marktmäßigen *Gefallen-wollen-Kommunikation*, die ihr die Möglichkeit gab, vielfältige, den Prinzipien der Systemischen Evolutionstheorie genügende evolutive Infrastrukturen zu schaffen. Dieser Durchbruch dürfte maßgeblich verantwortlich gewesen sein für die Herausbildung unserer großen Gehirne und unserer Zivilisation, aber auch für eine ungeheure Verschwendung.

Das Zusammenspiel von Systemischer Evolutionstheorie und Gefallen-wollen-Kommunikation kann erklären, wie aus der auf die Erde einströmenden Sonnenenergie und ersten Lebensformen zunächst Pflanzen, Dinosaurier und Löwen, dann Menschen, Autos, Mobiltelefone, Banken, Technologiekonzerne und schließlich eine enorme Umweltzerstörung entstehen konnten.

Norderstedt: Books on Demand, 2016, ISBN 978-3-8423-3155-6, 16,99 €
North Charleston, SC: CreateSpace, 2016, ISBN 978-1477569450, 16,95 €

Ich beginne zu glauben, dass es wieder Krieg geben wird. Was die Systemische Evolutionstheorie über unsere Zukunft verrät

Ob Finanzkrise, Staatsverschuldung, zunehmende Verarmung ganzer Länder und Bevölkerungsschichten, demografischer Wandel, Klimawandel, Verlust der Biodiversität, Zerstörung der natürlichen Ressourcen: Die Zahl und Schwere der die Menschheit bedrohenden Großprobleme nimmt kontinuierlich zu. Mittlerweile steht die gesamte menschliche Zivilisation auf dem Spiel. Angesichts der sich immer weiter öffnenden Schere zwischen Arm und Reich bekannten einige, politisch eher als konservativ geltende Autoren, sie begännen zu glauben, dass die Linke recht hat.

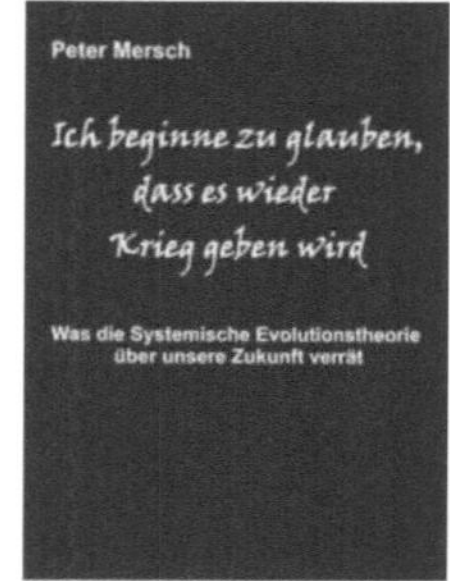

Peter Mersch zeigt hingegen auf, dass sich die Ursachen der ungünstigen Entwicklungen nicht eindeutig einer politischen Kategorie wie Links oder Konservativ zuordnen lassen, sondern dass wir es hierbei mit einem aus den Fugen geratenen und sich beschleunigenden evolutionären Prozess zu tun haben, bei dem es zu einer Plünderung aller wettbewerbsrelevanten Ressourcen – einschließlich der Humanvermögen – kommt.

Gemäß der Systemischen Evolutionstheorie sind Lebewesen aktive, informationsverarbeitende Systeme, die danach streben, dem thermodynamischen Zeitpfeil unseres Universums über einen möglichst langen Zeitraum zu widerstehen. Dazu verhalten sie sich nachhaltig gegenüber ihren eigenen Kompetenzen und ausbeutend gegenüber ihrer Umwelt. Dies gilt für noch komplexere Systeme – sogenannte Superorganismen –, wie zum Beispiel Unternehmen, genauso.

Insgesamt ergibt sich das Bild einer belebten Welt aus lauter Evolutionsakteuren, die allesamt bestrebt sind, Kompetenzverluste zu vermeiden. Unser Universum – und natürlich auch der Wettbewerb um knappe Ressourcen – zwingt sie zu ihren Verhaltensweisen. Wie der Autor zeigt, lassen sich alle aktuellen Großprobleme der Menschheit auf der Grundlage dieser wenigen fundamentalen Naturprinzipien erklären. Darüber hinausgehende Annahmen sind nicht erforderlich, insbesondere keine politischen.

Eine wesentliche Rolle spielt dabei der Umstand, dass in Marktwirtschaften zwei unterschiedliche Systemklassen an Evolutionsakteuren unmittelbar aufeinandertreffen, nämlich Menschen und Unternehmen, wobei Erstere für Letztere primär Ressourcen darstellen. Weil moderne menschliche Gesellschaften mit Geschlechtergleichberechtigung ihr Humanvermögen jedoch gewissermaßen wie Gemeingut verwalten, kommt es unter den Verhältnissen zwangsläufig zum demografischen Wandel und zur gesellschaftsweiten Verarmung.

Der Autor kommt zu dem Schluss, dass die aktuellen Entwicklungen auch deshalb so bedrohlich sind, weil sie – trotz der Summe und Schwere der sich dabei offenbarenden Probleme – nicht einmal ansatzweise verstanden werden. Er befürchtet, die beschriebenen Prozesse könnten eine unkontrollierbare Eigendynamik entfalten und schließlich im Krieg enden.

Norderstedt: Books on Demand, 2017, ISBN 978-3-7412-9230-9, 12,99 €
North Charleston, SC: CreateSpace, 2012, ISBN 978-1477569450, 15,80 €

Land ohne Kinder. Wege aus der demographischen Krise

Die Menschen in Deutschland werden immer älter, gleichzeitig werden immer weniger Kinder geboren: Deutschland altert mit unvorstellbarer Geschwindigkeit.

Bislang konzentrieren sich fast alle Vorschläge zur Anhebung der Geburtenrate auf eine Verbesserung der Vereinbarkeit von Familie und Beruf. Peter Mersch stellt dar, dass solche Maßnahmen zwar wünschenswert sind, aber keine ausreichenden Effekte erzielen werden, zumal sie die eigentliche Ursache der Kinderarmut nicht ausreichend adressieren. Er schlägt stattdessen den neuen Beruf der *Familienmanagerin* vor: speziell ausgebildete Erzieherinnen, deren Leistung entsprechend der Zahl der von ihnen aufgezogenen Kinder vergütet wird.

Die Finanzierung der Familienmanagerinnen könnte über zusätzliche, nach Einkommensgruppen und Kinderzahl gestaffelte Abgaben erfolgen. Damit würde die Lücke zur Rentenversicherung geschlossen und jeder Erwerbstätige verpflichtet, für Nachfolger der eigenen Person zu sorgen, sei es durch das Aufziehen eigener Kinder oder indirekt über Abgaben.

Der Autor zeigt auf, dass die qualitative Verbesserung der kindlichen Erziehung in modernen Wissensgesellschaften einen Standortvorteil darstellt. Die Familienmanagerinnen könnten hier neue Maßstäbe setzen.

Norderstedt: Books on Demand, 2016, ISBN 978-3-8423-5560-6, 9,90 €
North Charleston, SC: CreateSpace, 2016, ISBN 978-1532904981, 9,90 €

Familie als Beruf

In modernen, der Gleichberechtigung der Geschlechter unterliegenden Gesellschaften gilt allgemein die Vorstellung, sowohl Männer als auch Frauen sollten im Regelfall einer Erwerbsarbeit nachgehen und sich eventuelle Familienarbeiten dann paritätisch teilen. Staat und auch Unternehmen sollten gleichzeitig für eine möglichst optimale Vereinbarkeit von Familie und Beruf und einen angemessenen Familienlastenausgleich sorgen.

Peter Mersch zeigt dagegen: So etwas ist nicht möglich. Solche Gesellschaften würden das Prinzip der Generationengerechtigkeit verletzen. In der Folge dürften sie sukzessive alle ihre Kompetenzen verlieren und schließlich verarmen. Empirische Daten scheinen zu belegen, dass dieser Prozess in den entwickelten Ländern längst begonnen hat. Herkömmliche familienpolitische Maßnahmen – zum Beispiel die Verbesserung der Vereinbarkeit von Familie und Beruf – werden dagegen nichts ausrichten können.

Der Autor schlägt vor, die Nachwuchsarbeit als gesellschaftliche Kollektivaufgabe zu verstehen, an der sich alle leistungsfähigen Bürger anteilsmäßig zu beteiligen haben, entweder durch Aufziehen eigener Kinder oder in Form von Abgaben. Die Höhe der von Kinderlosen steuerlich abzuführenden Beträge könnte sich an den Regelungen des Unterhaltsrechts orientieren. Mit den zusätzlichen steuerlichen Einnahmen könnte dann ein neuer Beruf finanziert werden, der es entsprechend qualifizierten Frauen und eventuell auch Männern erlauben würde, aus Familienarbeit mit eigenen Kindern ein Einkommen zu generieren.

Bereits in naher Zukunft wird die Beherrschung der Bevölkerungsentwicklung zu den unerlässlichen Kompetenzen der Menschheit zählen müssen. Die zu niedrigen Geburtenraten der entwickelten Nationen sind dafür von Vorteil, denn das vom Autor beschriebene, in allen Ländern ganz ähnlich implementierbare Verfahren erlaubt die zielgenaue Erhöhung von Geburtenzahlen, das heißt, eine präzise und gegebenenfalls international abstimmbare Bevölkerungsplanung, und zwar ohne dabei in Persönlichkeitsrechte einzugreifen. Dies ist mit keiner anderen bislang vorgeschlagenen bevölkerungspolitischen Maßnahme möglich.

Norderstedt: Books on Demand, 2016, ISBN 978-3-8423-3456-4, 6,99 €
North Charleston, SC: CreateSpace, 2016, ISBN 978-1532819230, 6,99 €

Familienarbeit in gleichberechtigten Gesellschaften. Die Familienmanagerin: Familie als Beruf

Der Text analysiert den demografischen Wandel aus soziologischer, biologischer und ökonomischer Sicht. Ein Ergebnis ist, dass die Wirtschaftsfunktion der Familie nicht zur Gleichberechtigung der Geschlechter passt. Ferner wird gezeigt, dass sich männliche und weibliche Fortpflanzungsinteressen schon aus biologischen Gründen erheblich voneinander unterscheiden, und dass eine Nichtberücksichtigung der spezifischen männlichen Interessen erhebliche gesellschaftliche Folgewirkungen nach sich ziehen könnte. Es wird ein ergänzendes Familienmodell vorgeschlagen, welches die aufgeworfenen Probleme lösen könnte.

Norderstedt, Books on Demand, 2014, ISBN 978-3-7357-9060-6, 6,95 €
North Charleston, SC: CreateSpace, 2012, ISBN 978-1477529591, 5,84 €

Klüger werden und Demenz vermeiden. Wie sich beides für Jung und Alt erreichen lässt!

Ein Buch, das Ihnen zeigt, wie Sie Ihre Intelligenz verbessern und die Leistungsfähigkeit Ihres Gehirns bis ins hohe Alter erhalten können.

Es richtet sich an Jung und Alt, aber auch an Eltern von kleineren Kindern.

Mit Mitte dreißig war der Autor aufgrund seiner jahrzehntelangen schweren Migräneerkrankung geistig und körperlich bereits so sehr erschöpft, dass er sich kaum mehr konzentrieren konnte, unter Schlafstörungen litt und bei den kleinsten Anstrengungen und Aufregungen Kopfschmerz-, Schwindel- und Panikattacken bekam. Daneben plagten ihn chronische Müdigkeit, Depressionen und rheumatische Beschwerden. Von den Ärzten war kaum mehr Hoffnung zu erwarten, da er im medizinischen Sinne als austherapiert galt. Wenig später fand er heraus, was er – wie vermutlich die meisten Menschen in unserer Gesellschaft ebenso – seit Anbeginn seines Lebens falsch machte. Heute, mit über 60 Jahren, erarbeitet er eigenständige kreative Lösungen zu äußerst komplexen wissenschaftlichen Problemstellungen, wie es die von ihm entwickelte „Systemische Evolutionstheorie" beispielhaft demonstriert.

Das Buch wendet sich an alle, die ihre vorhandene Konzentrationsfähigkeit weiter verbessern und sich ihre kognitiven Fähigkeiten bis ans Lebensende erhalten möchten. Es macht Mut und Hoffnung, da es zeigt, dass man mit den geeigneten Maßnahmen selbst im Alter noch deutlich klüger und kreativer werden kann.

Der Autor lässt anklingen, dass die im Buch vorgeschlagenen Verhaltens- und Lebensstilmaßnahmen ein erhebliches Kostensenkungspotenzial im Gesundheitssystem besitzen können.

Norderstedt: Books on Demand, 2012, ISBN 978-3-8482-2741-9, 9,95 €
North Charleston, SC: CreateSpace, 2012, ISBN 978-1480254893, 8,95 €

Wie Übergewicht entsteht … und wie man es wieder los wird

Die vorherrschende Vorstellung der Medizin ist, dass Menschen in erster Linie deshalb übergewichtig werden, weil sie mehr Kalorien zu sich nehmen als sie verbrauchen. Meist wird ihnen geraten, weniger zu essen – insbesondere vom Hauptenergieträger Fett – und sich gleichzeitig mehr zu bewegen – zum Beispiel durch Sport –, um die zu viel aufgenommene Energie zu verbrauchen.

Peter Mersch zeigt demgegenüber, dass es vor allem der aus evolutionärer Sicht noch nicht ganz ausgereifte Gehirnstoffwechsel des Menschen ist, der ihn unter den heutigen Lebensbedingungen zunehmend übergewichtig werden lässt. Denn unter der modernen Zivilisationskost kann das energiehungrigste und wichtigste Organ des Menschen – das Gehirn – die vielen, im Körperfett vorgehaltenen Kalorien nicht ausreichend nutzen, sodass Menschen selbst dann wieder hungrig werden, wenn sie längst überreichlich viel Fett am eigenen Körper tragen.

Ursache des Problems ist also weder die zu reichliche Fettspeicherung noch die mangelhafte Fettmobilisierung bei den Übergewichtigen, wie es die meisten Diäten und Ernährungsexperten behaupten, sondern die unzureichende Nutzung der in den Fettdepots gespeicherten Energien. Damit lässt sich insbesondere der epidemische Charakter der globalen Übergewichtswelle gut erklären.

Der Autor schließt seine Ausführungen mit einer Erläuterung verschiedener Lebensstilmaßnahmen und Ernährungsweisen zur Vermeidung und Reduzierung von Übergewicht, an deren Grundprinzipien er sich seit mehr als 20 Jahren selbst hält. In diesem Zuge analysiert er zahlreiche Ernährungsprogramme zur Gewichtsabnahme wie die Atkins-Diät, South-Beach-Diät, Lutz-Diät, ketogene Diät, anabole Diät, Dukan-Diät, 17-Tage-Diät, GLYX-Diät, Montignac-Methode, LOGI-Methode, Sears-Diät, Trennkost, Schlank im Schlaf, KFZ-Diät, Steinzeiternährung, FDH, Low-Fat etc. und beschreibt deren Eigenschaften und Wirkmechanismen.

Norderstedt: Books on Demand, 2012, ISBN 978-3-8482-0792-3, 9,95 €
North Charleston, SC: CreateSpace, 2012, ISBN 978-1477551721, 8,95 €

Migräne. Heilung ist möglich

Immer mehr Menschen leiden unter Migräne, einer Krankheit mit quälenden Kopfschmerzen und zum Teil schweren neurologischen Symptomen. Allein in Deutschland geht man von 6 bis 8 Millionen Betroffenen aus, darunter eine zunehmende Zahl kleiner Kinder.

Peter Mersch zeigt auf, dass es sich bei Migräne keineswegs – wie von der Schulmedizin behauptet – um eine unheilbare neurologische Erkrankung handelt, sondern um temporäre energetische Krisen im Gehirn, in vielen Fällen verursacht durch eine zu kohlenhydratreiche Ernährung.

Die Umstellung der Energieversorgung des Gehirns vom Kohlenhydratstoffwechsel auf den leistungsfähigeren Fettstoffwechsel war die Voraussetzung dafür, dass das Gehirn des Menschen in der Altsteinzeit wachsen konnte. Mit Einführung des Getreides im Neolithikum und dem späteren Siegeszug des Zuckers erfolgte eine immer stärkere Regression der Energieversorgung des Gehirns auf den labileren Kohlenhydratstoffwechsel, womit viele Menschen nicht zurechtkommen. Die Folge sind Unterzuckerungen und andere sporadische zerebrale Mangelsituationen, die zu den Migräneattacken führen.

Das Buch stellt dar, wie durch Umstellung auf eine Ernährung, die den energetischen Anforderungen des Gehirns entspricht, und andere Lebensstilmaßnahmen Migräne deutlich gebessert oder sogar geheilt werden kann.

2. unveränderte Auflage der Erstausgabe aus 2006

Norderstedt, Books on Demand, 2016, ISBN 978-3-8391-2531-1, 14,99 €
North Charleston, SC: CreateSpace, 2016, ISBN 978-1477574256, 14,98 €